Gumpert · Die Rede vom Tanz

# Literatur und andere Künste

Herausgegeben von
Eberhard Lämmert und Thomas Koebner

Gregor Gumpert

# Die Rede vom Tanz

## Körperästhetik in der Literatur der Jahrhundertwende

Wilhelm Fink Verlag · München

Umschlagabbildung:
Henri Matisse, La danse I, 1909


Für *PEM*

Die Deutsche Bibliothek – CIP-Einheitsaufnahme

**Gumpert, Gregor:**
Die Rede vom Tanz: Körperästhetik in der Literatur der Jahrhundertwende / Gregor Gumpert. – München: Fink, 1994
(Literatur und andere Künste)
ISBN 3-7705-2963-4

D 188

ISBN 3-7705-2963-4

# Inhaltsverzeichnis

# VORWORT

"Auch was tanzt, will anders werden und dahin abreisen." Der Satz Blochs, im "Prinzip Hoffnung" an den Anfang des Kapitels "Wunschbild im Tanz, die Pantomime und das Filmland" gestellt[1], bezeichnet den Wunsch nach Aufbruch aus dem Alltag und nach "schöner bewegtem Sein".[2] Er gilt der Wirklichkeit kultischen Tanzens und der Volkstänze, des Kunst- wie des Gesellschaftstanzes zu allen Zeiten und an jedem Ort; in doppeltem Sinn aber trifft er gerade die historische Situation des Tanzes zur Zeit der Jahrhundertwende und zu Beginn des 20. Jahrhunderts. Aufzubrechen aus einem als häßlich und körperfeindlich empfundenen Jahrhundert und ein, wie Bloch sagt, "schöneres Menschenbild im Fleische vorzuzeigen"[3], den "Tanz der Zukunft" (Isadora Duncan 1903[4]) und mit ihm eine neue gesellschaftliche Ordnung zu antizipieren, wird jenen Tänzerinnen zum Programm, die den Freien und den Ausdruckstanz inaugurieren. Nicht die überlieferten Formen des Schautanzes, nicht die akademische danse d'école, die mit der Petersburger Aufführung von "Schwanensee" im Jahr 1895 ihre klassische Vollendung erfährt, können den Aufbruch in die Zukunft leisten: Gegen den Regelkodex des Balletts, gegen das, was als seine Erstarrung und Sinnleere apostrophiert wird, bilden historisch neue Formen des Tanzes sich aus. Neben den Utopien des befreiten Körpers und einer verwirklichten Menschlichkeit aber stehen Entwürfe, die noch die Grenzen des Körperausdrucks zu transzendieren versuchen, die nach der reinen, vom menschlichen Körper gelösten, nach der gänzlich freigesetzten Bewegung streben. Der Tanz der Zeit will selbst ein Anderes werden, will sich in neue, bisher ungesehene Formen bewegten Bühnengeschehens wandeln. Gemeinsam ist den Versuchen der oft emphatisch formulierte Glaube an eine Bewegung, die mehr zu sagen habe als die - wie Heinrich Heine schon 1837 mit Ironie über die Praxis des Pariser Opern-Balletts bemerkt - "getanzten Alexandriner", "deklamatorischen Sprünge" und "antithetischen Entrechats" der danse d'école.[5]

---

1 Ernst Bloch: Das Prinzip Hoffnung, in: Gesamtausgabe Bd. 5, Frankfurt/M. 1959, p. 456
2 ibid., p. 457
3 ibid.
4 Isadora Duncan: Der Tanz der Zukunft. Eine Vorlesung, Leipzig 1903
5 Heinrich Heine: "Florentinische Nächte", in: Sämtliche Schriften, ed. Klaus Briegleb. Erster Band, München 1968, p. 592 (erste Buchveröffentlichung des Textes in Heines "Salon", Band 3, Hamburg 1837)

Mit den Tänzerinnen und Tänzern der Zeit machen Bildhauer und Maler, Musiker und Schriftsteller, Theaterreformer und Filmregisseure sich auf den Weg; wohl nie zuvor sind die Beziehungen zwischen dem Tanz und den anderen Künsten so vielfältig und fruchtbar gewesen wie um die Jahrhundertwende und zu Beginn des 20. Jahrhunderts. Ein nur kleiner, doch nicht marginaler Ausschnitt aus diesem Beziehungsgeflecht: die literarische und theaterästhetische Rede vom Tanz, wie sie in prägnanten Texten des deutsch-, englisch- und französischsprachigen Raumes begegnet, steht im Mittelpunkt der vorliegenden Untersuchung. Im wesentlichen auf Überlegungen beschränkt, die an frühe Darbietungen des neuen Tanzes anknüpfen (noch im Vorfeld des seinerseits klassisch gewordenen Ausdruckstanzes Mary Wigmans[6] und unabhängig von Versuchen der Synthese akademischen und nicht-akademischen Tanzes in den Ballets russes Diaghilevs[7] oder den Ballets suédois Rolf de Marés[8]), orientiert sich die Untersuchung an den Leitfragen: Wie werden die neuen Formen des Tanzes wahrgenommen und reflektiert; wie gestaltet sich die Zusammenarbeit der Autoren mit Tänzerinnen und Tänzern der Zeit und zu welchen Ergebnissen führt sie; welche Bedeutung gewinnt die Reflexion auf den Tanz und die Arbeit mit tänzerischen Gestaltungsformen im Zusammenhang theaterästhetischer und poetologischer Entwürfe?

An Darstellungen des sujets 'Tanz' im Werk einzelner Autoren oder in verschiedenen literarischen Strömungen und Gattungen, in der Regel auf jeweils einen Sprachraum begrenzt, fehlt es nicht.[9] Im folgenden treten Studien einzelner tanz- und bewegungsästhetischer Konzeptionen neben die vergleichende Analyse schriftstellerischer, dabei theaterpraktisch erprobter Arbeit mit dem Tanz; die Untersuchung wird eingeleitet durch die Analyse der theaterästhetischen (und literaturkritischen) Rezeption eines literarischen Entwurfs und schließt mit der Deutung poetologischer

---

6 aus der Reihe der Werke Wigmans, mit denen der Ausdruckstanz seine klassische Höhe erreicht, seien hier nur genannt: Szenen aus einem Tanzdrama, 1923; Hexentanz, 1926; Schwingende Landschaft, 1929. Eine tanzhistorische Darstellung aus neuerer Zeit in der Monographie der Wigman-Forscherin Hedwig Müller: Mary Wigman. Leben und Werk der großen Tänzerin, Weinheim u. Berlin 1986.

7 1909-1929; über die Ballets russes unterrichten die Standardwerke von Richard Buckle: Nijinsky, London 1971; Diaghilev, London 1979.

8 1920-1925; bisher wohl am ausführlichsten dargestellt von Bengt Häger: Ballets suédois, Paris 1989.

9 hier nur drei Beispiele für Darstellungen des sujets im deutschen Sprachraum; im Werk eines einzelnen Autors: Dietgard Kramer-Lauff: Tanz und Tänzerisches in Rilkes Lyrik, München 1969; innerhalb einer literarischen Strömung: Wolfgang Rothe: Tänzer und Täter. Gestalten des Expressionismus, Frankfurt/M. 1979 (über die Gestalt des Tänzers Kap. II, p. 47-116); in einer Gattung: Ilse Deutz: Die dichterische Gestaltung des Tanzes in der deutschen Lyrik, Diss. phil. Rheinische Friedrich-Wilhelms-Universität Bonn 1953, Maschinenschrift (Simon Dach bis Rilke).

Reflexion auf ein tänzerisches Bühnengeschehen. Der Ansatz, die Rede vom Tanz auf die *Bühnenwirklichkeit* des ästhetischen Phänomens zu beziehen, ist von seiten der Literaturwissenschaft, die vielfach Motivforschung betrieben hat, selten genutzt worden[10]; ihn zu verfolgen, erscheint nicht nur im Zusammenhang von Analysen geboten, die die Konzeption eines Tanzspiels Yeats' oder die Reflexion Hofmannsthals auf die "Sprache (...) des Körpers" im Tanz[11] zu verstehen suchen - selbst poetologische Bestimmungen Mallarmés schließen an eine Kritik der Aufführungspraxis des akademischen Tanzes an und sind von hier aus analytisch näher zu fassen.

Nicht die ästhetischen Gesamtentwürfe der Autoren stehen zur Diskussion, sondern jene Momente, die in unterschiedlichen Begründungszusammenhängen immer wieder an der tänzerischen Bewegung umworben werden: Unmittelbarkeit des Ausdrucks - erstrebt von Dichtern, deren Werke und Persönlichkeit selbst höchst komplex organisiert sind -, die Gebärde und der tänzerische Gebärdenfluß als Träger von Bedeutung wie als anschauliche Konkretion eines Unsagbaren, das sich nicht auf den Begriff bringen läßt, schließlich die Schönheit einer schweigenden 'Rede', die ganz im Ephemeren bleibt und deren Gebilde sich - mit Adornos Worten über die Kunst des Feuerwerks - gerade hierin zur "ausdrückenden Erscheinung (...) aktualisieren".[12] Den neuen Tanz selbst begrüßen die Zeitgenossen als ästhetische Epiphanie, die eine seit langem empfundene Sehnsucht stillt; über eine Darbietung Isadora Duncans im Jahr 1904 schreibt der Theaterreformer Edward Gordon Craig: "she was telling to the air the very things we longed to hear and until she came we had never dreamed we should hear; and now we heard them, and this sent us all into an unusual state of joy".[13] Der theoretischen Arbeit der Autoren am Phänomen des neuen Tanzes, den bühnenpraktischen Folgen ihrer Aufmerksamkeit auf das, was sich im tänzerischen

---

10 erst in jüngster Zeit wächst das Interesse am historisch greifbaren Gegenstand der Rede vom Tanz, wie etwa - wiederum zwei Beispiele aus dem deutschen Sprachraum - die Aufsätze Gabriele Brandstetters zu Einstein und Hofmannsthal zeigen: "Körper im Raum - Raum im Körper. Zu Carl Einsteins Pantomime "Nuronihar"", in: Klaus H. Kiefer (ed.): Carl-Einstein-Kolloquium 1986, Frankfurt/M., Bern, New York, Paris 1988 (Bayreuther Beiträge zur Literaturwissenschaft Bd. 12), p. 115-137; "Der Traum vom anderen Tanz. Hofmannsthals Ästhetik des Schöpferischen im Dialog "Furcht"", in: Freiburger Universitätsblätter, Heft 112, Juni 1991, p. 37-58.

11 Hugo von Hofmannsthal: "Über die Pantomime" (1911), in: Gesammelte Werke in zehn Einzelbänden, ed. Bernd Schoeller, Frankfurt/M. 1979. Reden und Aufsätze I, p. 505

12 Theodor W. Adorno: Ästhetische Theorie, ed. Gretel Adorno/Rolf Tiedemann, Gesammelte Schriften Bd. 7, Frankfurt/M. $^{2}$1972, p. 126

13 Edward Gordon Craig: "Memories of Isadora Duncan", in: The Listener, vol. XLVII, no. 1214, June 5, 1952; hier zit. nach Arnold Rood (ed.): Gordon Craig on Movement and Dance, New York 1977, p. 249

Augenblick ausdrucksvoll entfaltet und niemals stillzustellen ist, gilt das Interesse der Untersuchung.

Die Reflexion der Autoren kreist um einmalige, im strengen Sinn nicht wiederholbare ästhetische Manifestationen (auch wenn das tänzerische Werk eine 'fertige' Ausdrucksgestalt präsentiert, ereignet es sich doch, wie das musikalische Werk, mit jeder Aufführung neu und anders); neben der Unwiederholbarkeit des einzelnen tänzerischen Augenblicks aber wird auch die Einmaligkeit der historischen Situation reflektiert, in der die Autoren mit dem neuen Tanz stehen. Eine Überlegung Hofmannsthals, mitgeteilt anläßlich von Darbietungen der amerikanischen Tänzerin Ruth St. Denis im Jahr 1906, darf als paradigmatisch für die Reflexionen vieler Zeitgenossen gelten; Hofmannsthal schreibt:

> "Ich fühle dieses Schauspiel bis zum äußersten imprägniert mit dem Aroma des ganz einzigen Moments, in dem wir leben. Ich fühle, wie hier flammenhaft etwas ins reale sinnliche Leben hineinschlägt, das seit wenigen Dezennien in der geisterhaften Sphäre des geistigen Genießens da ist und nun plötzlich da und dort, so unerwartet als möglich, in inkommensurablen Kunstwerken sich realisiert."[14]

In den tänzerischen Kunstwerken selbst und in der Reflexion der Autoren auf die Werke schlägt Geschichte sich nieder - als Geschichte des Aufbruchs zu neuen ästhetischen Formen will die Untersuchung ihr nachgehen.

*

Ich danke Professor Eberhard Lämmert für seine aufmerksame Begleitung der Arbeit, für Ermutigung und fördernde Kritik. Das Thema selbst steht im Umkreis von Seminaren, die Barbara Naumann und Günter Peters über viele Jahre hinweg am Institut für Allgemeine und Vergleichende Literaturwissenschaft der Freien Universität Berlin gehalten haben; auch ihnen danke ich für Denkanstöße und manches hilfreiche Gespräch. Meinen Eltern und allen Freunden, die den Arbeitsprozeß verfolgten - unter ihnen Birger Laing, der mein Interesse am Tanz weckte, und Gunther Tietz †, der die Sprachform der Arbeit verbessern half -, wie auch der Studienstiftung des deutschen Volkes, die ein Promotionsstipendium bewilligte, bin ich sehr dankbar.

Berlin, im Februar 1994 Gregor Gumpert

---

14 Hugo von Hofmannsthal: "Die unvergleichliche Tänzerin" (1906), in: Reden und Aufsätze I, p. 497

# 1. ANREGUNGEN: DIE DISKUSSION UM WEDEKINDS "MINE-HAHA"

Einem Diktum des Theaterreformers Georg Fuchs aus dem Jahr 1906 zufolge ist Frank Wedekinds Romanfragment "Mine-Haha", in der ersten Fassung veröffentlicht 1901, "eine der ganz wenigen deutschen Schriften der neueren Zeit, die jeder gelesen haben muß, der mitreden will, wenn von körperlicher Erziehung, von moderner gymnischer Schönheit, von Tanz und Drama ernsthaft gehandelt wird."[1] Fuchs stellt "Mine-Haha" vor als Pflichtlektüre, als Programmschrift, deren Entwürfe ernst zu nehmen sind in der pädagogischen, der tanz- und theaterästhetischen Diskussion der Zeit. Aus einem Brief Wedekinds an Georg Brandes von 1909 geht hervor, daß "Mine-Haha" als Teil einer "Utopie" aufzufassen sei, veröffentlicht "nur wegen stilistischer Qualitäten".[2] Doch nicht um dieser willen beschäftigt sich Fuchs mit "Mine-Haha": ihm sind gewisse Stellen des Textes "ein untrügliches Dokument (...) für die Entdeckung des Körpers in der neuen Generation Deutschlands."[3] Nicht als ästhetisches Gebilde also wird "Mine-Haha" hier diskutiert. Die Gegenstände sind es, vor allen anderen die Kultur des bewegten Körpers im pädagogischen System, die Interesse wecken.

Im folgenden wird versucht, dem Interesse an "Mine-Haha"s Gegenständen nachzugehen. Neben eine Analyse von Textpassagen tritt die Auseinandersetzung mit Kontexten, in die "Mine-Haha", auch von der literarischen Kritik, eingeordnet wurde. Dies leitet auf Probleme, um die die Tanzästhetik des frühen 20. Jahrhunderts kreist; am Beispiel einer Tanzkritik aus dem Jahr 1908 sollen diese Probleme umrissen werden. Die angesprochenen tanzästhetischen Fragen verweisen auf einige Momente des Freien und des Ausdruckstanzes und der von diesen beeinflußten Tanzformen, die immer wieder zum Gegenstand literarischer Reflexion wurden.

---

1 Georg Fuchs: Der Tanz, Stuttgart 1906, p. 37

2 Brief an Georg Brandes vom 10. Januar 1909; hier zit. nach: Klaus Bohnen: "Frank Wedekind und Georg Brandes. Unveröffentlichte Briefe", in: Euphorion, 72. Bd. 1978, 1. Heft, p. 114

3 Fuchs 1906, p. 40

Die neuere Textkritik datiert Wedekinds Arbeit an einer ersten Fassung von "Mine-Haha" auf die Monate Juli bis Oktober 1895. In den Text eingearbeitet wird die Tanzpantomime "Der Mückenprinz", die schon 1894 abgeschlossen ist (und 1897 als eigenes Stück in dem Band "Die Fürstin Russalka" veröffentlicht wird). Die erste Fassung von "Mine-Haha", aus drei Teilen einer Ich-Erzählung bestehend, erscheint 1901 in der Zeitschrift "Die Insel", eine erweiterte zweite Fassung als Buchausgabe 1903. Der Titel erhält in der Buchausgabe die Form "Mine-Haha Oder über die körperliche Erziehung der jungen Mädchen" (in dieser Schreibung) und den Zusatz "Aus Helene Engels schriftlichem Nachlaß herausgegeben von Frank Wedekind". Erweitert ist die zweite Fassung um eine Einleitung und Nachschrift des 'Herausgebers' Wedekind und um einen kurzen vierten Teil, an dem Wedekind schon 1895 gearbeitet hat.[4] Der Text im ersten Band der Gesammelten Werke Wedekinds entspricht dem der Buchausgabe, behält den erweiterten Titel bei, läßt jedoch den Zusatz weg.

Worum geht es in "Mine-Haha"? - Die Erzählerin Hidalla berichtet von ihrem Aufwachsen als Kind und junges Mädchen in einem großen Park, der durch eine Mauer von der Außenwelt getrennt ist. Zusammen mit anderen Kindern, Mädchen und Jungen, wohnt sie in einem der vielen Häuser, die verstreut im Park liegen. Mit vier Jahren beginnt die gymnastische Erziehung der Kinder: die etwa achtzehnjährige Gertrud lehrt sie, beim Gehen den Fuß zuerst mit der Spitze aufzusetzen und die Hüften straff gespannt zu halten; später lernen die Kinder das Laufen nur auf den Fußspitzen. Wer diese und andere Übungen nicht korrekt ausführt, wird mit einer Weidenrute geschlagen. "Gertrud lächelte immer, wenn sie zuschlug."[5] Die Kinder lernen früh, füreinander zu sorgen; mit fünf Jahren muß sich jedes Kind um einen der Säuglinge kümmern, die neu ins Haus gebracht werden. - Als Hidalla sieben Jahre alt ist, wird sie nachts nackt in eine Kiste gelegt und in ein anderes Haus gebracht, in dem eine Mädchengruppe wohnt. Es gibt viele solcher Gruppen im Park. Hidalla bleibt hier sieben Jahre bis zum Beginn der Pubertät; während dieser Zeit steigt sie in der strengen Hierarchie ihrer Gruppe allmählich auf, bis sie in ihrem letzten Jahr, als Älteste, die Leitung übernimmt. Schon während des ersten Jahres in der Gruppe erfährt sie, daß zwei Dinge streng verboten sind: den Park über die Mauer zu verlassen und körperlichen Kontakt zu einem anderen Mädchen zu suchen. Die Strafe ist lebenslanges Verbleiben im Park,

---

4 zur Datierung cf. Alfons Höger: Hetärismus und bürgerliche Gesellschaft im Frühwerk Frank Wedekinds, Kopenhagen u. München 1981, p. 17 u. p. 180 Anm. 11 u. 12; ferner Hartmut Vinçon: Frank Wedekind, Stuttgart 1987, p. 51 u. p. 55

5 Frank Wedekind: "Mine-Haha oder Über die körperliche Erziehung der jungen Mädchen", in: Gesammelte Werke. Erster Band, München u. Leipzig 1919 (4.-13. Tsd.), p. 331 ("Mine-Haha" wird im folgenden nach dieser Ausgabe zitiert)

durch das die Täterin zu einem häßlichen, Abscheu erregenden Wesen wird. - Neben der gymnastischen Erziehung erhalten Hidalla und die anderen Mädchen Unterricht bei der Tanzlehrerin Simba, zunächst in "pathetischen", später in "rascheren" Tänzen, "für die wir schwere Holzschuhe trugen, in deren Sohlen noch Blei eingelegt war. Das löste die Gelenke (...)".[6] Durch Musikunterricht wird das Erziehungsprogramm komplettiert; andere Fähigkeiten, und sei es das Lesen, werden nicht vermittelt. - Zu einem bestimmten Zeitpunkt erscheinen fremde Damen im Park und treffen unter jenen Mädchen, die etwa zwölf Jahre alt sind, eine Auswahl. Die Damen prüfen vor allem den Wuchs und die körperliche Beschaffenheit der Mädchen; sie nehmen die, die sie ausgewählt haben, mit sich fort. Hidalla bleibt im Park. Bald beginnt nun die Zeit ihres Auftretens im Theater, das durch eine unterirdische Bahn mit der Außenwelt verbunden ist. Die Mädchen wirken in Pantomimen mit, in denen sie - ohne zu wissen, worum es geht - unter anderem Beischlaf und Schwangerschaft darstellen. Das Publikum, unsichtbar für die Mädchen, amüsiert sich bei diesen Darbietungen und finanziert über das entrichtete Eintrittsgeld Betrieb und Unterhalt des Parks. - Mit dem Einsetzen der Menstruation geht Hidallas Zeit im Park zu Ende. Die unterirdische Bahn befördert sie und ihre Altersgenossinnen "in die Dunkelheit davon."[7]

Was sich anschließt, wird nur in der Buchausgabe von 1903, in einem kurzen vierten Teil, berichtet: Im Bahnhof außerhalb des Parks treffen die Mädchen auf gleichfalls dort ankommende Knaben, mit denen sie Hand in Hand, unter dem Jubel einer Menschenmenge, dabei selbst verwirrt und verängstigt, durch die Stadt zum Kapitol ziehen. Dort gelangen sie "zwischen den steinernen Tribünen hindurch zum Bassin ..."[8] - damit bricht die Erzählung Hidallas ab.

Einleitung und Nachschrift des 'Herausgebers' Wedekind, wie der vierte Teil nur in der Buchfassung, geben die Erzählung als Manuskript aus dem Nachlaß der vierundachtzigjährigen pensionierten Lehrerin Helene Engel aus. Der Untertitel "Über die körperliche Erziehung junger Mädchen" (sic)[9] stamme vom Herausgeber, der in seiner Nachschrift auch die Bedeutung der indianischen Worte "Mine-Haha" erklärt: Lachendes Wasser.

Die Geschichte "Mine-Haha"s im Spiegel der literarischen Kritik zu verfolgen, ist kein leichtes Unterfangen. Hartmut Vinçon hat 1987 eine

---

6 "Mine-Haha", in: Gesammelte Werke. Erster Band, p. 340 sq.
7 ibid., p. 376
8 ibid., p. 381
9 ibid., p. 321, so im Text; der Untertitel (p. 317) eigentlich "Über die körperliche Erziehung der jungen Mädchen"

Synopse mehrerer Einzelinterpretationen zusammengestellt und meint, die Kritik resümierend und zugleich weiterführend: ""Mine-Haha" wird zum Vexierbild für seine Interpreten, die das eigene System im fremden Spiegel nicht erblicken."[10]

Seit Leo Trotzkijs früher Auseinandersetzung mit "Mine-Haha" (1908) reflektiert die Kritik das Fragment vor allem als Entwurf einer Pädagogischen Provinz. Die Einschätzungen schwanken zwischen positiver Utopie - nahezu uneingeschränkt bei Friedenthal 1914: "eine im Grunde heiter sinnenfrohe Didaktik der körperlichen Erziehung"[11] - und negativer Utopie, etwa bei Moníková 1985. Auch satirische Momente sind betont worden (so von Fechter 1920, kritisiert von Kutscher 1927).

Übt die Erzählerin Hidalla in der erweiterten Buchfassung rückblikkend Kritik an dem, was ihr - besonders nach Verlassen des Parks - "widerfahren" sei[12], so darf diese Distanzierung, wie die neuere Forschung herausgestellt hat, nicht als schlicht gemeinter Kommentar des Autors Wedekind, der Ich-Erzählerin in den Mund gelegt, mißverstanden werden. Höger sieht 1981 in der Buchfassung "Mine-Haha"s einen "Ausdruck von Selbstzensur" Wedekinds[13]: die rückblickende Kritik der Erzählerin greift nur der staatlichen Zensur voraus.

Kutscher hatte schon 1927 den Arbeitszusammenhang referiert, in den das Romanfragment sich einordnet: den Gesamtkomplex "Die große Liebe", ein Projekt, an dem Wedekind - mit Unterbrechungen - etwa vierundzwanzig Jahre gearbeitet hat.[14] Die neuere Kritik versuchte von hier aus zu erhellen, wie "Mine-Haha" 'gemeint sei'. So konnte Medicus 1982 auf der Grundlage von Wedekinds unveröffentlichten Notizbüchern 38-42 (1906-1907) zeigen, daß den Mädchen aus "Mine-Haha" "orgiastische Rituale" bevorstanden.[15] Medicus stellte die "Koitalmaschinen" einer Frühlingsfeier und eines Herbstfestes vor und betonte, "daß Wedekind (...) exorbitante Phalluskulte in minutiösen Abläufen und detaillierter Ordnung, d. h. in akribischer Distanzlosigkeit darstellt."[16] Bereits 1981 hatte Höger, gestützt auf das gleichfalls unveröffentlichte Manuskript "Eden" aus dem Jahr 1890 (die Idee zu seiner Wiederaufnahme findet sich

10 Vinçon, p. 169

11 Joachim Friedenthal: "Frank Wedekind. Sein Leben und sein Werk", in: Friedenthal (ed.): Das Wedekindbuch, München u. Leipzig 1914, p. 41

12 "Mine-Haha", in: Gesammelte Werke. Erster Band, p. 377

13 cf. Höger 1981, p. 180 sq. Anm. 14; Zitat p. 181

14 Artur Kutscher: Frank Wedekind. Sein Leben und seine Werke. Zweiter Band, München 1927, p. 121 sqq.

15 Thomas Medicus: "Die große Liebe". Ökonomie und Konstruktion der Körper im Werk von Frank Wedekind, Marburg/Lahn 1982, p. 174

16 ibid., p. 126

im Notizbuch 38, das auch von Medicus herangezogen wurde[17]), Wedekinds sexualkritisches Konzept des "Hetärismus" zu erläutern versucht: Im Rückgriff auf Vorstellungen gynäkokratisch begründeter Sexualrituale habe Wedekind ein Programm 'freier Liebe' ohne "jede Form gefühlsmässiger Abhängigkeit" entwickeln wollen. Höger vertrat die Ansicht, Wedekind habe mit diesem Programm "eine sexualdemokratische Verfahrensweise" angestrebt.[18] - Gegen Medicus' "Mine-Haha"-Analyse wandte Vinçon ein, sie gehe "von (...) falschen philologischen Voraussetzungen" aus[19], im übrigen übe Medicus eine "unhistorische Kritik, die Wedekinds Werk zu einem linguistischen Steinbruch" mache.[20] Vinçon stellte fest: Solange Wedekinds Entwürfe zum Projekt "Die große Liebe" "philologisch nicht bearbeitet bzw. veröffentlicht sind, ist es verfrüht, (...) irgendwelche literarhistorische Urteile zu fällen."[21]

Auf mancherlei Weise ließ "Mine-Haha" sich als pädagogische "Propagandaschrift"[22] lesen und, je nach Einschätzung späterer Kritiker, verstehen oder mißverstehen. Die Einordnung in den Kontext einer Tanz- und Theaterreform, die Georg Fuchs 1906 vornimmt, steht keineswegs isoliert (sie wurde allerdings, soweit ich sehe, in der Forschung bisher nicht zur Kenntnis genommen). Daß es naheliegend war, "Mine-Haha" eine Stelle in den tanz- und theaterästhetischen Diskussionen und Entwürfen der Zeit zuzuweisen, zeigen auch Bemerkungen Friedenthals, Kutschers und anderer: sie verweisen auf Emile Jaques-Dalcroze, den Gründer einer - in der neueren Tanzgeschichte sehr einflußreichen - "Rhythmischen Bildungsanstalt" in Dresden-Hellerau. Jaques-Dalcroze habe aus "Mine-Haha" "Anregung empfangen zum Ausbau seiner rhythmischen Erziehung in der Hellerauer Schule", meint Kutscher 1927[23] (ohne daß dies belegt würde, zieht sich die Behauptung durch die Wedekind-Literatur bis 1985[24]). Das tanzpädagogische System "Mine-Haha"s ließ sich noch 1981 problemlos auf die historische Erscheinung der zahlreichen Tanzschulen beziehen, die zu Beginn des Jahrhunderts in Deutschland gegründet wurden; Vivarelli schreibt: "Scuole assai simili, in cui la ginnastica assumeva un ruolo pedagogico fondamentale per la formazione del carattere, vennero realmente fondate più tardi, a partire dal 1904, da Elisabeth

17 cf. Höger 1981, p. 189 Anm. 2
18 Höger 1981, p. 82 sq.
19 Vinçon, p. 169
20 ibid., p. 142
21 ibid., p. 169
22 Paul Fechter: Frank Wedekind. Der Mensch und das Werk, Jena 1920, p. 151
23 Kutscher 1927, p. 130
24 cf. Libuše Moníková: "Das totalitäre Glück. Frank Wedekind", in: Neue Rundschau, 96. Jg. 1985, Heft 1, p. 124 (Jaques-Dalcroze hier als "Jaques Dalcrose")

Duncan a Darmstadt"[25] (wie ähnlich die Schulen und Systeme sind, wird noch zu klären sein).

Welche Konzeption von Bewegung und Tanz entwickelt Wedekind in seinem Fragment? - Im Zusammenhang einer Beantwortung dieser Frage kann es nicht darum gehen, "Mine-Haha" als literarisch überformte Tanz- oder Theaterästhetik zu lesen; gezeigt werden soll zunächst nur, auf welche Aussagen im Text Theoretiker und Forscher rekurrierten, an Hand welchen Materials also bestimmte Einschätzungen in der zeitgenössischen Diskussion und der späteren Kritik zustande kamen.

Grundlage der tänzerischen Ausbildung, die die Mädchen in "Mine-Haha" erhalten, ist ein System der Gymnastik. Neben Ballspiel, Lauf, Schwimmen treten eine Reihe unspezifischer gymnastischer Übungen wie Seilspringen und Balancieren auf einer Kugel. Übungen, die der tänzerischen Ausbildung direkt vorarbeiten, betreffen den Gang und die Hüften; diese Übungen werden stets in Schuhen ausgeführt. Die Gymnastiklehrerin Gertrud demonstriert den vierjährigen Kindern eine dieser Übungen: "Sie hob die Knie ein wenig und setzte den Fuß mit der Fußspitze auf; dann ließ sie langsam die Ferse nieder, aber nicht bevor nicht der Fußrücken bis zur großen Zehe mit dem Schienbein *eine* gerade Linie gebildet hatte."[26] Die Ausbildung eines nicht nur gestreckten, sondern geradezu nach außen gewölbten Spanns läßt sich als integrales Moment einer Tanzerziehung nach akademischen Regeln auffassen. - Die Hüften sind "beim Gehen (...) straff gespannt" zu halten: "Die Hüften, das sei der Mittelpunkt; der müsse unbeweglich und ruhig bleiben. Aber alle anderen Bewegungen im Oberkörper sowohl wie in den Beinen bis in die Zehenspitzen müßten von den Hüften ausgehen und von ihnen aus gewollt und dirigiert werden."[27] Die Hüften als selbst unbeweglicher Ausgangspunkt der Bewegung: auch dieses Moment könnte auf Regeln des akademischen Tanzes verweisen.

Jedoch dient die gymnastische und tänzerische Erziehung, die die Mädchen in "Mine-Haha" erhalten, nicht der Heranbildung von Tänzerinnen der danse d'école. Dürfen die Mädchen "während des Laufens den Fuß nur mit der Spitze aufsetzen"[28], so mag man noch an akademische pas sur les pointes denken. Eines der Resultate des Tanzunterrichtes ist, wie Hidalla berichtet, "daß bald jede von uns die

---

25 Vivetta Vivarelli: "*Mine-Haha* e l'utopia autoritaria di Frank Wedekind", in: Istituto Universitario Orientale (ed.): Annali. Sezione Germanica. Studi Tedeschi, vol. 24, 1-2, Napoli 1981, p. 66

26 "Mine-Haha", in: Gesammelte Werke. Erster Band, p. 325

27 ibid., p. 326

28 ibid., p. 330

Füße mit Leichtigkeit der andern über den Kopf schwingen konnte"[29] - gewiß kein spezifisch tänzerisches, sondern ein allgemein akrobatisches Element. Während der Aufführung einer erotischen Pantomime im Parktheater exekutieren die Mädchen den Gang auf den Händen, eine Fertigkeit, die auf das Varieté verweist, nicht auf den akademischen Tanz. Die Mädchen in "Mine-Haha" werden zu Tänzerinnen ausgebildet, die wohl den Cancan, schwerlich jedoch den pas de bravour tanzen könnten.

Wedekinds Interesse am Varieté und am Zirkus, an den - nicht nur als ästhetisches Paradigma aufgefaßten - Darbietungen der Artisten und Akrobaten, ist der Forschung zur Genüge bekannt. Jones hat 1985 den Bezug zu "Mine-Haha" deutlich formuliert:

> "The kind of physical, anatomical context he (Wedekind; G.G.) creates in his *Mine-Haha, oder die körperliche Erziehung der jungen Mädchen* (...) is an obvious reflection of the circus ideal to which he subscribed. In view of his enthusiasm for the circus as an institute of learning, the transference of such an ideal to a pedagogical province is a logical extension of his real life experiences in the circus into the corpus of his artistic production."[30]

Gegen den akademischen Tanz spielt Wedekind schon 1888 die Leistungen "einer jungen Tänzerin auf dem schlaffen Drahtseil" aus[31]; die Muse des Tanzes Terpsichore dagegen, so heißt es kritisch,

> "schwirrt heute, einer Garnhaspel ähnlicher als einem weiblichen Wesen, mit starr emporgestreckten Armen aus einer Ecke des Proszeniums in die andere (...) und setzt ihren höchsten Stolz darein, sich möglichst lang auf der großen Zehe aufrecht erhalten zu können. (...) Gegenüber dem bedauerlichen Niedergange der Tanzkunst auf der Bühne konstatieren wir mit Freuden von den Künsten in freier Luft das Gegenteil."[32]

An "Mine-Haha" arbeitet Wedekind 1895. Seine Haltung dem akademischen Tanz gegenüber dürfte sich bis zu diesem Zeitpunkt kaum gewandelt haben. Die Ablehnung der erstarrten Form des im 'Niedergang' begriffenen Balletts, zumal des Spitzentanzes, teilt Wedekind mit vielen Künstlern und Intellektuellen seiner Zeit. Der Tanz der Mädchen in "Mine-Haha", vorgebildet in der Körperakrobatik des Zirkus und des Varietés,

---

29 ibid., p. 341
30 Robert A. Jones: Art and Entertainment: German Literature and the Circus 1890-1933, Heidelberg 1985, p. 157
31 in dem Artikel "Im Zirkus. II. Das hängende Drahtseil" (Beilage zur Neuen Zürcher Zeitung vom 5. August 1888); hier zit. nach: Werke in drei Bänden, ed. Manfred Hahn, Bd. 3, Berlin u. Weimar 1969, p. 166
32 ibid., p. 167 sq.

reflektiert Wedekinds Haltung der danse d'école gegenüber: Was akademisch gemeint sein könnte (Ausbildung des Spanns, die Hüfte als unbeweglicher Mittelpunkt des Körpers), mündet in ein, hier allerdings nur rudimentär entwickeltes, circensisches Artistentum; gedacht nicht als Säkularisierung, nicht als Absinken hohen Kulturgutes in die niedere Sphäre, sondern gegenläufig als Aufhebung in jene Kunstform, die ästhetisch das höhere Recht hat.

Neben die bloße Beschreibung auszuführender und ausgeführter Bewegungen - eine Darstellung dessen, was zur Anschauung gelangt - treten in "Mine-Haha" Reflexionen auf ein spezifisches Körperbewußtsein, das sich im Zusammenhang der gymnastischen und tänzerischen Erziehung der Mädchen gradweise ausbildet.

Hidalla betont die Rolle der Hüften im gymnastischen System als Ausgangspunkt der Bewegung, als selbst unbeweglicher Mittelpunkt des Körpers. Sie sagt: "Und wenn einige von uns Mädchen so sehr breite Hüften bekamen, so bin ich fest überzeugt, daß das nur daher rührt, daß wir gewissermaßen mit den Hüften denken lernten."[33] Nicht mit dem Kopf wird hier gedacht: Sitz und Organ eines Denkens eigener Art sind die Hüften. Dieses 'Denken' meint nicht die Operationen des Intellekts, wie Begreifen in kategorialer Ordnung, Erkenntnis des Objekts, Fällen eines Urteils. Es ist untrennbar der Kultur des Körpers verbunden, mit der es sich entwickelt und wächst; ablesbar an der zunehmenden Breite der Hüften. Es ist Moment eines Körperbewußtseins und läßt sich insofern nur "gewissermaßen" als Denken ansprechen - gerade durch diese Kennzeichnung aber erhält das Vermögen eine Dignität, die vergleichbar ist der Dignität des Intellekts. Wird dieser begriffen als Instanz, die das Erfassen von Welt primär leistet, so erscheint sein Primat hier gebrochen.

Das spezifische Körperbewußtsein, das die Mädchen in "Mine-Haha" entwickeln, ist - im Idealfall - ein lustvolles Bewußtsein. An ihrer Tanzlehrerin Simba rühmt Hidalla "die Geschmeidigkeit ihres Leibes, die Lust, mit der sie selbst sich ihres Körpers bewußt zu werden schien und die in jeder leisen Bewegung wieder zum Ausdruck gelangte".[34] Sich des eigenen Körpers bewußt zu werden, heißt auch, sich dieses Körpers in seiner Eigenart (nicht nur des Körpers als Körper überhaupt) bewußt zu werden. Die Lust auch am Bewußtsein körperlicher Eigenart läßt sich durch Bewegung vermitteln: nicht mehr und nicht weniger gelangt im hier konzipierten Tanz zum "Ausdruck".

Die körperliche Eigenart ist in "Mine-Haha" alleiniges Kriterium der Individualität: "Nur an den körperlichen Unterschieden kannte man sich

33 "Mine-Haha", in: Gesammelte Werke. Erster Band, p. 327
34 ibid., p. 339

gegenseitig auseinander."[35] Was Individualität überdies ausmachen könnte, erscheint nivelliert: "Eine dachte und fühlte wie die andere, und wenn eine den Mund auftat, wußten immer alle übrigen schon, was sie sagen wollte. So kam es, daß wir sehr wenig sprachen."[36] Der Tanz der Mädchen stellt damit auch, wie schon Medicus betont hat, eine "Negation des Sprachlichen" dar.[37] Die Sprache der Worte, die begrifflich zu scheiden vermag und Bestimmungen ermöglicht, verliert im Kollektiv der Mädchen ihre Funktion. (Entsprechend gering ist die Zahl der Dialoge in Wedekinds Fragment.) Verständigung kann hier die Worte entbehren, keineswegs besteht sie mehr in verbal vermittelter gemeinsamer Verstandesarbeit der Individuen. Sie rekurriert auf ein kollektives Wissen, das, wie wiederum Medicus am Beispiel der Gymnastiklehrerin Gertrud zeigt, "seinen Ort im Körper selbst" hat.[38]

"Wenn eine "Ich" sagte, so meinte sie sich immer ganz damit, vom Scheitel bis zur Fußspitze. Wir fühlten unser Selbst in den Beinen und Füßen beinahe noch mehr als in den Augen und Fingern. Von keinem der Mädchen ist mir im Gedächtnis geblieben, wie sie sprach. Ich weiß von jeder nur noch, wie sie ging."[39] Das Ich der Mädchen in "Mine-Haha" ist ein 'Körper-Ich'. Innen und Außen fallen in ihm zusammen: Vermittlung wird unnötig. Wenn Individualität nur in der körperlichen Eigenart besteht, wenn alle dasselbe denken und fühlen, kann nichts als die Lust, sich des eigenen Körpers bewußt zu werden, Ausdruck in der Bewegung finden (wie Hidalla an Simba feststellt). Das Körper-Ich ist gleichsam abgeschlossen gegen andere Bestände der Welt: nichts geht durch es hindurch, nichts drückt es aus als sich selbst.

Die Einheit des Körper-Ich zerbricht in "Mine-Haha" mit dem Beginn der Pubertät und Menstruation. Das lustvolle Bewußtsein wird unglückliches Bewußtsein: "Ich war mir zum Abscheu. Überall war ich mir im Wege. Ich war keiner Bewegung mehr sicher."[40] Die "Dressur zur Harmonie", wie Otto F. Best das System 1970 kennzeichnete[41], muß nun versagen; doch hat sie ihre Aufgabe längst erfüllt. Die Entwicklung des Körperbewußtseins, die gymnastisch-tänzerische Heranbildung des Körper-Ich standen im Dienst von Aufführungen im Parktheater, aus deren Erlös das pädagogische Unternehmen sich finanziert. Wer sich im

---

35 ibid., p. 354
36 ibid.
37 Medicus, p. 158
38 ibid., p. 135
39 "Mine-Haha", in: Gesammelte Werke. Erster Band, p. 354
40 ibid., p. 375
41 Otto F. Best: "Zwei Mal Schule der Körperbeherrschung und drei Schriftsteller", in: Modern Language Notes, vol. 85, 1970, p. 729

Wege steht, seinen Körper nicht perfekt beherrscht, kann nicht mehr tanzen und bringt nichts mehr ein. Die unterirdische Bahn, die den Park mit der Außenwelt verbindet, führt die Mädchen anderen Verwendungszwecken zu, über die nur Wedekinds Notizen unterrichten: zunächst wohl der Frühlingsfeier und ihrer "Koitalmaschine".[42]

Georg Fuchs (1868-1949) kann als der "neben Appia und Craig einflußreichste Theater-Theoretiker der Jahrhundertwende" gelten, wie Lenz Prütting in seiner Monographie über Fuchs, "Die Revolution des Theaters", 1971 feststellt.[43] Im Versuch, eine anti-naturalistische Reformbühne zu schaffen, entwickeln Adolphe Appia und Edward Gordon Craig neue Modelle der dreidimensionalen Raumbühne, Georg Fuchs dagegen die zweidimensionale Reliefbühne. Gemeinsam ist den drei Ansätzen die Ablehnung jenes Bühnen-Illusionismus, der durch gemalte Prospekte perspektivische Täuschungen erstrebt.

Fuchs' Lebenswerk bildet der Versuch, die Rampe im Theater abzuschaffen. Balme erläutert 1988: "Ausgehend von Schopenhauer und Nietzsche sah Fuchs die durch den Sündenfall symbolisierte Entfremdung des Menschen, die Subjekt-Objekt-Spaltung, in der trennenden Rampe versinnbildlicht."[44] Daß Fuchs' Lektüre der beiden Philosophen, vor allem Nietzsches, einer zu seiner Zeit verbreiteten Rezeptionshaltung entspricht, sei hier nur angemerkt: Auch in Fuchs' Interpretation kommt es zu charakteristischen Einseitigkeiten und Verzerrungen. - Die trennende Rampe verschwindet, technisch zumindest, in einem Theaterbau, der die Reliefbühne mit der amphitheatralischen Anordnung von Sitzplätzen verbindet. Damit wird die "transorchestrale Einheit"[45] im Theater wiederhergestellt: Einheit zwischen Bühnen- und Zuschauerraum, Schauspieler und Publikum, Bühnengeschehen und Erlebniswirklichkeit. Das Drama wird, so will es Fuchs, zum 'Kultus', an dem Spieler und Zuschauer in gleichem Maß partizipieren. Dieser Kultus erscheint bei Fuchs als Teil einer Lebensreform, die getragen ist von einer deutlich völkischen Ideologie. Balme faßt zusammen: "Bei aller Modernität der Theatertheorie von Fuchs enthält seine breitere Kulturauffassung eindeutig präfaschistische Züge, die ein ambivalentes Licht auf die Diskussion über die Theatermoderne werfen."[46]

---

42 cf. Medicus, p. 175 sqq.
43 Lenz Prütting: Die Revolution des Theaters. Studien über Georg Fuchs, München 1971, "Vorwort" (unpaginiert)
44 Christopher Balme (ed.): Das Theater von Morgen. Texte zur deutschen Theaterreform (1870-1920), Würzburg 1988, p. 203
45 Prütting, p. 155 sqq.
46 Balme, p. 23

Im Jahr 1905 erscheint Fuchs' Programmschrift "Die Schaubühne der Zukunft", 1906 sein Buch "Der Tanz", in dem er auf "Mine-Haha" eingeht; ein Jahr später wird der "Verein Münchener Künstler-Theater" ins Leben gerufen, der sich zum Ziel setzt, die neuen Ideen zu realisieren - Ergebnis ist das 1908 fertiggestellte, von Max Littmann konstruierte Münchener Künstlertheater.

Fuchs' Buch über den Tanz bildet im Zusammenhang seiner zahlreichen Schriften zur Theaterreform gleichsam ein theoretisches Zwischenspiel. Das Drama erscheint in ihm "*als die höchst-vergeistigte und differenzierteste Anwendung der Tanzkunst*"[47] - insofern lag es nahe, dem Tanz eine eigene Studie zu widmen. Die tanzästhetischen Überlegungen, die Fuchs hier anstellt, sind eingebettet in ein umfassendes, auf das deutsche "Volkstum"[48] zugeschnittenes kulturtheoretisches Programm. Verstehe man unter dem vagen Ausdruck 'Kultur' gewöhnlich die "Gesetzmäßigkeit der von innen, aus der Blutrhythmik heraus wirkenden Formgewalt", so will Fuchs den Begriff in Richtung auf Kunst präzisieren: "Kultur ist Einwirkung der künstlerischen Instinkte, der rhythmischen Formgewalt auf *alle* Lebensäußerungen, ist angewandte Kunst in *allem*."[49] Der Körper nun wurde in Deutschland, so Fuchs, erst spät für die Kultur entdeckt - damit ist die Argumentation angelangt bei den neuen Körper- und Nacktkulturbewegungen der Zeit, bei Hygiene und Massage (auch diese setzen sich "ins Ästhetische" um[50]), bei Tanz und Drama.

Fuchs' Gedankenführung im Buch über den Tanz zu folgen, ist oft mühsam. Scharfe Polemik gegen die zeitgenössische Tanzästhetik, eigene Definitionen von Tanz und Drama, hymnische Passagen über die Kunst der 'Schlaftänzerin' Madeleine G., Exkurse über Goethe und das japanische Theater wechseln sich ab. Prütting hat 1971 einzelne Aspekte dargestellt, ohne allerdings Fuchs' Wedekind-Rezeption zu erwähnen. An dieser Stelle sind nur jene Momente hervorzuheben und in den Zusammenhang von Fuchs' Reformkonzept als Ganzem zu stellen, die für das Verständnis der Einordnung "Mine-Haha"s in den vorliegenden Kontext Bedeutung haben.

Tanz ist "Kultform"[51] und insofern immer schon, was das Drama erst wieder werden soll. Das Verschwinden der Rampe leistet für das Drama eben das, was der Tanz, in seinem Wesen und seiner Bedeutung auch für die neuere Zeit begriffen, seit jeher geleistet hat: "ein bis zum ekstatischen Orgiasmus aufschäumendes Erleben der in unserer Körperlichkeit gebun-

---

47 Fuchs 1906, p. 13
48 ibid., p. 3
49 ibid.
50 ibid., p. 6
51 ibid., p. 7

den rhythmischen (sic) Mächte."[52] Paradigma solcher, von ihrem Wesen her erneuerten, tänzerischen und mimischen Kunst sind die Darbietungen der 'Schlaftänzerin' Madeleine G., die Fuchs 1904 in München erlebt. Offenbar in Hypnose versetzt, "entfernt von allem Bewußten"[53], bewegt sich Madeleine G. auf Zuruf einiger Kommandos ihres Begleiters und stellt Zustände wie 'Wut', 'Trauer' und dergleichen mimisch-rhythmisch dar. Fuchs' Interesse an der 'Schlaftänzerin' ist keine persönliche Bizarrerie: Schriftsteller wie Otto Julius Bierbaum, Kritiker wie Alfred Kerr, Maler wie Franz von Stuck sahen und schätzten Madeleine G.; der seinerzeit bekannte Arzt und Parapsychologe Albert Freiherr von Schrenck-Notzing widmete ihr eine eigene Studie.[54] Die Fragwürdigkeit der Darbietungen in psychologischer und vor allem ästhetischer Hinsicht wird früh diskutiert; für Fuchs jedoch agiert Madeleine G. ungebrochen - d. h. hier: ohne daß ein Bewußtsein Subjekt und Objekt als voneinander geschiedene Größen setzte, analog der Wirkung der Rampe im Theater - auf kollektivem Plan: "Die *Rasse,* das Blut als Trägerin des Rhythmischen und damit alles Künstlerischen hat sich uns kaum jemals so unmittelbar dargestellt, als bei der Madeleine."[55] Ein so verstandener Tanz ist "*Erziehung zur Kultur*"[56]; als Muster solcher Erziehung reklamiert Fuchs die Pädagogische Provinz im Zweiten Buch von "Wilhelm Meisters Wanderjahren".

Fuchs' Verknüpfungen und Schlußfolgerungen muten verwegen, mitunter gewaltsam an. In der Struktur der Argumentation schlägt sich nieder, was den Gegenstand der Reflexion bildet: ein Konglomerat tanz- und theaterästhetischer, kulturtheoretischer und pädagogischer Ideen, zusammengehalten durch Vorstellungen von Rasse, Blut, Rhythmus (die in einigen Kreisen des geistigen Lebens der Zeit en vogue sind, ansatzweise schon in der frühen deutschen Rhythmusbewegung, entfaltet bei den Münchener 'Kosmikern' um Wolfskehl und Klages, denen zeitweilig auch Stefan George nahesteht). Auch "Mine-Haha" läßt sich in dieser Weise mit dem Übrigen verbinden; von Wedekind meint Fuchs: "Es ist fast, als ob er die Ideen Goethes nur fortgesponnen hätte."[57]

Fuchs widmet "Mine-Haha" etwa vier Seiten seiner fünfundvierzigseitigen Schrift. Er bezieht sich auf die Veröffentlichung in der "Insel" 1901

---

52 ibid., p. 21
53 ibid., p. 25
54 Albert Freiherr von Schrenck-Notzing: Die Traumtänzerin Magdeleine G. Eine psychologische Studie über Hypnose und dramatische Kunst, Stuttgart 1904; über Schrenck-Notzing cf. Franz Blei: "Doktor Schrenck-Notzing" (1940), wieder abgedruckt in: Blei: Porträts, ed. Anne Gabrisch, Berlin 1986, p. 494-498
55 Fuchs 1906, p. 27
56 ibid., p. 30
57 ibid., p. 36

und zitiert ausgiebig aus "dem als Memoirenfragment sich gebenden Prosagedichte".[58]

Charakteristisch für Fuchs' Lektüre auch "Mine-Haha"s ist zunächst die nationale Perspektive: "Der Körper ist entdeckt für die Form. Der Deutsche fängt an zu leben, nachdem er über ein Jahrhundert lang nur gedacht, gelernt, gelehrt, geschrieben, gezankt und sich geplagt."[59] Die Aufmerksamkeit auf den Körper, die im Deutschland des ausgehenden 19. und beginnenden 20. Jahrhunderts erwacht und für Fuchs ihren Ausdruck in "Mine-Haha" findet, hat ihren frühen Propheten in Nietzsche: "Nicht umsonst stellte Nietzsche, der "Umwerter aller Werte", dem abstrakten älteren Kulturbegriff, "den Tänzer" entgegen, als ein Neues, Revolutionäres, radikal Umwertendes. Im Tanz wird der Leib erst vollkommen zum seelischen Erlebnis. Man vertiefe sich nur in Wedekinds Schilderungen (...)".[60] Nietzsches neuer Begriff von Kultur, der den "abstrakten älteren Kulturbegriff" radikal umwerte, bezeichnet für Fuchs das Konkretum bewegter Leiblichkeit und erscheint als gleichsam 'konkreter Begriff' von Kultur (eine in sich unstimmige Konstruktion, insofern jeder Begriff durch Abstraktion gewonnen wird: Realsubstrat und Begriff fallen für Fuchs hier zusammen). Nietzsches Rede vom Tanz versteht Fuchs, auch wenn er "den Tänzer" als Umwertung eines älteren Kulturbegriffes in Anführungsstriche setzt, weniger in ihrem metaphorischen Charakter - etwa im Sinn einer Negation der Erstarrung in philosophischem Standpunktdenken -, als vielmehr 'konkret', darin wohl nahe einem konkretistischen Mißverständnis. Auf den so verstandenen Nietzsche nun, Prophet deutschen Körperbewußtseins und künftiger deutscher Kultur, läßt sich für Fuchs auch "Mine-Haha" beziehen.

Unter den Zitaten aus "Mine-Haha", die Fuchs anschließt, hebt er zwei Stellen durch gesperrten Druck hervor. Hidalla bemerkt an ihrer Tanzlehrerin Simba "die Lust, mit der sie selbst sich ihres Körpers bewußt zu werden schien und die in jeder leisen Bewegung wieder zum Ausdruck gelangte"; später stellt sie fest: "Wenn eine "Ich" sagte, so meinte sie sich immer ganz damit, vom Scheitel bis zur Fußspitze. Wir fühlten unser Selbst in den Beinen und Füßen beinahe noch mehr als in den Augen und Fingern." - Das Körperbewußtsein, das Körper-Ich, das sich selbst - ungespalten in Innen und Außen - in der Bewegung erfährt, interessiert Fuchs an "Mine-Haha". Mit Nietzsche, dem Philosophen neuer Leiblichkeit, gilt Fuchs ein solches Körperbewußtsein als Zeichen neuer Kultur. Die "Formgewalt", die Fuchs zu Beginn seiner Schrift in der Definition von

58 ibid.
59 ibid., p. 38
60 ibid.

Kultur beschwor: "Kultur ist Einwirkung (...) der rhythmischen Formgewalt auf *alle* Lebensäußerungen", tritt ihm auch aus "Mine-Haha"s bewegten Körpern entgegen, die durch eine Tanzerziehung gegangen seien, "unter welcher der Leib zum Erlebnis wird und zum Ausdrucksmittel innerer, rassiger Formgewalt".[61] Nichts anderes drückt sich für Fuchs in den tanzenden Körpern aus als ein übergreifendes Prinzip; auch hier ist, so kann man folgern, "unmittelbar dargestellt", was Fuchs an Madeleine G. - Paradigma einer aus ihrem Wesen heraus erneuerten tänzerischen und mimischen Kunst - wahrnahm: die "*Rasse*, das Blut als Trägerin des Rhythmischen und damit alles Künstlerischen".

Daß sich im Tanz der "Mine-Haha"-Mädchen mehr ausdrücke als die lustvolle Erfahrung eigenen Körperbewußtseins: 'innere, rassige Formgewalt' - dies ist, gegenüber Wedekinds Konzeption, eine interpretatorische Zutat. Im Text des Romanfragments kann Fuchs zwar einen losen Anhalt für seine Deutung finden (Hidalla beschreibt einmal den Gang der Gymnastiklehrerin Gertrud und sagt: "Man sah nur Formen"[62]); daß aber die tanzenden Körper "Ausdrucksmittel" einer gleichsam substantiellen "Formgewalt" würden, die sich durch sie zu erkennen gäbe oder in ihnen manifestierte und anschaulich würde - dies ist Fuchs' Perspektive. Sie zielt in die Mitte eines Problems, um das die Tanzästhetik des frühen 20. Jahrhunderts beharrlich kreist, eines Problems, das als einfache Frage formuliert werden kann: Was drückt sich im Tanz aus, was bringt der Tanz zur Anschauung? Die Antworten, die Tanzkritiker und Schriftsteller geben - sie gewinnen sie am Freien und am Ausdruckstanz und an den von diesen beeinflußten Tanzformen -, bezeichnen ein Moment, das immer wieder im Tanz umworben wird.

Fuchs begreift die von ihm angeführten Stellen aus "Mine-Haha" als "ein untrügliches Dokument (...) für die Entdeckung des Körpers in der neuen Generation Deutschlands."[63] Der Charakter der Tänze und Stücke, die die Mädchen in "Mine-Haha" aufführen - etwa der Gang auf den Händen in einer erotischen Pantomime -, kann ihm nicht entgangen sein: "Die Stücke, die Wedekind von ihnen spielen läßt, sind allerdings Karikaturen."[64] Doch interessiert sich Fuchs nicht für die Körperakrobatik des Varietés, in der das tanzpädagogische System "Mine-Haha"s gipfelt, sondern nur für die Schulung selbst: "Aber das gymnisch-musische Erziehungssystem, das diesem Zukunftstheater die Darsteller vorbereitet,

---

61 ibid., p. 40

62 von Fuchs in Sperrdruck zitiert ibid., p. 37; bei Wedekind: "Man sah nur Formen. Und auch die Formen vergaß man beinahe über der Schönheit der Bewegung" ("Mine-Haha", in: Gesammelte Werke. Erster Band, p. 327)

63 Fuchs 1906, p. 40

64 ibid., p. 38

ist durchaus überzeugend."[65] Insofern der Tanz in "Mine-Haha" Symptom eines neuen Körperbewußtseins ist, wird die Frage, um welchen Tanz es sich eigentlich handelt, unwichtig; der Tanz der Mädchen in Wedekinds Romanfragment liegt für Fuchs auf einer Linie mit den Darbietungen der 'Schlaftänzerin' Madeleine G. Beide sind Vorboten eines 'Zukunftstheaters' - man darf hier verstehen: jenes Theaters, das Fuchs selbst als "Schaubühne der Zukunft" entwirft.

Von ganz anderer Seite: von der literarischen Kritik, wurde "Mine-Haha" gleichfalls in den Kontext von Reformbestrebungen eingeordnet, die eine Kultur des bewegten Körpers zum Ziel hatten. Kutscher und andere Forscher haben auf Emile Jaques-Dalcroze (1865-1950), den Gründer der "Rhythmischen Bildungsanstalt" in Dresden-Hellerau, hingewiesen. Dessen Institut besucht Wedekind im Jahr 1912, ein Jahr nach der Gründung; an seine Frau Tilly schreibt er (Brief vom 28. Juni 1912): "Von Hellerau habe ich am Montag das wichtigste schon gesehen und bedauerte sehr, daß Du nicht dabei warst. Du hättest sicherlich große Freude daran gehabt. Morgen Vorstellung für großes Publikum. Das wird weniger erfreulich sein und nichts neues bringen."[66] Kutscher zufolge ließ Jaques-Dalcroze sich von "Mine-Haha" "zum Ausbau seiner rhythmischen Erziehung in der Hellerauer Schule" anregen[67]; auch den ursprünglichen Plan zum Bau eines Festsaales innerhalb der Bildungsanstalt bringt Kutscher 1927 mit der Architektur des Parktheaters in "Mine-Haha" in Verbindung, die im Romanfragment recht ausführlich beschrieben wird: ein kreisrundes Gebäude mit amphitheatralisch aufsteigenden Sitzreihen und einer runden, versenkbaren, auch von oben beleuchteten Scheibe als Podium. Kutschers Anhaltspunkt dafür, das Parktheater und den ursprünglichen Festsaalplan aufeinander zu beziehen, bilden die "mündlichen Äußerungen des Herrn Dohrn"[68], d. i. Dr. Wolf Dohrn, der in enger Zusammenarbeit mit Jaques-Dalcroze das Institut in Hellerau ins Leben rief, "ein alter Bekannter von mir aus München", wie Wedekind am 25. Juni 1912 aus Dresden an Tilly schreibt.[69]

Emile Jaques-Dalcroze, zunächst Lehrer für Solfège in Genf, entwickelt ein System der "Rhythmischen Gymnastik", das großen Einfluß auf die neuere Tanzgeschichte gewinnt. Indirekt, in der Vermittlung durch

---

65 ibid.
66 Brief an Tilly vom 28. Juni 1912, in: Frank Wedekind: Gesammelte Briefe, ed. Fritz Strich, Zweiter Band, München 1924, p. 271
67 Kutscher 1927, p. 130
68 ibid., p. 132, erste Fußnote
69 Brief an Tilly vom 25. Juni 1912, in: Gesammelte Briefe. Zweiter Band, p. 270 (Dohrn hier als "Dr. Dorn")

Schüler, wirkt es auf Vaclav Nijinsky ("Le Sacre du Printemps", 1913) und auf Oskar Schlemmer ("Das Triadische Ballett", 1922); Mary Wigman studiert in den Jahren 1911 und 1912 unter Jaques-Dalcroze, wendet sich jedoch später gegen dessen Prinzipien. Das System der Rhythmischen Gymnastik besteht, verkürzt formuliert, in der körperlichen Visualisierung musikalischer Strukturen durch Bewegung im Raum. "Die Arme schlugen den Takt, die Füße gaben die konkreten Notenwerte an", schreibt 1971 der Tanzhistoriker Helmut Günther.[70] Die Schülerinnen und Schüler entwikkeln unter anderem die Fähigkeit, mit den einzelnen Gliedmaßen, die sie isoliert voneinander gebrauchen, synchron verschiedene Taktarten zu realisieren. In der Bewegung der Gruppe werden nicht nur Takt und Rhythmus anschaulich; die Stimmen einer Fuge etwa läßt Jaques-Dalcroze als einzelne Bewegungsblöcke sichtbar werden, die aufeinander zu, gegeneinander, voneinander weg streben: "Musik wurde Raum" (Günther 1971).[71]

Jacques-Dalcrozes Konzept der Rhythmischen Gymnastik ist eingebettet in das Programm einer allgemeinen Kultur- und Lebensreform. Dieses Programm entwickelt er bündig in einem Brief an Dohrn, in dem er das Projekt der Anstalt in Hellerau mit einem früheren Unternehmen in Berlin vergleicht:

> "L'entreprise de Berlin diffère essentiellement de celle de Hellerau. A Berlin il s'agit de *musique* uniquement, de plastique musicale aussi sans doute, mais avant tout d'une préparation à l'art. Tandis qu'à Hellerau il s'agirait de créer une *vie organique*, d'harmoniser, grâce à une éducation spéciale, le pays et ses habitants; de créer par le rythme une architecture morale et esthétique identique à celle de vos maisons, d'élever le rythme à la hauteur d'une institution *sociale* et de préparer un style nouveau qui serait une expansion naturelle, un produit authentique de l'âme des habitants. Vous parlez de l'hygiène, vous avez complètement raison, c'est l'hygiène *physique* et *morale*, qui doit être à la base de la société nouvelle; l'une exige et amène l'autre, et l'esthétique doit être un *résultat* de l'éducation hygiénique basée sur les rapports du corps et de l'esprit dans les meilleures conditions de santé, de volonté et de "moindre effort"."[72]

---

70 Helmut Günther: "Historische Grundlinien der deutschen Rhythmusbewegung", in: Gertrud Bünner / Peter Röthig (eds.): Grundlagen und Methoden rhythmischer Erziehung, Stuttgart 1971, p. 42

71 ibid., p. 45

72 zit. nach Wolf Dohrn: "Aufgaben der Bildungsanstalt Jaques-Dalcroze", in: Der Rhythmus. Ein Jahrbuch, herausgegeben von der Bildungsanstalt Jaques-Dalcroze Dresden-Hellerau, II. Bd. 1. Hälfte, Jena 1912, p. 80

Mit einigen Verschiebungen ließe dieses Programm sich auf eine Vielzahl pädagogisch-lebensreformerischer Entwürfe der Zeit übertragen. Charakteristisch für Jaques-Dalcrozes Konzept ist der enge Zusammenhang einer 'Erziehung zum Rhythmus' mit der neu geschaffenen Architektur der Gartenstadt Hellerau. Architekt der Bildungsanstalt ist Heinrich Tessenow (1876-1950), dessen betont sachliche Konstruktion wohl als die fortschrittlichste unter den Bauten Helleraus (Wohnhäuser unter anderem von Hermann Muthesius, das Gebäude der "Deutschen Werkstätten" von Richard Riemerschmid) gelten kann. Tessenow entwirft auch den Festsaal der Bildungsanstalt: amphitheatralisch ansteigende Stuhlreihen, die "unmittelbar in den Raum für die Aufführungen übergehen - nur das tiefgelegte Orchester ist dazwischen (...) Es ist eine Einheit zwischen dem Raume für die Aufführungen und den Zuschauern", wie 1912 Karl Storck in seiner Studie über Jaques-Dalcroze und die Anstalt berichtet.[73] Bemerkenswert ist der für die damalige Zeit neuartige Beleuchtungsapparat von Alexander von Salzmann, der "statt eines erleuchteten einen leuchtenden Raum" entstehen läßt: "Der große Festsaal hat Wände und eine Decke von durchsichtigem weißen Stoff, hinter dem gleichmäßig verteilt tausende von elektrischen Glühbirnen angebracht sind" (Hans Brandenburg in seinem Buch "Der moderne Tanz', o. J., erste Auflage 1915).[74] Die schlicht stilisierten Bühnenbilder entwirft der Theaterreformer Adolphe Appia - man kann sagen, daß im Festsaal der Rhythmischen Bildungsanstalt in Hellerau die musik- und bewegungspädagogische Avantgarde der Zeit mit führenden Vertretern der Theatermoderne und einer neuen Architektur zusammenarbeitet.

Der ursprüngliche Plan für den Festsaal, auf den Kutscher sich 1927 unter Berufung auf die "mündlichen Äußerungen" Dohrns bezieht: Jaques-Dalcroze habe "in Hellerau ursprünglich ganz ähnliche räumliche Verhältnisse schaffen" wollen, wie sie in "Mine-Haha"s Parktheater von Wedekind konzipiert waren[75], ist, soweit ich sehe, nicht erhalten. Was von ihm in Tessenows Bau bewahrt blieb, läßt sich nicht entscheiden. Die Architektur des Parktheaters in "Mine-Haha" (Kutscher teilt schon 1924/25 eine Skizze Wedekinds mit[76]) hat mit dem Tessenow-Bau nicht mehr gemein als die amphitheatralisch aufsteigende Anordnung der Sitzreihen (in "Mine-Haha" jedoch innerhalb eines runden Gebäudes). Kutschers Ansicht, Wedekinds Skizze des Theatergebäudes aus "Mine-Haha" sei

73 Karl Storck: E. Jaques-Dalcroze. Seine Stellung und Aufgabe in unserer Zeit, Stuttgart 1912, p. 97

74 Hans Brandenburg: Der moderne Tanz, München o. J., p. 82 sq.

75 Kutscher 1927, p. 132

76 Artur Kutscher: "Wedekind und der Zirkus", in: Faust, eine Monatsschrift für Kunst, Literatur und Musik. 3. Jg. 1924/25, Heft 7, p. 5

"bemerkenswert in einer Zeit, als noch niemand bei uns an Theaterreform dachte"[77], erscheint richtig, gibt aber wenig her.

Gewichtiger ist Kutschers Behauptung, Jaques-Dalcroze habe sich beim "Ausbau seiner rhythmischen Erziehung in der Hellerauer Schule"[78] überhaupt durch Wedekinds Romanfragment anregen lassen. Kutscher belegt seine Behauptung nicht. Festzuhalten ist, daß sich Jaques-Dalcroze zumindest in einem wichtigen Punkt kaum durch "Mine-Haha" hat anregen lassen können: Sein System körperlicher Bewegung geht von der musikalischen Struktur aus. "Der Kern der Methode *Dalcroze* bestand darin, daß *Dalcroze* seine Schüler lehrte, Musik mit dem Körper noch einmal neu zu gestalten. (...) Bei *Dalcroze* (...) war die rhythmische Bewegung immer nur ein direktes Produkt der Musik" (Günther 1971).[79] Wedekinds Konzeption von Bewegung in "Mine-Haha" bietet hierfür keinen Anhaltspunkt.

Vom gegenwärtigen Stand der Forschung ausgehend, kann der Versuch Kutschers und anderer Kritiker, "Mine-Haha" und die Reformbestrebungen Jaques-Dalcrozes aufeinander zu beziehen, nur als symptomatisch für eine bestimmte Perspektive auf Wedekinds Romanfragment erscheinen. Indem dieses als anregende Programmschrift, als ernst zu nehmender tanz- und bewegungspädagogischer Entwurf gelesen wird, gewinnt es eine Dignität in außerliterarischen Zusammenhängen. Unter Hinweis auf Kutscher formuliert Seehaus 1973 deutlich, Wedekind dürfe auf Grund von "Mine-Haha" "zu den Anregern des modernen Tanzes gezählt werden".[80] In dieser Perspektive bleibt unproblematisch, daß das tanzpädagogische System "Mine-Haha"s zu akrobatischen Fertigkeiten erzieht, die mit modernem Tanz und wohl auch mit Rhythmischer Gymnastik nichts gemein haben. Der Blick der Kritik ist einseitig gerichtet auf die Konzeption eines Körperbewußtseins und eines Körper-Ich, das sich in der Bewegung erfährt - eine Konzeption, die in tanzästhetischer und musik- und bewegungspädagogischer Hinsicht als progressiv begriffen wird. Der Zielpunkt des Systems: perfekte Körperakrobatik, rückt in dieser verkürzenden Perspektive nicht in den Blick.

Einen Hinweis darauf, daß einzelne Aspekte des Unternehmens "Mine-Haha" von prominenten Zeitgenossen auch abgelehnt wurden, gibt eine Bemerkung des seinerzeit einflußreichen Tanz- und Musikhistorikers Oscar Bie (1864-1938). Diesem Aperçu, en passant in den Artikel "Tanzschule" von 1907 eingestreut (im 18. Jahrgang der "Neuen

---

77 ibid., p. 4; so auch Kutscher 1927, p. 131
78 Kutscher 1927, p. 130
79 Günther, p. 42 u. p. 44
80 Günter Seehaus: Frank Wedekind und das Theater, Remagen-Rolandseck 1973, p. 19 Anm. 11

Rundschau"), ist kein theoretisches Gewicht beizumessen; es illustriert jedoch deutlicher als Georg Fuchs' Kennzeichnung der in "Mine-Haha" aufgeführten Stücke als "Karikaturen"[81] ein Unbehagen an Wedekinds tanzpädagogischem 'Modell' als Ganzem. Bie, der "Mine-Haha" offenbar in der Buchfassung von 1903 gelesen hat, die Hidallas Erzählung als Memoirenfragment aus dem Nachlaß einer pensionierten Lehrerin ausgibt, sieht eine Gemeinsamkeit des "Mine-Haha"-Systems mit der Praxis der 1904 von Isadora und Elisabeth Duncan in Berlin-Grunewald gegründeten Tanzschule: Die Duncan-Schule versuche, die "freie Gesetzmäßigkeit der Bewegung und das Gefühl für Körperlichkeit zu bilden. Aber wenn man die Kinder gleich wieder auf Bühnen Ballett tanzen läßt, zahlen sie die Buße der Pensionärinnen von Wedekinds Mine-Haha."[82] Mit dem Ausdruck "Ballett" dürfte hier schlicht 'Schautanz' gemeint sein; impliziter Vergleichs- und Kritikpunkt beider Systeme ist für Bie die Funktionalisierung der tanzpädagogischen Arbeit im finanzträchtigen Auftritt, die den Prämissen zumindest der Duncan-Schule, so kann man Bie wohl verstehen, zuwiderläuft.

Gut siebzig Jahre nach dem Tanzhistoriker Bie stellt auch die literarische Kritik eine Verbindung zwischen "Mine-Haha" und einer Tanzschule wie der Isadora und Elisabeth Duncans her. "Scuole assai simili", ähnlich "Mine-Haha", "in cui la ginnastica assumeva un ruolo pedagogico fondamentale per la formazione del carattere, vennero realmente fondate più tardi, a partire dal 1904, da Elisabeth Duncan a Darmstadt", meint Vivarelli 1981[83] (historisch ungenau, da die Schule 1904 zusammen mit Isadora in Berlin-Grunewald gegründet und von Elisabeth allein ab 1911 in Darmstadt weitergeführt wird). Daß es in "Mine-Haha" nicht um die Bildung individueller Charaktere geht, weiß Vivarelli: "Non esistono differenze interiori, l'una pensa e sente come le altre (...)"[84]; zu fragen bleibt, in welchem Sinn das "Mine-Haha"-System und die Duncan-Schule parallelisiert werden können, welche Ähnlichkeiten zwischen ihnen bestehen.

Isadora Duncan (1877-1927)[85], Begründerin der historisch neuen Tanzform des Freien Tanzes, opponiert gegen das kodifizierte Bewegungsvokabular und Regelwerk des akademischen Tanzes, das sie als unnatürlich ablehnt. Der Freie Tanz, mit dem sie seit 1899 in Europa hervortritt, wird schon bald enthusiastisch gefeiert oder heftig kritisiert. Barfuß, in eine leichte 'Tunika' gekleidet, orientiert sich Isadora Duncan in

81 Fuchs 1906, p. 38
82 Oscar Bie: "Tanzschule", in: Die neue Rundschau, 18. Jg. 1907, 1. Bd , p. 639
83 Vivarelli, p. 66
84 ibid., p. 67
85 das Geburtsjahr nach Gordon McVay: Isadora and Esenin. The Story of Isadora Duncan and Sergei Esenin, London and Basingstoke 1980, p. 5 u. p. 254

ihren Tänzen an Naturbewegungen und am Bewegungsvokabular der griechischen Antike, soweit dies aus Tanzdarstellungen in Malerei und Plastik und aus literarischen Schilderungen erschließbar ist. Ihre Tanzästhetik soll hier nicht ausführlich entwickelt werden[86]; hervorzuheben sind nur jene Momente, die für die tanzpädagogische Arbeit besondere Bedeutung haben.

Die genaue Betrachtung, die Kontemplation von Naturbewegungen leitet die Tänzerin zu einer inneren Aneignung dieser Bewegungen; eingestimmt auf die Bewegtheit der Natur, läßt sich tänzerisch vermitteln, was ursprünglich nur Bewegung im Außen, eben in der angeschauten Natur war. Diesen Zusammenhang zwischen Naturbewegung und tänzerischer Bewegung entwickelt Isadora Duncan rückblickend in ihrer Autobiographie "My Life", erschienen 1927, am Beispiel der Kontemplation der bewegten Blätter einer Palme (sie berichtet von einem Ferienaufenthalt in Abbazia im Frühjahr 1902):

> "At that Villa in Abbazia there was a palm tree before our windows. It was the first time I had seen a palm tree growing in a temperate climate. I used to notice its leaves trembling in the early morning breeze, and from them I created in my dance that light fluttering of the arms, hands and fingers, which has been so much abused by my imitators; for they forget to go to the original source and contemplate the movements of the palm tree, to receive them inwardly before giving them outwardly. Often as I gazed at this palm tree all artistic thoughts left me, and I remembered only the moving lines of Heine:
>
> *"A lonely palm in the South ...*"".[87]

Die Tänzerin entdeckt in der angeschauten Natur Bewegungen, deren tänzerische Realisation selbst 'natürliche' Bewegung ist. Isadora Duncan versucht konsequent, diesen Gedanken auf ihre tanzpädagogische Arbeit zu übertragen. Die von ihr adoptierte Schülerin Irma Duncan (1897-1978) berichtet in ihrer Autobiographie "Duncan Dancer", erschienen 1966, über den Unterricht in der Grunewalder Schule:

> "In order to learn from nature, the great teacher, we were often taken to the woods in summer to observe the waving of trees, the flight of birds, or the movements of clouds. Learning to dance from these, we developed a sensitive understanding of nature. Isadora once remarked on how often, returning from these studies to the dance room, we pupils felt in our bodies an irresistible impulse to dance out one or

86 cf. im übrigen mein Nachwort zur Ausgabe der "Memoiren" Isadora Duncans 1988

87 Isadora Duncan: My Life, New York 1927, p. 109 sq. (Die Tänzerin denkt wohl an Heines Gedicht "Ein Fichtenbaum steht einsam", Buch der Lieder, in dessen zweiter Strophe von einer einsamen Palme im Morgenland die Rede ist.)

another movement which we had just observed. And thus in time, she thought, some of us would come to the composition of our own dances; but even when we were dancing together, each one, while forming a part of the whole under group inspiration, would preserve a creative individuality."[88]

Die tänzerische Realisation der beobachteten Naturbewegung als 'natürlicher' Bewegung soll in einer Weise erfolgen, die die schöpferische Individualität der Schülerinnen erkennen läßt. Jedes Kindes erlebt auf seine Art und realisiert das prinzipiell Gleiche verschieden. Die Eindrücke, die die Kinder in der bewegten Natur empfangen, sollen im Durchgang durch ihre Individualität tänzerisch vermittelt werden, die Realisation selbst das Gepräge schöpferischer Individualität tragen.

Man mag hier, wie Vivarelli, von einer "formazione del carattere" sprechen: Individualität entfaltet und verwirklicht sich in der tänzerischen Arbeit, die Persönlichkeit der Schülerin zeigt sich in ihrem Tanz. Vom Tanz in "Mine-Haha" kann dies nicht gelten; er präsentiert das 'kollektive Selbst' der Mädchen - allenfalls dieses wird in Wedekinds tanzpädagogischem System 'gebildet'. Im einen Fall läßt Bewegung eine schöpferische Individualität erkennen, im anderen Fall nicht. Die Einschätzung nun, beide Systeme einer 'Bildung durch Bewegung' ließen sich parallelisieren, hebt eine Gemeinsamkeit hervor und gerät dadurch in Gefahr, die Differenzen einzuebnen. Gerade in der Analyse der Differenzen aber tritt ein grundsätzliches Problem hervor, das die Tanzpädagogik und -ästhetik des frühen 20. Jahrhunderts sehr beschäftigt (wobei es hier nicht darum geht, dieses Moment gegen Vivarelli auszuspielen, sondern ihre Perspektive für weitere Untersuchungen kritisch fruchtbar zu machen). Gleich jenem, auf das Georg Fuchs' Interpretation des Leibes als "Ausdrucksmittel" eines Prinzips "Formgewalt" verwies, kann es als einfache Frage formuliert werden: Zeigt sich im Tanz eine Individualität, und wenn ja, wie zeigt sie sich? Auch dieses Problem, eng verbunden der Frage nach dem Ausdrucks- und Anschauungsgehalt des Tanzes, beschäftigt gerade jene Schriftsteller, die den Freien und den Ausdruckstanz und die von diesen beeinflußten Tanzformen erleben und reflektieren. Die Diskussion von Ziel und Methode der Duncan-Schule etwa berührt die Frage nach der Individualität im Tanz sehr oft. Der Schriftsteller Hans Brandenburg (1885-1968) besucht die Schule in Darmstadt und teilt seine Beobachtungen mit:

---

88 Irma Duncan: Duncan Dancer, Middletown Conn. 1966, hier zit. nach dem Nachdruck New York 1980, p. 47 sq.

> "Elizabeth Duncan (...) kennt und verwirklicht energisch, was allen in gleicher Weise not tut, und vermag doch ein ungeheuer zartes Einfühlen in das Individuelle jeder Schülerin. Das sichert der Sauberkeit und Strenge, mit der alle Studien hier ausgeführt werden, zugleich Freiheit und Natürlichkeit, nichts wirkt angelernt, und wenn alle Mädchen das Gleiche machen, so schwebt doch über jeder Einzelnen das nur ihr Eigentümliche wie ein ungewollter Wesensausdruck, wie ihre Seele (...)".[89]

Zu fragen bleibt, von welchen Voraussetzungen aus überhaupt der Versuch unternommen werden konnte, "Mine-Haha" auf historisch greifbare Erscheinungen: vor allem die neuen Formen des Tanzes, zu beziehen. Die Perspektive hält sich durch; soweit ich sehe, ist Medicus (1982) der einzige Kritiker, der eine "prinzipielle Differenz" - nämlich zur Tanzkunst Isadora Duncans - deutlich feststellt. Seine Bemerkungen richten sich hier gegen Bovenschen (1979): "An der Art der Übungen, der strengen Dressur und Disziplin, der die Mädchen in Mine-Haha unterworfen sind, an den engen Schnürschuhen, sowie an der Kleidung der Erzieherinnen, wird die prinzipielle Differenz zur Tanzkunst einer ISADORA DUNCAN deutlich. Die Tanzdressur Mine-Hahas ist mit dem Ausdruckstanz der Duncan, wie es bei Bovenschen anklingt (...), nicht vergleichbar."[90] - Wie war es möglich, die "prinzipielle Differenz" des Tanzes in "Mine-Haha" zu neuen Tanzformen, eines auf Körperakrobatik gerichteten Dressursystems zu neuen tanz- und bewegungspädagogischen Modellen, nicht oder nur undeutlich wahrzunehmen?

Wichtig erscheint: Die Veröffentlichung "Mine-Haha"s (1901/1903) fällt in eine Zeit, in der sich in Deutschland eine Vielzahl von Systemen der Gymnastik, der Bewegungslehre, der Körper- und Nacktkultur, der Lebensreform durchzusetzen beginnt und, parallel dazu, eine historisch neue Form der Tanzkunst in Erscheinung tritt (Isadora Duncan). All diese Phänomene ordnen sich ein in den historischen Kontext einer neuen Aufmerksamkeit auf den Körper und die körperliche Bewegung. Der Tanzkritiker Fritz Böhme meint im Rückblick (1926): "Hygienisches, Zweckhaftes, Natürliches, Künstlerisches brodelte gemeinsam miteinander auf."[91] Ein neues tanz- und bewegungsästhetisches Bewußtsein etabliert sich, das - noch undifferenziert - die zeitgenössische Rezeptionshaltung "Mine-Haha" gegenüber beeinflußt: Ein Theoretiker wie Georg Fuchs liest "Mine-Haha" in Hinsicht auf die neuen Bewegungen der Zeit, d. h. *alle* Bewegungen dieser Zeit, und kann daher in "Mine-Haha" auch Bestim-

---

89 Brandenburg, p. 49
90 Medicus, p. 318 Anm. 74
91 Fritz Böhme: Tanzkunst, Dessau $^{2}$1926, p. 142

mungen eines neuen (für Fuchs: eines von seinem Wesen her erneuerten) Tanzes finden. Die literarische Kritik aber treibt mitunter weiterhin historische Zusammenschau: sie sieht zum Beispiel eine Ähnlichkeit zweier Konzeptionen von 'Bildung durch Bewegung', die sich in Methode und Ergebnis deutlich unterscheiden.

Daß viele Zeitgenossen Tanz und 'sports', Körperkultur und selbst Heilgymnastik in *einer* Perspektive wahrnehmen, illustriert besonders augenfällig Margarete N. Zeplers Buch "Erziehung zur Körperschönheit. Turnen und Tanzen. Ein Beitrag zur Mädchenerziehung", geschrieben 1904, veröffentlicht 1906 (im selben Jahr wie Fuchs' Schrift "Der Tanz"). Der Tanzhistoriker Helmut Günther nennt es 1971 "das erste deutsche "Lehrbuch" der deutschen Rhythmusbewegung" und meint: "In diesem Buch gehen die verschiedensten Einflüsse noch ziemlich durcheinander: schwedische Ling-Gymnastik, englische Calisthenics, amerikanische Delsartik."[92] Findet Fuchs in Wedekinds System der Körpererziehung und -beherrschung ein Moment gültiger Tanzästhetik, so entdeckt Zepler gerade umgekehrt im neuen Tanz ein 'körperbildendes' Element: Isadora Duncan habe "bewiesen, wie man sich die Schönheit der klassischen Plastik zum Zwecke edelster Körperausbildung nutzbar machen kann"[93] - nicht der Kunstcharakter des neuen Tanzes wird hier betont. Ihn aber reflektieren oft die Schriftsteller und Theaterkritiker der Zeit: Hermann Bahr etwa führt 1902 mit Isadora Duncan ästhetische Diskurse, habe sie doch vor, "eine neue Kunst des Tanzes zu schaffen".[94]

In historischer Perspektive hilft nicht nur die Grenzziehung zwischen neuem Tanz (als Kunst) und Körperkultur (Gymnastik, Bewegungslehre usw.), sondern auch die Betonung der "prinzipiellen Differenz" des Tanzes der "Mine-Haha"-Mädchen gegenüber neuen Tanzformen eine komplexe Zeitsituation zu klären. Auch Wedekinds Konzeption von Bewegung und Tanz ordnet sich, zumindest teilweise, in den historischen Kontext der neuen Aufmerksamkeit auf bewegte Körperlichkeit ein (Kutscher weiß im übrigen zu berichten: "Wedekind selbst pflegte Nacktkultur und Gymnastik"[95]); mitunter aber wurden Zusammenhänge gesehen, über denen die Differenzen zu verschwinden drohten.

Die Analyse bestimmter Einschätzungen "Mine-Haha"s in Diskussion und Kritik lenkte die Aufmerksamkeit auf Fragen, um die die Tanzästhetik des

---

92 Günther, p. 38
93 Margarete N. Zepler: Erziehung zur Körperschönheit. Turnen und Tanzen. Ein Beitrag zur Mädchenerziehung, Berlin 1906, p. 37 sq.
94 Hermann Bahr: "Isadora Duncan", in: Bahr: Rezensionen. Wiener Theater 1901-1903, Berlin 1903, p. 218
95 Kutscher 1927, p. 130

frühen 20. Jahrhunderts beharrlich kreist: Was drückt sich im Tanz aus, was bringt er zur Anschauung? Zeigt sich im Tanz eine Individualität, und wie zeigt sie sich? Die Antworten, die tanzästhetisch interessierte Autoren geben, sind verschieden. Als Beispiel einer Perspektive neben anderen soll hier eine Tanzkritik Peter Altenbergs untersucht werden. In ihr geht es nicht um die Konzeption von Bewegung und Tanz in "Mine-Haha" - wohl aber kann ihre Lektüre ein erhellendes Licht auf die tanzästhetischen Problemzusammenhänge werfen, die sich bisher ergaben.

Im Januar 1908 besucht Peter Altenberg (1859-1919) das Wiener Cabaret "Fledermaus" und erlebt dort Tanzdarbietungen der drei Schwestern Grete, Elsa und Bertha Wiesenthal. Es ist das erste Mal, daß die Schwestern mit eigenen Tänzen an die Öffentlichkeit treten. Altenberg und andere Zuschauer, unter ihnen Hugo von Hofmannsthal und Gustav Klimt, sind begeistert; in der Wiener "Arbeiter-Zeitung" und in der "Schaubühne" erscheint eine enthusiastische Kritik Altenbergs.

Das Cabaret "Fledermaus", eine Einrichtung der "Wiener Werkstätte", wird mit den Darbietungen der Schwestern Wiesenthal zum "Schauplatz eines historischen Ereignisses der österreichischen Tanzgeschichte", wie Witzmann 1986 schreibt[96] - nicht nur der österreichischen, so ließe sich anschließen, sondern der europäischen Tanzgeschichte überhaupt. Tonangebende Persönlichkeit der Wiesenthal-Gruppe - fünf Schwestern, von denen drei tanzen - ist Grete Wiesenthal (1885-1970). Unabhängig von Isadora Duncan entwickelt die österreichische Tänzerin eine neuartige Dreh- und Schwebetechnik; die in dieser Technik ausgeführten Schwünge sind vor allem zur tänzerischen Interpretation des Wiener Walzers geeignet: gerade durch Wiesenthal wird dieser Gesellschaftstanz auch zum Kunsttanz. Die Leistungen der Tänzerin, die sich 1910 von ihren Schwestern trennt, erfahren schon bald internationale Beachtung; Caroline und Charles H. Caffin vergleichen in ihrer Monographie "Dancing and Dancers of Today. The Modern Revival of Dancing as an Art", New York 1912, Isadora Duncan und Grete Wiesenthal:

> "It was of great interest to see how her (Grete Wiesenthals; G.G.) conception of this familiar theme ("An der schönen blauen Donau" von Johann Strauß Sohn; G.G.) differed from that of Isadora Duncan. For, whereas the latter was a glad joyous creature with moods of pensive melancholy, the Viennese dancer suggested an eerie, shrinking sprite, sporting in the shadows of the water, hiding in their depths, carried

96 Reingard Witzmann: "Grete Wiesenthal - Eine Wiener Tänzerin", in: Die neue Körpersprache. Grete Wiesenthal und ihr Tanz. Ausstellungskatalog des Historischen Museums der Stadt Wien (Zusammenstellung und Text: Reingard Witzmann), Wien 1986, p. 13

along sometimes in a mad rush, then drawing back, veiled in her hair, watching, fascinated, the wild whirl of water."[97]

Immer wieder betont die zeitgenössische Kritik Grete Wiesenthals suggestives Vermögen, das im Zuschauer lebhafte Vorstellungen und Bilder erweckt.

Auch Peter Altenberg hebt in seiner Tanzkritik, bezogen auf die drei Schwestern, dieses Moment hervor. Überlegungen zur Tanztechnik fehlen: die Eindrücke sind wohl noch zu frisch. Dagegen werden in der Kritik "Gesetze der Entwicklung der Tanzkunst von heute" formuliert; im Anschluß an einen normativen Teil zeigt Altenberg andeutungsweise, daß der Tanz der Schwestern Wiesenthal den aufgestellten Gesetzen entspricht.

Einige der Bestimmungen Altenbergs sollen im folgenden näher analysiert werden; da sich der Text der Kritik ohne wesentliche Verluste kaum paraphrasieren läßt, sei er hier, in der Fassung der "Arbeiter-Zeitung", vollständig wiedergegeben:

"Die Schwestern Wiesenthal, Tänzerinnen

Jeder Mensch bewegt sich nach dem Grade seiner *inneren Kultur!* Zeige mir wie du gehst, stehst, sitzest, und ich werde dir sagen, wer, und was du bist! Gerade Beine sind die Erzeuger von *geraden* Gedanken, Beweglichkeit der Gelenke erzeugen *geistige Beweglichkeit,* Elastizität: Der *"innere Mensch"* erzeuge den *tadellosen* äußeren Menschen! Gutmütigkeit, Sanftmut, Menschenfreundlichkeit werden einst das Antlitz modellieren, das Auge, die Stirne, den Mund! Man kann nicht frech-dumm sein und zugleich *adelige* Handbewegungen haben! Man kann nicht edel-herrlich schreiten und ein feiger Kriecher sein, ein "Hausierer mit seinem eigenen Leben". Bewegung war bisher *wertloser Mechanismus;* nun beginnt es die äußerliche Äußerung des *Allerinnersten* des Menschen zu sein! Der Kopf des hochsinnigen Menschen ruht wie auf Halsscharnieren, jeder Emotion folgend, nachdenklich, frei, stolz, melancholisch, ungebunden, kindlich; der zarte Rücken will sich nach rückwärts biegen wie schlanke Stengel im Abendhauche; die Arme können flehen, drohen, müde sinken, erwartungsvoll harren, verzweifelt, kraftlos werden! Die Hände und Finger sprechen, klagen, seufzen, tändeln, zeigen Sehnen, Hoffen, Ergebung ins Unvermeidliche! Das traurige Herz, das heitere, das unnahbare, das zerfahrene, das brechende, das sich emporringende Herz durchbricht die Hüllen, zeigt sich nach außen in Bewegung! Früher war die mechanische Fratze, das eingelernte Grinsen; heute ist der Beethoven-Blick und das Lächeln eines Wiegenkindes! Der

97 Caroline and Charles H. Caffin: Dancing and Dancers of Today. The Modern Revival of Dancing as an Art, New York 1912, p. 253

Hampelmann, die Puppe, ersetzt durch Geist und Seele! Was vom Sinnlichen bleibt und ewig bleiben wird ist das vom Schicksale der edlen jungen Tänzerin mitgegebene Grundgebäude, das *lebendige Kunstwerk* ihres wohlgegliederten vollkommenen Leibes an und für sich: Hier mögen die Sinne ihre künstlerische Nahrung finden! Allen diesen Gesetzen der Entwicklung der Tanzkunst von heute entsprechen in allerhöchstem Maße die Schwestern Wiesenthal, Elsa, Grete und Berta, die gestern vor geladenem Publikum im Kabarett "Fledermaus" von 5 bis 7 Uhr tanzten! Der Blick der Augen der Tänzerin Elsa würde genügen, über diese Tänzerin enthusiastisch zu werden! Dann das Beethoven-Anlitz der Tänzerin Grete, deren ernste Tiefen glaubwürdiger sind als ihr Lächeln! Eine vollkommenere Schönheit als Elsa gibt es überhaupt nicht unter den Tänzerinnen und keine apartere als Grete. Berta hat die süße Jugend für sich und ebenfalls ein hold-bedeutsames Antlitz. Die Körper folgen der Musik wie die Leute einst dem Rattenfänger von Hameln! Die Musik leitet, zwingt, dreht, wendet, drückt zu Boden und erhebt; die alleredelsten Leiber folgen und folgen der Macht der Töne ohne Unterlaß, von selbst. Und die herrlichen romantischen Kleider, die Hüllen, die enthüllen, die Blumenkränze, die grau-silbernen Reifrockkleider, das krebsrote Seidenhemd mit grünen Bändern, alles, alles höchst apart und wunderbar! Kinder tanzen auf Wiesen, traurige Verlassene schleichen über den Boden hin, Stolze schreiten, Liebliche wiegen sich auf und nieder! Schicksale, in Bewegung umgewandelt! Eine der fünf Schwestern, wie der junge Franz Liszt aussehend, sitzt am Klavier und begleitet diskret oder vielmehr löst durch Töne die Bewegungen der Schwestern aus! Ganz besonders gefiel mir: Chopin, Walzer Des-Dur, Grete, Elsa Wiesenthal. Schumann, Aus dem Karneval, Elsa Wiesenthal. Beethoven, Allegrotto (sic), Sonate F-Dur, Grete Wiesenthal. Lanner-Schubert, Grete, Elsa, Berta Wiesenthal. Für mich wunderbare unvergeßliche zwei Stunden!"[98]

Der Text der Kritik in der "Schaubühne" weicht in Titel, Interpunktion und Orthographie von der Fassung der "Arbeiter-Zeitung" ab; Hervorhebungen fallen weg; ein Absatz vor "Allen diesen Gesetzen der Entwicklung der Tanzkunst von heute" gliedert den Text auch optisch in einen normativen und einen angewandten Teil; eine Reihe inhaltlicher Veränderungen tritt hinzu: unter anderem ein weiterer Satz, der den Blick Elsas beschreibt,

98 Peter Altenberg: "Die Schwestern Wiesenthal, Tänzerinnen", in: Arbeiter-Zeitung. Zentralorgan der Sozialistischen Partei Österreichs, 20. Jg., Januar 1908; hier zit. nach dem Neuabdruck der Kritik bei Leonhard M. Fiedler / Martin Lang (eds.): Grete Wiesenthal. Die Schönheit der Sprache des Körpers im Tanz, Salzburg u. Wien 1985, p. 69

und ein neuer Schluß, der in der Feststellung gipfelt: "Nüchterne Urteile über die Tanzkunst sind veraltet!"[99]

Altenbergs Kritik ließe sich lesen auf ihren Autor hin: Man kann fragen, in welchem Verhältnis der Text zu den Skizzen, den poème-en-prose-ähnlichen Gebilden des literarischen Werkes steht, und kann die Aussagen der Kritik in den Zusammenhang von Altenbergs Denken einordnen - "die Grundthemen und -motive der Kunst Altenbergs (...) bleiben im Gesamtwerk annähernd konstant" (Wagner 1965).[100] Das Thema des 'edlen Ganges' etwa, in dem das Wesen des Menschen sich äußere, schlägt Altenberg mehrfach an[101]; es fügt sich in den Komplex seiner Überlegungen zur "psychophysischen Wechselwirkung" ein.[102] Die Wiesenthal-Kritik illustriert die Reziprozität von Psyche und Physis eindrucksvoll: In der Textpassage "Gerade Beine sind die Erzeuger von *geraden* Gedanken, Beweglichkeit der Gelenke erzeugen *geistige Beweglichkeit,* Elastizität: Der *"innere Mensch"* erzeuge den *tadellosen* äußeren Menschen!" geht der Blick von außen nach innen (gerade Beine erzeugen gerade Gedanken), im Anschluß daran wird die physische Beweglichkeit umgekehrt auf geistige Beweglichkeit zurückgeführt (mit syntaktischer Spitzenstellung des Objekts und Schlußstellung der Satzsubjekte), in dem durch Doppelpunkt angeschlossenen Nachsatz geht der Blick wiederum von innen nach außen (der innere Mensch soll den äußeren hervorbringen). Erzeuger und Erzeugtes stehen in enger Wechselbeziehung: innere und äußere Qualitäten erzeugen *einander.*[103]

Welche tanz- und bewegungsästhetischen Bestimmungen entwickelt Altenberg in seiner Kritik? - Die zentrale Überlegung, auf die sich nahezu alle anderen Aussagen des Textes beziehen lassen, ist formuliert in der Feststellung: "Bewegung war bisher *wertloser Mechanismus;* nun beginnt es (zu verstehen ist gewiß: sie, die Bewegung; G.G.) die äußerliche Äußerung des *Allerinnersten* des Menschen zu sein!" In der "Schaubühnen"-Fassung

---

99 Peter Altenberg: "Die Tänzerinnen Wiesenthal", in: Die Schaubühne, 4. Jg. 1908, 1. Bd., Nr. 4 (23. Januar 1908), p. 105

100 Peter Wagner: Peter Altenbergs Prosadichtung. Untersuchungen zur Thematik und Struktur des Frühwerks, Diss. phil. Westfälische Wilhelms-Universität Münster 1965, p. 5

101 auch Wedekind kennt im übrigen eine 'Theorie' des Ganges, in der allerdings die Möglichkeit besteht, daß der Gang täuscht; cf. Wedekind: "Die Liebe auf den ersten Blick", zum ersten Mal veröffentlicht in der Sammlung "Die Fürstin Russalka" (1897), aufgenommen in die Gesammelten Werke. Erster Band, p. 275 sqq.

102 cf. Wagner, p. 80 sq.

103 In der "Schaubühnen"-Fassung der Kritik ist das Objekt "Beweglichkeit der Gelenke" Satzsubjekt: "Beweglichkeit der Gelenke erzeugt geistige Beweglichkeit, Elastizität" ("Die Tänzerinnen Wiesenthal", p. 104); die beiden ersten Sätze sind also parallel gebaut - von der Physis zu den Gedanken bzw. zum Geist -, der dritte formuliert dann gegensätzlich die Richtung von innen nach außen. Diese Zusammenstellung erscheint härter, zeigt jedoch gleichfalls die "psychophysische Wechselwirkung" an.

der Kritik wird dieser Gedanke noch prononcierter ausgedrückt: statt "äußerliche Äußerung" heißt es hier "äußerlichste Äußerung".[104] Auf die Seite der - historisch überwundenen - Bewegung als "*wertloser Mechanismus*" gehören "die mechanische Fratze, das eingelernte Grinsen", der "Hampelmann, die Puppe"; auf die Seite der Bewegung als "Äußerung des *Allerinnersten*" all jene Zuschreibungen, die die "Tanzkunst von heute" bei Altenberg erfährt. Deutlich ist die Frontstellung gegen den akademischen Tanz: Altenberg empfindet, wie viele andere Kritiker der Zeit, das "eingelernte Grinsen", das festgefrorene Lächeln der Ballerina oder der Gruppentänzerin selbst in tragischen Handlungsmomenten, als mechanisch und entseelt.

In einer historisch neuen Form der Bewegung erblickt Altenberg einen neuen Menschen präformiert, dessen Innen und Außen, Psyche und Physis, verglichen und zur Deckung gebracht sind. In der Bewegung des Körpers werden "Geist und Seele" offenbar: Der Kopf folgt "jeder Emotion", "Hände und Finger sprechen", das "Herz (...) zeigt sich nach außen in Bewegung". Ein naturhaftes Moment des sich bewegenden Körpers betont Altenberg im Vergleich: "der zarte Rücken will sich nach rückwärts biegen wie schlanke Stengel im Abendhauche". Sinnlichkeit - auch sie 'Natur' als schlechthin Gegebenes - und Kunst kommen überein im Körper der Tänzerin: "Was vom Sinnlichen bleibt (...) ist das vom Schicksale (...) mitgegebene Grundgebäude, das *lebendige Kunstwerk* ihres (...) Leibes an und für sich."

Zwei weitere Bestimmungen aus dem angewandten Teil der Kritik sind von besonderem tanzästhetischen Interesse. Die "alleredelsten Leiber (...) folgen der Macht der Töne ohne Unterlaß, von selbst" - die tänzerische Bewegung ist auf Musik nicht bloß montiert, tritt nicht zu dieser hinzu, sondern wird durch sie ausgelöst ("Eine der fünf Schwestern (...) sitzt am Klavier und (...) löst durch Töne die Bewegungen (...) aus") und geleitet. Die Tanzkritik und -ästhetik der Zeit reflektiert das Verhältnis von Musik und Tanz durchgängig; Altenberg gehört zu jenen Kritikern, die von der Tänzerin das 'Einschwingen' auf die Musik, das 'Mitschwingen' mit ihr verlangen. - Der Komplexionsgrad dessen, was der Tanz zur Anschauung bringt, ist für Altenberg sehr hoch: "Schicksale, in Bewegung umgewandelt!" Auch dies ist keine Selbstverständlichkeit; mancher Kritiker würde ein solches Vermögen des Tanzes grundsätzlich bestreiten.

Die Schicksale, die hier in Bewegung umgesetzt werden: "Kinder tanzen auf Wiesen, traurige Verlassene schleichen über den Boden hin, Stolze schreiten, Liebliche wiegen sich auf und nieder", sind wohl nicht unmittel-

---

104 Peter Altenberg: "Die Tänzerinnen Wiesenthal", p. 104

bar, nicht hier und jetzt, die persönlichen Lebensschicksale der Schwestern Wiesenthal. Die Tänzerinnen *repräsentieren;* zu fragen ist jedoch, in welchem Verhältnis die tänzerische Repräsentation von Schicksalen zu jenem "*Allerinnersten* des Menschen" steht, als dessen "äußerliche Äußerung" Altenberg die Bewegung anspricht. Bewegung vermittelt hier keine subjektfremden oder -fernen Gehalte: Als "Äußerung" ist in ihr das präsent, was sich äußern will, eben das Allerinnerste des Menschen. Wie das Verhältnis zwischen anschaulich gemachten Schicksalen und dem, was sich in der Bewegung stets vermittelt, genau zu denken sei, sagt Altenberg hier nicht. Naheliegend erscheint es, das Allerinnerste als Mikrokosmos aufzufassen, in dem die tänzerisch realisierbaren Bestände angelegt und virtuell präsent sind, eine Deutung, die teilweise Deckung in Altenbergs Gesamtwerk fände.[105]

Nach zwei Seiten hin läßt Altenbergs Konzeption sich abgrenzen. Nicht zugegen ist in der hier entwickelten Vorstellung von "Äußerung" das Moment eines Selbst-Ausdrucks im Sinn reiner Artikulation der Individualität. Die Schwestern Wiesenthal realisieren im Tanz nicht nur 'sich selbst' oder nur ihr 'eigenes Wesen' (wie für Altenberg etwa "Britische Tänzerinnen", "die nur ihr eigenes Wesen in Bewegung umsetzen", was er an diesen durchaus lobt[106]). Sie stellen etwas dar, was sie *auch* selbst sind, was sie - legt man die Vorstellung des "*Allerinnersten*" als Mikrokosmos zugrunde - im Tanz zur Entfaltung bringen; nicht in dem Sinn, daß ein fremdes Element hinzuträte, sondern so, daß im Besonderen ein Allgemeines aufscheint. - An diesem Punkt nun läßt sich Altenbergs Konzeption gegen eine weitere Auffassung abgrenzen. Er richtet den Blick auf etwas, was in den tänzerischen Gestaltungen aufscheint; nicht aber von vornherein auf ein Allgemeines, das durch die Gestaltungen anschaulich differenziert - auseinandergelegt und besondert - würde. Die Perspektive ist hier entscheidend. Nicht nur die Tänzerinnen charakterisiert Altenberg in ihrer Besonderheit (in der "Schaubühnen"-Fassung der Kritik noch deutlicher als im Text der "Arbeiter-Zeitung": Elsas Blick wird zusätzlich beschrieben), es sind auch an sich unterschiedene Bestände, die sie realisieren. Nicht das Schicksal schlechthin oder das Gesetz des Weltgeschehens treten dem Zuschauer hier auf je besondere Art vermittelt entgegen, sondern differenzierte menschliche Schicksale.

Ohne in Altenbergs Bestimmungen mehr sehen zu wollen als zulässig wäre - sie werden in der Wiesenthal-Kritik mit großer Emphase vorgebracht - kann man in Hinsicht auf die Frage nach dem Ausdrucks- und

105 cf. Wagner über Altenbergs "Kult der Innerlichkeit", p. 21 sqq.
106 Peter Altenberg: "Britische Tänzerinnen", in: Altenberg: Neues Altes, Berlin $^{3}$1911 (textidentisch mit $^{1}$1911), p. 153

Anschauungsgehalt des Tanzes feststellen: Altenberg erblickt im Tanz der Schwestern Wiesenthal weder einen bloßen Selbst-Ausdruck der Tänzerinnen noch die reine Präsentation eines - gleichsam a priori gesetzten - Allgemeinen, das im Tanz zur Anschauung gelänge, indem es auf je besondere Art vermittelt würde (wie es unterschiedliche Interpretationen des Themas 'Schicksal' leisten könnten). Bewegung ist für ihn "Äußerung des *Allerinnersten* des Menschen" - in der tänzerischen Bewegung werden verschiedene und doch den Menschen gemeinsame Schicksale anschaulich. Die einzelne Tänzerin artikuliert sich in differenzierten Gestaltungen, die intersubjektiv zugänglich und erfahrbar sind; in diesen Gestaltungen artikuliert sie sich auch selbst. Ohne daß Altenberg von 'Ausdruck' spräche - die Vorstellung der "Äußerung" impliziert vielleicht noch größere Direktheit -, wird deutlich: In der Bewegung selbst offenbart sich das 'Innere' des Menschen, d. h. eines und aller Menschen - die Arme etwa "können flehen, drohen, müde sinken, erwartungsvoll harren, verzweifelt, kraftlos werden".

Eng verbunden der Frage nach Ausdrucks- und Anschauungsgehalt des Tanzes ist die nach der Individualität im Tanz. Reiner Selbst-Ausdruck läßt eine konkrete Individualität, eine Persönlichkeit anschaulich werden. In diesem Sinn hebt die zeitgenössische Tanzästhetik mitunter hervor, eine Tänzerin tanze 'sich selbst'. Der Tanzkritiker Ernst Schur schreibt 1908 über die Tänze und die Persönlichkeit der Engländerin Gertrude Barrison: "Tanz ist für sie (...) Steigerung des Wesens, das eigentliche Sein, eine besondere Form des Seins. Daher wird *alles* (Hervorhebung G.G.) bei ihr zum Ausdruck ihrer Persönlichkeit. Es kommt gar nicht in Frage, was sie darstellen will."[107] - Die Gegenposition vertritt eine Auffassung, in der die Tänzerin ein vorausgesetztes Allgemeines anschaulich machen soll oder als Instrument angesprochen wird, durch das etwas 'hindurchgeht' wie z. B. die Bewegtheit des Seins, ein alle Erscheinungen durchwaltendes Prinzip. Die Tänzerin selbst hat nur bedingt Macht über das, was sich in ihrem Tanz kundgibt. Ihre Individualität spielt hier nur als vermittelnde Instanz eine Rolle; sie kann sogar ganz unwesentlich werden. In der Tanzästhetik des frühen 20. Jahrhunderts ist diese Konzeption eher selten anzutreffen; sie setzt sich in Deutschland nach 1918 und verstärkt in den zwanziger Jahren durch. - Altenberg spricht in seiner Kritik nicht explizit davon, ob und wie sich Individualität im Tanz der Schwestern Wiesenthal zeigt; man kann seine Haltung jedoch auch in Hinsicht auf diesen Problemzusammenhang erschließen. Er charakterisiert die drei Schwestern und ihre tänzerischen Gestaltungen, in denen ein Allgemeines

107 Ernst Schur: "Die Tänze der Gertrude Barrison", in: Die Schaubühne, 4. Jg. 1908, 1. Bd., Nr. 21 (21. Mai 1908), p. 553

aufscheint. In ihrer Unterschiedenheit bleiben die "Schicksale" bezogen auf die Möglichkeit von Individuen, sich in der Welt zu erfahren. Sie sind wohl nicht unmittelbar, nicht hier und jetzt, persönliche Lebensschicksale, doch könnten sie es sein. Entfaltet wird etwas, was in irgendeiner Weise in der lebendigen Individualität angelegt ist und deren Spuren auch und gerade im Tanz noch trägt.

Die hier entwickelten Unterscheidungen haben, dies ist zu betonen, vor allem *heuristischen* Wert. In der Tanzkritik und -ästhetik des frühen 20. Jahrhunderts treten die Konzeptionen selten rein auf. So arbeitet Ernst Schur den oben zitierten Passus über Gertrude Barrison von 1908 in das entsprechende Kapitel seines Buches "Der moderne Tanz", erschienen 1910, ein und stellt im selben Kapitel fest: "Das Persönliche ist erweitert zu einem Allgemeinen. Dieses Stilmoment gibt den Tänzen das Bedeutungsvolle."[108] Die Auffassung hat sich verschoben; Schur steht hier Altenbergs Konzeption in der Wiesenthal-Kritik näher als 1908, ohne daß er sich freilich auf dessen Perspektive festlegen ließe.[109] - Der heuristische Wert der Unterscheidungen besteht darin, unterschiedliche Akzentuierungen hervortreten zu lassen. Aus den tanzkritischen und -ästhetischen Betrachtungen der Zeit, gerade aus denen der Schriftsteller, sind Perspektiven und Konzeptionen in der Regel erst zu erschließen. Die Unterscheidungen können hierbei hilfreich sein, indem sie die Aufmerksamkeit auf bestimmte Differenzpunkte lenken.

Georg Fuchs stellte 1906 am Tanz der Mädchen in "Mine-Haha" ein Moment gültiger Tanzästhetik heraus. Die Erziehung zu einem Tanz, der von seinem Wesen her erneuert ist, läßt die sich bewegenden Körper für Fuchs "zum Ausdrucksmittel innerer, rassiger Formgewalt" werden.[110] Fuchs entdeckt in "Mine-Haha" einen spezifischen Ausdrucksgehalt des Tanzes, der in Wedekinds Konzeption selbst so nicht angelegt ist.

Mit dem, was Fuchs in "Mine-Haha" findet, vertritt er implizit eine - 1906 - avancierte tanzästhetische Position. Gelangt im Tanz das kulturstiftende Prinzip einer "Formgewalt" zur Anschauung, tanzt überdies ein Kollektiv, gleichsam die Avantgarde einer künftigen Kultur des deutschen Volkes, so läßt dies eine Auffassung erkennen, die späteren tanzästhetischen Konzeptionen vorgreift. Der Theaterreformer Fuchs macht 1906 Front gegen ästhetische Artikulation der Individualität und individuelle

---

108 Ernst Schur: Der moderne Tanz, München 1910, p. 98

109 Schur schildert im übrigen zu Anfang des Kapitels eine Rezitation Gertrude Barrisons, in der die Tänzerin Altenberg-Texte spricht, die "ihr Element" seien; cf. Schur 1910, p. 92.

110 Fuchs 1906, p. 40

Differenzierung der Ausdrucksgestalten. Er wendet sich, durchaus eloquent, auch sonst gegen "ästhetische Unkultur":

> "Wir wollen es unfruchtbaren Ästheten überlassen, sich geistreichelnd im Zigarettenrauche theoretischer Orgiasmen zu berauschen, und wir wollen froh sein, daß wir nicht dabei sein müssen, wenn hysterische Über- und Neuweiber auf karnevalistischen Atelierveranstaltungen in einer stümperhaft posierenden Nachahmung antiker und präraffaelitischer Tänze einen Vorwand finden, ihren exhibitionistischen Gelüsten zu frönen. Es gibt heute auch eine ästhetische Unkultur."[111]

Gegen atheoretische Orgiasmen, wie der Tanz sie biete, hat Fuchs im übrigen nichts einzuwenden.

Das Prinzip "innerer, rassiger Formgewalt", das sich für Fuchs in den tänzerisch bewegten Körpern des "Mine-Haha"-Kollektivs zur Anschauung bringt, wird in einer bestimmten tanz- und theaterästhetischen Perspektive der zwanziger Jahre durch verschiedene andere Prinzipien substituiert. In gröbster Verkürzung ist es schlicht die innere Verfaßtheit des *Volkes*, die nun zum Ausdruck gelangen soll. Der Tanzhistoriker John Schikowski etwa erhofft sich in seinem Buch "Der neue Tanz", erschienen 1924, von der Zukunft die "Schöpfung des großen, volkstümlichen Massentanzstils"[112] und erläutert:

> "Der Künstler wird aufhören, ein Artist zu sein, der außerhalb der Menge steht, er wird in der Zusammenarbeit mit ihr und aus ihrem Geiste heraus seine Werke schaffen, Werke, in denen das Fühlen und Wollen des Volkes, sein Sehnen und Hoffen, sein Haß und seine Liebe zum Ausdruck kommt. In Verbindung mit Musik und Sprechchören wird ein stilreines szenisches Neugebilde entstehen, wird das *Drama der Zukunft* erwachsen, das berufen ist, Stunden weihevoller Erhebung zu schaffen und die Feste eines freien Volkes zu verklären."[113]

Diese Vision festlicher Sprech- und Bewegungschöre steht einigen Aspekten der Theater-Konzeption Fuchs' von 1905 ("Die Schaubühne der Zukunft") und 1906 ("Der Tanz") sehr nahe: Der Künstler, der bei Schikowski aus dem 'Geist des Volkes' heraus schafft, und der Dichter, der bei Fuchs "von der rhythmischen Körperbewegung im festlichen Kreise ausgeht", damit "ein stilistisch echtes Drama entstehen kann"[114], erfüllen dieselbe Funktion; einen Zuschauer, der sich distanzieren könnte, gibt es nicht mehr; die diskursive Qualität dramatischen Dialogs ist im rhyth-

111 ibid., p. 10
112 John Schikowski: Der neue Tanz, Berlin 1924, p. 53
113 ibid., p. 55
114 Georg Fuchs: Die Schaubühne der Zukunft, Berlin u. Leipzig 1905, p. 37

misch bewegten Spiel der Festgemeinschaft nicht nur entbehrlich geworden, sondern würde deren Einheit geradezu auflösen. (In Parenthese: Der Tanzhistoriker Schikowski erwähnt schon in seinem Buch von 1924 die Tänzerin Leni Riefenstahl; in seiner zwei Jahre später erscheinenden "Geschichte des Tanzes" findet sich eine ausführlichere Würdigung Riefenstahls. Die körperliche und seelische Kraft der Tänzerin sei durch verschiedene Unfälle gehemmt worden: "Wohin die Entwicklung gehen wird, kann erst die Zukunft lehren."[115])

Anders als Fuchs, der bei Wedekind die Erneuerung des Tanzes aus seinem Wesen heraus projektiert findet, hat sich Schikowski, soweit ich sehe, nicht auf "Mine-Haha" bezogen; doch ist Wedekinds Romanfragment in der tanzästhetischen Diskussion auch der zwanziger Jahre weiterhin präsent. Max Tepp etwa ordnet in seinem Buch "Der Tanz der Zeit. Abriß und Ausblick" (erschienen im selben Jahr wie Schikowskis "Der neue Tanz": 1924) "Mine-Haha" in eine Entwicklungslinie ein, die von der Antike über Raffael, Goethe, Nietzsche - und eben Wedekind - bis zu dem Pädagogen Gustav Wyneken (1875-1964) reicht, einem der Begründer der Freien Schulgemeinde Wickersdorf. Verheißt Wedekinds Konzeption von Bewegung und Tanz in Fuchs' Perspektive künftige kulturelle Gestaltungen, so faßt Tepp "Mine-Haha" als Teil einer Tradition auf, die in neuerer Zeit praktisch realisiert worden sei. Beiden gilt Wedekinds Romanfragment als Schrift von aktuellem tanzästhetischen Interesse.

In diesem Sinn wirkte "Mine-Haha" durchaus anregend. Die tanz- und theaterästhetische Diskussion rekurrierte bis in die zwanziger Jahre hinein auf Wedekinds Romanfragment. Die Vertreterinnen des Freien und des Ausdruckstanzes selbst konnten dagegen in "Mine-Haha" wohl keine Anregung finden. Ihre Lektüre - vielleicht hat sie stattgefunden, vielleicht auch nicht - wäre gewiß aufmerksamer gewesen auf das, was die Theoretiker kaum interessierte: Tanzdressur und Körperakrobatik. In der Perspektive der Tänzerinnen hätte wohl festgestanden: In "Mine-Haha" ist keine Rede vom neuen Tanz.

Doch sind Tanzdressur und Körperakrobatik nur die eine Seite des "Mine-Haha"-Systems. Ein Theoretiker wie Georg Fuchs nahm andere Aspekte wahr: Körperbewußtsein und Körper-Ich. Diese Aspekte machte Fuchs sich zunutze; er reklamierte sie für einen neuen (erneuerten) Tanz und damit für ein neues Drama. In veränderter Gestalt, in verschobenem Begründungszusammenhang trat dieses Drama später erneut auf den Plan.

115 John Schikowski: Geschichte des Tanzes, Berlin 1926, p. 155

Hartmut Vinçon stellte 1987 in seinem Überblick über die Wirkungsgeschichte Wedekinds fest: "Im faschistischen Deutschland wurde Wedekinds Werk totgeschwiegen."[116] Ein einziges Bühnenstück des Autors gelangte zur Aufführung ("König Nicolo", 1939); zwei Dissertationen erschienen. Dem totgeschwiegenen Werk blieb es erspart, instrumentalisiert zu werden.

Mit Georg Fuchs' Lektüre erfuhr ein Teil des Werkes im Jahr 1906 eine *präfaschistische* Interpretation. Zwei Jahre nach Fuchs' "Mine-Haha"-Deutung schreibt Leo Trotzkij über Wedekinds Romanfragment:

> "Der Kult des Körpers und der Kampf für dessen Vollkommenheit bringen den Künstler zur Verkündung sozialistischer Erziehungsgrundsätze! Diese Tatsache spricht mit gleicher Kraft sowohl für das künstlerische Feingefühl Wedekinds wie für die innere Unwiderstehlichkeit sozialistischer Daseinsformen."[117]

Von ganz verschiedenen Prämissen aus werten die Theoretiker einzelne Aspekte des in "Mine-Haha" präsentierten Erziehungsentwurfes positiv. Im Verlauf der inzwischen gut achtzig Jahre währenden Debatte über das Fragment kommt es zu unterschiedlichen, auch einander entgegengesetzten Einschätzungen bis hin zur Deutung "Mine-Haha"s als negativer Utopie (cf. oben p. 14). Am sujet des Tanzes der "Mine-Haha"-Mädchen ließ sich in der vorliegenden Untersuchung zeigen, wie ein integrales Moment des Entwurfes *nicht* gemeint sein kann: In "Mine-Haha" tanzen keine - mit einer Formulierung Medicus' - "innerlichkeitsverseuchten Individuen"[118] wie im Freien oder im frühen Ausdruckstanz; Wedekinds Konzeption ist keine Utopie eines neuen oder erneuerten künstlerischen Tanzes. Als solche aber wurde sie mitunter gelesen.

Die Funktion und der Stellenwert des gesamten Systems der "Mine-Haha"-Pädagogik werden verläßlich erst dann zu bestimmen sein, wenn der Kontext geklärt ist, in den das Romanfragment sich einordnet: Wedekinds Projekt "Die große Liebe". In Hinsicht auf die Tanzdressur "Mine-Haha"s drängen sich Fragen auf: Wie verhält sich Wedekinds System der Körpererziehung, das keine Individuen kennt, zu seinem Konzept des "Hetärismus" (Höger 1981)? Wenn der Tanz in "Mine-Haha" der Heranbildung geschulter Körper dient, die bestimmte Sexualrituale vollziehen sollen, eingespannt in "Koitalmaschinen" (Medicus 1982) - mit welchem ideologischen Index ist dann dieser Tanz versehen? - Der Versuch einer schlüssigen Beantwortung dieser und anderer Fragen muß

---

116 Vinçon, p. 127

117 Leo Trotzkij: "Frank Wedekind" (1908), in: Trotzkij: Literatur und Revolution, München 1972, p. 375

118 Medicus, p. 161

scheitern, solange Wedekinds Entwürfe und Notizen zum Projekt "Die große Liebe" nicht philologisch bearbeitet und veröffentlicht sind.

Der Fragmentcharakter des Textes und die Editionslage seines Kontextes machen die Bandbreite der Interpretationen, die "Mine-Haha" erfuhr, verständlich. Als Ambivalenz, die gegensätzliche Interpretationen zuläßt, mag erscheinen, was - nach Klärung des Kontextes - als Eindeutigkeit sich enthüllen könnte.

Auf viele Kritiker wirkte Wedekinds Entwurf irritierend. Eine letzte Irritation geht vom Versuch des Autors aus, die Veröffentlichung des Fragments zu rechtfertigen. In einem Brief an Brandes von 1909 gibt Wedekind den bescheidenen Realkommentar, er habe "Mine-Haha" "nur wegen stilistischer Qualitäten" erscheinen lassen[119] - diese Argumentation aber findet sich vorgebildet in der 1903 veröffentlichten Buchfassung "Mine-Haha"s, hier als bescheidener Kommentar aus der Feder des 'Herausgebers' Wedekind: "Dieses Manuskript erscheint mir, wenn ich es nicht überschätze, seiner stilistischen Eigenart wegen einer Veröffentlichung wert."[120] Was 1903 die 'Herausgabe' rechtfertigen soll, wohl auch mit Hinblick auf die staatliche Zensur, wird 1909 zur Rechtfertigung des Autors. Eine leicht zu durchschauende Herausgeber-Fiktion und ein Realkommentar, dessen Argumentation dem Briefempfänger Brandes merkwürdig vertraut vorkommen mußte; beide sehr bescheiden in deutlicher Berufung auf Stilistisches: Wollte Wedekind sein heikles Werk vor fremdem Zugriff sichern? Wie sind die Kommentare zu werten?

"Mine-Haha"s "stilistische Qualitäten" beeindruckten selten. Kutscher meinte 1927: "Wie das Werk dasteht, macht es einen höchst schrullenhaften und ziemlich nichtigen Eindruck. Das Künstlerisch-Formale ist unbeträchtlich, wenn man nicht die Sprache als solche hervorheben will."[121] Georg Fuchs - und nach ihm viele andere - zitierte gerade nicht "um der poetischen Schönheit willen" gewisse Stellen aus Wedekinds Fragment.[122] Der Rückzug auf Ästhetisches mißlang fast stets - kaum zu entscheiden aber ist, wie ernst gemeint er war.

---

119 Brief an Georg Brandes vom 10. Januar 1909; hier zit. nach: Klaus Bohnen: "Frank Wedekind und Georg Brandes. Unveröffentlichte Briefe", in: Euphorion, 72. Bd. 1978, 1. Heft, p. 114

120 "Mine-Haha", in: Gesammelte Werke. Erster Band, p. 321

121 Kutscher 1927, p. 130

122 Fuchs 1906, p. 40

## 2. DIE SPRACHE DES KÖRPERS IM TANZ: ZUR TANZÄSTHETISCHEN REFLEXION HOFMANNSTHALS

Im selben Jahr, in dem Wedekind an der ersten Fassung "Mine-Haha"s arbeitet: im Jahr 1895, notiert Hugo von Hofmannsthal in seinem kurzen Essay "Eine Monographie":

> "Die Leute sind es (...) müde, reden zu hören. Sie haben einen tiefen Ekel vor den Worten: Denn die Worte haben sich vor die Dinge gestellt. Das Hörensagen hat die Welt verschluckt.
>
> (...) Wir sind im Besitz eines entsetzlichen Verfahrens, das Denken völlig unter den Begriffen zu ersticken. Es ist beinahe niemand mehr imstande, sich Rechenschaft zu geben, was er versteht und was er nicht versteht, zu sagen, was er spürt und was er nicht spürt. So ist eine verzweifelte Liebe zu allen Künsten erwacht, die schweigend ausgeübt werden: die Musik, das Tanzen und alle Künste der Akrobaten und Gaukler."[1]

Die Sprache der Worte mit ihrer Begrifflichkeit, so diagnostiziert Hofmannsthal, ist übermächtig geworden: Sie hat sich vor die "Dinge" geschoben und verstellt nun den Zugang zu ihnen. In einem Denken, das "völlig unter den Begriffen zu ersticken" droht, führen die Begriffe gleichsam ein eigenmächtiges Spiel miteinander auf, und es wird unentscheidbar, inwieweit sie überhaupt die Dinge treffen. Die Relation des Subjekts zu Gegenständen und Sachverhalten erscheint zweifelhaft; zu artikulieren, was das Subjekt spürt und nicht spürt, ist beinahe unmöglich geworden. Zuflucht bieten die "schweigend" ausgeübten Künste, die auf Worte und Begrifflichkeit verzichten können - unter ihnen der Tanz.

Der einundzwanzigjährige Hofmannsthal stellt 1895 eine Diagnose der geistigen und künstlerischen Situation seiner Gegenwart, einer Zeit, in der Schattenspiel und Stellen lebender Bilder, Pantomime und Varieté, eine Vielzahl von genres mineurs lebhaftes Interesse wecken. Es ist jene Zeit, in der Wedekind an "Mine-Haha" arbeitet und seine Konzeption von Bewegung und Tanz literarisch formuliert. Hofmannsthals Diagnose und

---

1 Hugo von Hofmannsthal: "Eine Monographie. "Friedrich Mitterwurzer" von Eugen Guglia", in: Gesammelte Werke in zehn Einzelbänden, ed. Bernd Schoeller, Frankfurt/M. 1979. Reden und Aufsätze I, p. 479 (Hofmannsthal wird im folgenden nach dieser Werk-Ausgabe zitiert, der gegenwärtig materialreichsten abgeschlossenen Edition; textidentisch mit der Ausgabe Frankfurt/M. 1979, Fischer Taschenbuch Verlag, ist die Ausgabe Frankfurt/M. 1986, S. Fischer Verlag.)

Wedekinds Konzeption lassen sich in Beziehung zueinander setzen - in einem Punkt konvergieren die Stellungnahmen beider Autoren. Dabei ist wenig erheblich, was zunächst ins Auge fallen mag: Wedekind teilt das von Hofmannsthal registrierte Interesse an den Künsten der "Akrobaten und Gaukler" (der Tanz der "Mine-Haha"-Mädchen verriet seine Herkunft aus einer Zirkusästhetik). Wichtiger erscheint, daß Wedekind Bewegung und Tanz bestimmte Vermögen zuschreibt - Vermögen, die gerade die "schweigend" ausgeübten Künste im Sinn Hofmannsthals auszeichnen dürften. Wedekind reflektiert nicht die Sprachproblematik, die Hofmannsthal in seiner Analyse berührt; in die Konzeption von Bewegung und Tanz in "Mine-Haha" aber ist ein Moment kritischer Reflexion auf Sprache und Begrifflichkeit eingegangen. Dieses Moment ist implizit zur Stelle: Tanz als "Negation des Sprachlichen" (Medicus 1982)[2], ein 'Denken mit den Hüften', das auf Begrifflichkeit verzichten kann und ohne sprachliche Vermittlung auskommt, das den Primat des Intellekts als Instanz des Erfassens von Welt zu brechen scheint.

Mit der Feststellung dieser Konvergenz sollen Wedekinds Konzeption und Hofmannsthals Äußerungen im Jahr 1895 keineswegs einer Rubrik 'Sprachkrise' oder 'Krise des diskursiven Denkens' subsumiert werden. Wedekind reflektiert literarisch, im Wortkunstwerk, über die nicht-verbalen Vermögen des Tanzes - dieser bleibt in "Mine-Haha" ein sujet, von dem sich sprachlich, und in den Grenzen der Sprache unproblematisch, handeln läßt. Hofmannsthal seinerseits bezieht im Essay "Eine Monographie" keine radikale sprachkritische Position - wie sich zeigen wird, verstellen die Worte nicht in jedem Fall den Zugang zu den "Dingen". Wedekind und Hofmannsthal teilen im Jahr 1895 lediglich die Aufmerksamkeit auf den Tanz als eine ohne Worte, im Verzicht auf begriffliche Distinktionen sich vollziehende ästhetische Aktivität. Gerade in der Wortlosigkeit des Tanzes liegt seine spezifische Leistung begründet: Für Wedekind etabliert er ein unbegriffliches 'Denken' eigener Art, für Hofmannsthal wird er, neben anderen Künsten, zum privilegierten Ort eines nicht durch die Sprache der Worte verstellten Zugangs zu den "Dingen".

Hofmannsthal geht in seinem Essay nicht näher auf die "schweigend" ausgeübten Künste ein. Wie diese verfahren, wie sie mit ihrem Material arbeiten - die Musik mit Tönen, Tanz und Akrobatik mit dem Körper in Ruhe und Bewegung -, wird hier nicht gesagt. In Hinsicht auf den Tanz gelangt Hofmannsthal 1911, sechzehn Jahre nach Erscheinen des Essays, zu Aussagen über die "Sprache (...) des Körpers"[3]; er versucht einzukreisen, durch welche Qualitäten der Tanz (der nicht-akademische Tanz und

---

2 Medicus, p. 158
3 "Über die Pantomime", in: Reden und Aufsätze I, p. 505

die von diesem beeinflußten Formen des Balletts) sich gegenüber begrifflich verfaßter Rede auszeichnet.

Hofmannsthals Reflexion auf den Tanz ist von seiner Reflexion auf Vermögen und Unvermögen der Wortsprache nicht zu trennen. Der Tanz wird in einer spezifischen Perspektive gesehen; nicht Hofmannsthal allein sieht ihn in dieser Perspektive, wohl aber tritt sie an seinen Überlegungen besonders deutlich hervor. Die Überlegungen des Autors sollen im folgenden an Hand ausgewählter Texte vorgestellt werden.

Hofmannsthal hat sich sehr intensiv mit dem Tanz beschäftigt. Trüge man alle Erwähnungen in Briefen und Arbeitsnotizen, alle kritischen und theoretischen Äußerungen zusammen, stellte man diesen alle Bezugnahmen auf Tanz im lyrischen Werk und in der Prosa zur Seite, ergänzte man die Aufzählung um jene Stellen, an denen Tänze in das dramatische Werk eingehen - das prominenteste Beispiel ist vielleicht Elektras Tanz am Schluß der Tragödie: "Wer glücklich ist wie wir, dem ziemt nur eins: / schweigen und tanzen!"[4] - und um eine Liste der Tanzpantomimenszenarien und Ballettlibretti Hofmannsthals - so ergäbe sich wohl im Vergleich, daß kaum ein anderer deutschsprachiger Autor derart häufig mit dem Tanz sich auseinandergesetzt hat wie Hofmannsthal. Mit Grete Wiesenthal verband ihn Freundschaft; rückblickend nennt Wiesenthal ihn 1949 ihren "wahren geistigen Tänzerpartner".[5] Aus der Zusammenarbeit mit ihr und mit Max Reinhardt gingen einige Tanzpantomimen hervor, zusammen mit Harry Graf Kessler entstand für Diaghilevs Ballets russes das Libretto der "Josephslegende" (1912). Eine der Tanzpantomimen, "Das fremde Mädchen", wurde 1913 verfilmt - Hofmannsthals Arbeit mit dem Tanz besaß, wie Leonhard M. Fiedler 1986 angedeutet hat, eine Affinität zum frühen Stummfilmexperiment.[6]

Der Fülle des Materials korrespondiert eine Vielzahl kritischer Untersuchungen. In ihnen wird Hofmannsthals Auffassung des Tanzes zumeist im Zusammenhang des Gesamtwerkes oder eines Ausschnittes - bevorzugt des dramatischen Werkes - gesehen. Am Anfang einer Reihe ausführlicher Darstellungen steht Horst Thiemers Dissertation "Hugo von Hofmannsthals Ballettdichtungen", Greifswald 1957 (Maschinenschrift), an

---

4 "Elektra. Tragödie in einem Aufzug frei nach Sophokles", in: Dramen II, p. 234

5 Grete Wiesenthal: "Amoretten, die um Säulen schweben", in: Helmut A. Fiechtner (ed.): Hugo von Hofmannsthal. Die Gestalt des Dichters im Spiegel der Freunde, Wien 1949, p. 181

6 cf. Leonhard M. Fiedler: ""Zum Filmstar prädestiniert"? Grete Wiesenthal und der frühe Stummfilm", in: Die neue Körpersprache. Grete Wiesenthal und ihr Tanz. Ausstellungskatalog des Historischen Museums der Stadt Wien (Zusammenstellung und Text: Reingard Witzmann), Wien 1986, p. 23-27

die die weitere Forschung allerdings selten angeknüpft hat. Thiemers strenge Beschränkung auf Hofmannsthals Szenarien und Libretti - der "Bedeutung des Tanzes im Gesamtwerk" widmet der Autor ein kleineres Kapitel[7] - hebt sich von jener Perspektive ab, die fortan dominieren wird und die an den Titeln dreier Monographien abzulesen ist: "Bild und Gebärde in der Sprache Hofmannsthals" (Wolfram Mauser, 1961), "Sprache und Gebärde im Werk Hugo von Hofmannsthals" (Jürgen Schwalbe, 1971), "Phänomenologie der Gebärde bei Hugo von Hofmannsthal" (Gerhard Austin, 1981). Es ist, um einen weiteren Kritiker zu zitieren, Hofmannsthals "Philosophie der Gebärde" (Michael Hamburger, 1964)[8] in ihrem Zusammenhang mit der Sprachproblematik, auf die sich die Aufmerksamkeit der Forschung richtet:

Wolfram Mauser bezieht sich unter anderem auf Hofmannsthals Überlegungen zum darstellenden Tanz, zur Pantomime ("Über die Pantomime", 1911).[9] Um die "Sprache (...) des Körpers", die Hofmannsthal hier in Entgegensetzung zur "Sprache der Worte" zu bestimmen versucht[10], geht es Mauser jedoch nicht - der Titel seiner Darstellung zeigt an, daß er nach der "Gebärde in der Sprache Hofmannsthals" sucht. Mauser hebt hervor, daß hiermit keine Sprachgebärde gemeint sei; vielmehr will er eine "gebärdenhafte Bedeutung" einzelner Worte und Bilder entdecken, die Hofmannsthal gebraucht. Wie Mauser den Terminus 'Gebärde' verwendet, soll ein Beispiel illustrieren: Im Zusammenhang seiner Interpretation des "Lebensliedes" - "Den Erben laß verschwenden / An Adler, Lamm und Pfau / Das Salböl aus den Händen / Der toten alten Frau!"[11] - sagt Mauser, die "Tierbilder" seien anzusehen "als bildhaft gefaßtes Leben, als Lebensgebärden, die sie verkörpern". Mauser sammelt Belegstellen für Hofmannsthals Verwendung des 'Adler-Bildes' und meint, der Autor fasse "in die Gebärde des Adlers" einen "Lebensbereich sinnbildlich, den wir mit Begriffen nur vag anzudeuten vermögen".[12] - Zehn Jahre nach Mauser beschäftigt sich Jürgen Schwalbe mit Hofmannsthals Reflexionen auf die Gebärde. An eine Untersuchung über "Gesten und Gebärden in der griechischen Kunst" anknüpfend[13], erörtert Schwalbe den

---

7 Horst Thiemer: Hugo von Hofmannsthals Ballettdichtungen, Diss. phil. Universität Greifswald 1957 (Maschinenschrift), p. 17-31

8 Michael Hamburger: "Die Dramen und Libretti", in: Hamburger: Hugo von Hofmannsthal. Zwei Studien, Göttingen 1964, p. 83

9 cf. Wolfram Mauser: Bild und Gebärde in der Sprache Hofmannsthals, Wien 1961, p. 44 sq.

10 "Über die Pantomime", in: Reden und Aufsätze I, p. 505

11 "Lebenslied", in: Gedichte. Dramen I, p. 28

12 Mauser 1961, p. 40 sq.

13 Jürgen Schwalbe: Sprache und Gebärde im Werk Hugo von Hofmannsthals, Freiburg i. Br. 1971, p. 3

Begriff, um sich von hier aus Hofmannsthals Überlegungen zu nähern. Schwalbe kommt mehrfach auf Hofmannsthals Aussagen über den Tanz zu sprechen, den er in spezifischer Perspektive sieht: "Unter Tanz werden hier nicht so sehr die verschiedenen Formen des Tanzes und ihre Verwendung z. B. innerhalb eines Dramas oder der Tanz als Kunstgattung verstanden; es geht vielmehr um den Ausdruck, der aus einer tänzerischen Bewegung herauszulösen ist und der in enger Beziehung zur Gebärde steht."[14] Schwalbe befaßt sich im folgenden mit der "Möglichkeit der Gebärde als Tanz"[15] - 'Tanz' wird hier als bloße Erscheinungsform von 'Gebärde' begriffen. In dieser Perspektive kann Schwalbe davon sprechen, daß Elektra schweigend "ihr Dasein in die Gebärde des Tanzes einmünden" lasse.[16] - Anders als Schwalbe arbeitet Gerhard Austin 1981 mit einem Gebärden-Begriff, den er in der Auseinandersetzung mit ausdruckspsychologischen Bestimmungen entwickelt. Er gelangt zu einem Konzept der "persönlichen Ausdrucksgebärde"[17] - ihrem Vorkommen in Hofmannsthals Bühnendichtung geht er nach. Sprachkritische und tanzästhetische Überlegungen des Autors berücksichtigt Austin gleichermaßen. Der Begriff der Gebärde hat für Austin einen weiten Umfang - Bezug nehmend auf Hofmannsthals Tod (der Autor erlitt am 15. Juli 1929 einen Schlaganfall, als er zur Beisetzung seines Sohnes aufbrechen wollte, der sich das Leben genommen hatte), meint Austin: "Sein Tod, wenn auch durch vorherige Krankheit mitbedingt, war seine Antwort, die Antwort der Person als einer psychophysischen Ganzheit (...) Die letzte Gebärde, der Tod, das ist das absolute "Wort" in der "Sprache", auf die der Lord Chandos hindeutet und von der etwas auf der Bühne spürbar werden soll."[18]

Der Überblick zeigt: Von verschiedenen Seiten aus hat die Forschung versucht, in Hofmannsthals Werk eine "Philosophie der Gebärde" näher zu fassen. Zwischen den Verwendungsbereichen des Begriffs bei Hofmannsthal wurde dabei oft nur undeutlich getrennt; immerhin hob die neuere Kritik hervor, daß Hofmannsthals Wortgebrauch schwankt: Austin etwa unterscheidet (in der Analyse des kurzen Essays "Madame de La Vallière", 1904) die Gebärde als "Wesensgebärde, die Ausdruck der Person und gleichzeitig des in der Person lebendigen Höheren" sei, von der Gebärde als "Ausdruck einer bestimmten Empfindung".[19] Die "Wesensgebärde"

---

14 ibid., p. 19
15 ibid.
16 ibid., p. 117
17 cf. Gerhard Austin: Phänomenologie der Gebärde bei Hugo von Hofmannsthal, Heidelberg 1981, p. 35 sqq.
18 ibid., p. 96
19 ibid., p. 88 sq.

findet sich oft beschrieben - mit den Worten Mausers ist sie wohl jene Gebärde, "die aus der Lebensmitte aufsteigt", der Lebensmitte, "in der das Dasein verdichtet erscheint".[20] Gerade im Versuch, die "Wesensgebärde" im Werk Hofmannsthals zu bestimmen, hat die Kritik vom schlichten Realsubstrat des Begriffs der Gebärde: einer jedenfalls *körperlichen* Haltung oder Bewegung, mitunter ganz abgesehen.

Im Zusammenhang seiner tanzästhetischen Überlegungen spricht Hofmannsthal häufig von Gebärden - Aufgabe der vorliegenden Untersuchung wird es in diesen Fällen sein, Hofmannsthals Verständnis ihres Spezifischen, ihrer Leistung und ihrer Stelle innerhalb eines tänzerischen Geschehens zu erschließen. In dieser Perspektive richtet sich die Aufmerksamkeit nicht auf eine "Philosophie der Gebärde", wie sie - vielleicht - aus Hofmannsthals Werk abzuleiten wäre; sie richtet sich nicht auf die "Gebärde als Tanz" oder eine "Gebärde des Tanzes" überhaupt (Schwalbe), sondern auf Hofmannsthals Konzeption der tänzerischen Einzelgebärden, seine Wahrnehmung ihrer Folge im tänzerischen Bewegungsfluß, in der Organisation eines Tanzes und dergleichen. Hofmannsthals Verwendung des Begriffs 'Gebärde' in anderen Zusammenhängen zu klären, wäre Aufgabe eigener Untersuchungen.

Die Kritik hat oft hervorgehoben, daß zwischen Hofmannsthals Interesse für den Tanz und seiner sprachkritischen Reflexion ein Zusammenhang besteht. Soweit die Texte zugänglich waren, ist ein solcher Zusammenhang von jeher offenkundig gewesen. Auf ihn soll zunächst eingegangen werden. Im Vorfeld der eigentlichen Problematik steht der schon zitierte Essay "Eine Monographie" (geschrieben anläßlich des Erscheinens eines Buches über den Schauspieler Friedrich Mitterwurzer; im folgenden als Mitterwurzer-Essay bezeichnet). Die ferner herangezogenen Texte stammen aus der Zeit nach der sogenannten Chandos-Krise - in dieser Zeit verstärkt sich Hofmannsthals Interesse am Tanz.

Die Kritik, die Hofmannsthal im Mitterwurzer-Essay von 1895 an der Sprache der Worte formuliert: eine Kritik, die auf die "schweigend" ausgeübten Künste leitet, setzt an der Übermacht von Sprache und Begrifflichkeit an. "Denn für gewöhnlich stehen nicht die Worte in der Gewalt der Menschen, sondern die Menschen in der Gewalt der Worte."[21] Sprachlich Welt zu erfassen, in ein Verhältnis zu den Phänomenen zu treten und dieses Verhältnis mit Worten zu artikulieren, wird problematisch, wenn das "Denken völlig unter den Begriffen zu ersticken" droht. Die

---

20 Mauser 1961, p. 44
21 "Eine Monographie. "Friedrich Mitterwurzer" von Eugen Guglia", in: Reden und Aufsätze I, p. 480

Begriffe haben Gewalt über das Denken, nicht das Denken über sie: es kann mit ihnen nicht mehr arbeiten, Sachverhalte lassen sich nicht mehr angemessen explizieren.

Hofmannsthal übt seine Kritik an der Übermacht der Wortsprache im Mitterwurzer-Essay nicht radikal in dem Sinn, daß sie uneingeschränkt gültig wäre. Der Schauspieler Mitterwurzer nämlich hat "Gewalt über die Worte".[22] Anders als die meisten Redenden bricht Mitterwurzer die Macht der fertigen Formulierungen und längst geprägten Begriffe: "Wenn wir den Mund aufmachen, reden immer zehntausend Tote mit. Der Mitterwurzer hat seine Beredsamkeit das Schweigen gelehrt. Er hat die zehntausend Toten totgetreten, und wenn er redet, redet nur er."[23] Mitterwurzers Worte treffen das Gemeinte, sie lassen es den Zuhörer spüren: "Wenn er Feuer und Wasser redet, spüren wir "es" sich wärmen, und "es" sich netzen"[24] - die Rede des Schauspielers wirkt sympathetisch.

Hofmannsthal kennzeichnet Mitterwurzers Rede in einer eigentümlichen Weise. Er sieht eine Beziehung zwischen Sprache und Körper und vergleicht die Leistung der Worte - sie werden zu "Waffen" und "Lockungen" - mit physischen Vermögen und mimischen Vorgängen: "In seinem Mund werden die Worte auf einmal wieder etwas ganz Elementares, der letzte eindringlichste Ausdruck des Leibes, Waffen wie die Zähne und die Nägel, Lockungen wie das Lächeln und die Blicke, reine sinnliche Offenbarungen des inneren Zustandes."[25] Die Vergleiche lassen sich umschreiben: Mitterwurzers Worte setzen sich gleichsam beißend und kratzend gegen etwas zur Wehr; es ist, als ob sie verführerisch lächelten und - wie es in C. F. Meyers bekanntem "Canal grande"-Gedicht heißt - "das frevle Spiel der Augen" spielten.[26] Indem die Worte "Ausdruck des Leibes" werden, vermittelt sich in ihnen Körperlichkeit; zugleich wird der innere Zustand sinnlich offenbart. Nicht Gestik oder Mimik sind es, die hier Ausdruck schaffen, sondern die Rede des Schauspielers (daß Mitterwurzer auch "Gewalt über die Mienen" hat, merkt Hofmannsthal an[27]).

"In seiner Beredsamkeit kommt die Seele hervor, wie ein Leibliches, und macht vor uns Erlebnisse durch."[28] Das Erscheinen der Seele - sie ist Trägerin dessen, was in Mitterwurzers Rede sinnlich offenbart wird: des

---

22 ibid.
23 ibid.
24 ibid., p. 481
25 ibid., p. 480
26 Conrad Ferdinand Meyer: "Auf dem Canal grande", in: Sämtliche Werke. Historisch-kritische Ausgabe, ed. H. Zeller / A. Zäch, Erster Band, Bern 1963, p. 164
27 "Eine Monographie. 'Friedrich Mitterwurzer" von Eugen Guglia", in: Reden und Aufsätze I, p. 482
28 ibid., p. 480 sq.

"inneren Zustandes" - vergleicht Hofmannsthal mit dem Erscheinen eines Körperlichen. In der gleichsam körperhaften Rede, dem "Ausdruck des Leibes", erscheint die Seele selbst wie ein Körperliches. Ihre Erlebnisse führt Mitterwurzer vor - nicht in einer Körpersprache, wie der Tanz sie vielleicht spricht, wohl aber in einer Wortsprache, die die Erlebnisse mitteilt, als seien sie körperlich, als seien sie 'mit Händen zu greifen'.

Es mag erstaunen, daß Mitterwurzer durch Worte erreicht, was eine "schweigend" ausgeübte Kunst des Körpers auf ihre Weise zu leisten imstande ist. Im Resultat, nicht im Verfahren und im Material, kommen beide überein: Die Darbietungen einer Körper-Kunst wie auch die Sprachkunst Mitterwurzers können "Ausdruck des Leibes" sein, Körperausdruck, in dem sich innere Zustände, seelische Vorgänge, Erfahrungen und Erlebnisse offenbaren. Was im einen Fall anschaulich und in der Tat greifbar ist, wird im anderen hörbar. Indem die Worte hier wieder zu Diensten stehen, ermöglichen sie ein körperliches Ausdrucksverstehen.

In Mitterwurzers Rede erscheint jene Sprachproblematik, die Hofmannsthal zu Beginn seines Essays skizzierte, für einige Zeit außer Kraft gesetzt. Gerhard Austin meint 1981, die Sprachproblematik könne durch den Schauspieler "gelöst" werden[29]; doch wird sie dies nur, solange Mitterwurzer auf der Bühne steht. Die gewöhnlichen Redenden bleiben weiter der Gewalt der Worte unterworfen. Mitterwurzer legt noch einmal Zeugnis ab für die Möglichkeit, ein unmittelbares Verhältnis zu den "Dingen" herzustellen, sprachlich Zugang zu ihnen zu eröffnen.

Die Forschung hat wiederholt versucht, Hofmannsthals sprachkritische Position im Mitterwurzer-Essay in Beziehung zu der sieben Jahre später sich manifestierenden sogenannten Chandos-Krise zu setzen ("Ein Brief", 1902). Während Michael Hamburger 1964 meint, die Chandos-Krise sei im Mitterwurzer-Essay "am deutlichsten (...) vorweggenommen"[30], stellt Austin 1981 fest: "Aber die Sprachproblematik ist der im *Chandos-Brief* nicht vergleichbar"[31], und legt nahe, daß sie es eben deshalb nicht sei, weil sie durch Mitterwurzer gelöst werden könne. Statt von einer Sprachkrise spricht Austin von "Wortskepsis"[32] - diese aber wird, so kann man wohl sagen, im "Brief" von 1902 zur Sprachkrise radikalisiert. Deutet sich bereits im Mitterwurzer-Essay das Unvermögen der in Begriffen wuchernden Rationalität an, ein Weltverhältnis sprachlich adäquat zu artikulieren, so erscheinen die Begriffe und Urteile im "Brief" gänzlich entkräftet und aus

29 Austin, p. 131
30 Hamburger, p. 71
31 Austin, p. 131
32 ibid., p. 132

sich heraus fragwürdig geworden: das Versagen sprachlichen Zugriffs auf die Welt erweist sich nun an den Begriffen und Urteilen selbst (die Zitate sind bekannt: die "abstrakten Worte" zerfallen Lord Chandos "im Munde wie modrige Pilze"; die "Urteile" werden ihm "so bedenklich", daß er am familiären Gespräch nicht mehr teilnehmen kann[33]). Radikalisiert wird die Sprachproblematik des Mitterwurzer-Essays im "Brief" auch insofern, als es nun keine Möglichkeit mehr gibt, durch eine gleichsam körperhafte Rede Welt zu erschließen; freilich erschließt die Welt sich Lord Chandos, wie er im zweiten Teil des Briefes mitteilt, in einer Sprache eigener Art - in jener Sprache, "in welcher die stummen Dinge zu mir sprechen".[34] Auf diese Sprache nun richtet sich Chandos' Aufmerksamkeit: allein in ihr, von deren Worten ihm keines bekannt sei, wäre zu denken und schreiben ihm vielleicht möglich.

Anders als im Mitterwurzer-Essay leiten die Reflexionen des "Briefes" von 1902 nicht auf eine "schweigend" ausgeübte Kunst wie den Tanz - Hofmannsthal hat jedoch rückblickend eine Beziehung zwischen dem Sprachzweifel im "Brief" und seinem Interesse für Ballett und Pantomime angedeutet. Dieses Interesse ist lebendig, bevor der Zweifel im "Brief" Ausdruck findet; es wächst in den Jahren 1900 und 1901 (das Libretto zum Ballett "Der Triumph der Zeit" und das Textbuch zur Pantomime "Der Schüler" erscheinen 1901); nach der Chandos-Krise, zumal nach der ersten Begegnung mit Grete Wiesenthal im Jahr 1907, verstärkt es sich. Wohl 1912, also ganze zehn Jahre nach Erscheinen des "Briefes", notiert Hofmannsthal (mitgeteilt von Rudolf Hirsch, 1971): "Anstössig ist alles Productive. Talent als Existenzbedingung: Preisgegebenheit, Isolierung, Verzweiflung. andererseits: das analogon zu dem contemporanen Zweifeln an der Sprache ('Brief') corollar hiezu die Bemühungen um Ballet und Pantomime."[35]

Von einer Deutung der Notiz soll hier abgesehen werden: die Zuordnung der einzelnen Begriffe zueinander, ihre Verknüpfung sind nicht sicher zu bestimmen. Immerhin scheint Hofmannsthal eine Korrelation, eine Wechselbeziehung, zwischen dem Sprachzweifel des "Briefes" und den Bemühungen um Ballett und Pantomime festzustellen. Daß der Sprachzweifel dazu angeleitet hat, nicht-verbale: hier also tänzerische Formen der Gestaltung, der Mitteilung von etwas oder sogar der Verständigung zu erproben, leuchtet ein; vielleicht schärfte im Gegenzug

33 "Ein Brief", in: Erzählungen. Erfundene Gespräche und Briefe. Reisen, p. 465 sq.
34 ibid., p. 472
35 zit. nach Rudolf Hirsch: "Zu zwei Tanzdichtungen Hofmannsthals", in: Hofmannsthal-Blätter, Folge I, Heft 6, 1971, p. 417 (Die Datierung ergibt sich aus dem Zusammenhang, in den Hirsch die Notiz setzt.)

die schlichte Erfahrung der Möglichkeiten des Tanzes das Bewußtsein für die Krise der Worte, Begriffe und Urteile, was hier freilich offen bleiben muß.

Hofmannsthal nennt in seiner Notiz das Zweifeln an der Sprache "contemporan". Es bleibt gegenwärtig; und es steht in der Zeit nach dem Erscheinen des "Briefes" mitunter in der Nähe von Bemerkungen über die Leistung des Tanzes. Hierfür ein Beispiel - in einem Brief an Grete Wiesenthal vom 12. Dezember 1910 heißt es: "Die Worte verwirren und gehen von einem Ding zum andern hinüber; sie sind gefährlich, weil sie ohne Selbst sind und aus sich herausschweifen", und wenige Zeilen weiter: "Musik wird herbeikommen, die Gestalten werden leben.. und die Tänzerin wird die Herzen anrühren."[36] Wie die Aussagen aufeinander zu beziehen sind, läßt sich auch hier nicht sicher sagen; allein ihre Nähe erscheint kennzeichnend.

Greifbar wird der Zusammenhang, den Hofmannsthal in seiner Notiz zwischen "contemporanem" Sprachzweifel und der Aufmerksamkeit auf tänzerische Gestaltungsformen andeutet, einige Jahre später in einem literarischen Text, dem Vorspiel zur Ballettpantomime "Die grüne Flöte" (1916). Das Vorspiel ist 1972 von Rudolf Hirsch veröffentlicht worden; wohl für das Jahr 1917 war eine Aufführung im Berliner Wintergarten geplant, die jedoch nicht zustande kam. Die Entstehungs-, Aufführungs- und Wirkungsgeschichte der Ballettpantomime, zu der Hofmannsthal nachträglich das Vorspiel schrieb, haben Rudolf Hirsch und Leonhard M. Fiedler 1972 dokumentiert. Um den Text des Vorspiels zu situieren, sei der Zusammenhang hier kurz dargestellt.

Unter der Leitung Max Reinhardts gelangten am 26. April 1916 in den Kammerspielen des Deutschen Theaters Berlin Hofmannsthals Komödie "Die Lästigen" - "Komödie in einem Akt nach dem Molière", Hofmannsthals Autorschaft blieb ungenannt - und "Die grüne Flöte" zur Aufführung, eine Ballettpantomime, die in der Schlußszene der Komödie angekündigt wird. Am Entstehen der "Grünen Flöte" waren neben Hofmannsthal und Max Reinhardt die norwegische Ballettmeisterin und Choreographin Gyda Christensen, der Komponist Einar Nilson und der Bühnenbildner Ernst Stern beteiligt; nachweislich unmittelbar von Hofmannsthal stammt ein kurzes Szenarium zur Ballettpantomime[37], deren Handlung sich - im Stil von Ballett-Chinoiserien des 18. Jahrhunderts -

36 Brief an Grete Wiesenthal vom 12. Dezember 1910, in: Hofmannsthal-Blätter, Folge I, Heft 5, 1970, p. 325 sq.

37 cf. Leonhard M. Fiedler: "Hofmannsthals Ballettpantomime "Die grüne Flöte". Zu verschiedenen Fassungen des Librettos", in: Hofmannsthal-Blätter, Folge II, Heft 8/9, 1972, p. 118. Der Text im Band Dramen VI unter dem Titel "Erstes Szenarium", p. 169 sq.

aus märchenhaften, chinesisch anmutenden Motiven aufbaut. Einer Kritik von Oscar Bie, veröffentlicht in der "Neuen Rundschau" von 1916, ist zu entnehmen, daß bei den Aufführungen der Ballettpantomime prominente Größen des Reinhardt-Ensembles mitwirkten: Ernst Lubitsch, Ernst Matray und Katta Sterna. Die Rolle der Protagonistin gestaltete die Tochter Gyda Christensens, die junge norwegische Tänzerin Lillebil Christensen (1899-1989). Obwohl die Aufführungsgeschichte der "Grünen Flöte" im Vergleich zu anderen Ballettpantomimen recht gut dokumentiert ist, läßt sich über Tanzformen und Choreographie wenig sagen.[38] Bekannt ist, daß Lillebil Christensen eine Schülerin des Choreographen und Ballettreformers Michel Fokine (1880-1942) war; über ihren Unterricht bei Fokine berichtet sie in ihrer 1961 erschienenen Autobiographie "Det begynte med dansen" (Es begann mit dem Tanz): "All konvensjonell ballettpantomime skulle bort. Den dramatisk følelsesbetonte mimikk var hans form. / Det er i grunnen så merkelig å ha vært med på en revolusjon uten selv å vite det." (Jede konventionelle Ballettpantomime sollte verschwinden. Die dramatisch gefühlsbetonte Mimik war seine Form. / Im Grunde ist es so merkwürdig, bei einer Revolution dabei gewesen zu sein, ohne es selbst zu wissen. - Übersetzung G.G.)[39] Gyda Christensen ließ sich, wie ihre Tochter erwähnt, in ihrer Arbeit als Ballettmeisterin und Choreographin von Fokines Zielsetzung leiten. Man kann daher annehmen, daß die von ihr geschaffenen Tänze auf akademischen Bewegungsfolgen aufbauten, dabei jedoch 'freies' Bewegungsmaterial integrierten, wie Fokine selbst in seinen Choreographien verfuhr.

"Die grüne Flöte" wurde von Publikum und Kritik sehr günstig aufgenommen. Oscar Bie erkannte in ihr "etwas Vollkommenes" und rief "alle, die nach den Regungen heutiger Kunst suchen, (...) vor dieses Spiel."[40] In seiner Kritik von 1916 gebraucht er eine auffällige Formulierung - Bezug nehmend auf Lillebil Christensen sagt Bie: "Hofmannsthal, wie dichtet sich in diesem Körper!"[41] Die Vorstellung, im Körper einer Tänzerin zu 'dichten', impliziert, daß dieser Körper zum Material des Dichters wird, einem Material, in dem die dichterischen Ideen sich körperlich realisieren lassen.

Im Lauf des Jahres 1916 wird die "Grüne Flöte" von der Komödie "Die Lästigen" getrennt. Auf Anregung Reinhardts schreibt Hofmannsthal im Dezember 1916 das Vorspiel zur Ballettpantomime:

---

38 Fiedler 1972, p. 142 Anm. 30, teilt Notate der Choreographin mit.

39 Lillebil Ibsen (geb. Christensen): Det begynte med dansen, Oslo 1961, p. 38. Der Ausdruck "ballettpantomime" bezeichnet hier die einzelne pantomimische Handlung innerhalb eines Balletts.

40 Oscar Bie: "Die grüne Flöte", in: Die neue Rundschau, 27. Jg. 1916, 1. Bd., p. 857

41 ibid., p. 856

Niklas, der Direktor eines Puppentheaters, will ein "chinesisches Ballett mit Verwandlungen" herausbringen[42] - ein Hinweis auf die "Grüne Flöte" - und bereitet die Aufführung vor. Sein Ensemble bildet eine Reihe von Puppen, deren Mechanismus sich durch Einlegen von Walzen in Bewegung setzen läßt. Die Wahl der Walze entscheidet darüber, welche Haltung eine Puppe annimmt und welche Bewegungen sie ausführt: so bewegt sich die Puppe Casperl, je nach eingelegter Walze, bald fröhlich und bald ängstlich, dabei stets täuschend lebensecht. Das Vorspiel endet mit einer Anweisung Niklas', die direkt auf die Figuren der Ballettpantomime zu beziehen ist: "Vorwärts! Kulissenschieben, Lichter anstecken! Walzen einlegen!"[43]

Rudolf Hirsch meint, das Vorspiel erscheine "innerhalb von Hofmannsthals gesamtem Werk in seiner Skurrilität isoliert". Hirsch gibt Hinweise auf stilistische Anknüpfungspunkte, unter ihnen "Wiener Volksdramatik, Poccis Stegreifscherze, niederösterreichische Puppenspiele"[44] - diese Zusammenhänge sollen hier nicht interessieren; die Analyse gilt der Reflexion auf Sprache und Bewegung.

Der Direktor des Puppentheaters sucht einen Assistenten, der ihm hilfreich zur Hand gehen kann. Ein junger Mann stellt sich vor - zwischen ihm und Niklas kommt es zum Streit:

"DER JUNGE MANN (...) Die Figuren sind erstklassig. Mein Kompliment! Es fehlt ihnen nichts als die Sprache.

NIKLAS Was fehlt ihnen?

DER JUNGE MANN Zur Vollkommenheit nichts als die Sprache.

(...)

NIKLAS *weiß vor Wut* Sprache? Ich verstehe, Sprache! Ihnen fehlt an meinen Figuren die Sprache.

Diese

*auf den Mund zeigend*

Diese Bestialität da, die fehlt ihnen? Das was da herauskommt, das ist in meinen Augen das Letzte auf der Welt.

(...)

DER JUNGE MANN Sie werden mir zugestehen, daß die menschliche Natur in der Sprache ihre Vollkommenheit findet.

NIKLAS Die menschliche Natur? Ein Dreck ist die menschliche Natur."[45]

---

42 "Vorspiel" zu "Die grüne Flöte", in: Dramen VI, p. 158
43 ibid., p. 168
44 Rudolf Hirsch: "Ein Vorspiel zum Ballett "Die grüne Flöte"", in: Hofmannsthal-Blätter, Folge II, Heft 8/9, 1972, p. 108
45 "Vorspiel" zu "Die grüne Flöte", in: Dramen VI, p. 162

Niklas' Ton im gesamten Vorspiel ist grob, mitunter beißend sarkastisch - der Puppentheaterdirektor vertritt eine extreme Position, seine Gestalt trägt Züge der Karikatur. Ein Publikum hätte über den "Hexenmeister", wie Niklas genannt wird[46], nur selten lachen können (es hätte sich lustig machen können über seinen Vergleich Mozarts und Salieris: "Aber der Salieri war der größere"[47]) - seine Rede prägt ein blutiger Ernst, dessen Wirkung die Vorführung mechanischer und doch 'lebenswahrer' Puppen nur noch vertieft. Niklas' Puppen zeichnen sich dadurch aus, daß sie ohne Sprache existieren; eben darin besteht ihr Vorzug vor der menschlichen Natur. Der junge Mann sucht nach der "wahren Natur" der Puppe Casperl, die sich nach Auswechseln der Walze nicht mehr fröhlich, sondern ängstlich verhält:

> "CASPERL *flüchtet angstvoll querüber*
> DER JUNGE MANN Das scheint aber jetzt seine wahre Natur zu sein?
> NIKLAS *grimmig* Wahre Natur?
> DER JUNGE MANN Es gibt doch immerhin einen Kern, ein gewisses Etwas.
> NIKLAS *grimmig* Walze! Walze!"[48]

Als Casperl eine neue, dritte Walze eingelegt wird, meint Niklas höhnisch: "So, Burscherl, so! Da wird Deine wahre Natur wieder ein neues Gesicht zeigen!"[49] Niklas' Puppen besitzen keinen Kern, keine wahre Natur, die sie nur hindern würden, in Haltung und Bewegung jene Vielzahl von Zuständen vorzuführen, die als spezifisch menschlich gelten (Gemütsverfassungen, Seelenlagen, Stimmungen usw.). Sie drücken nichts aus, sondern repräsentieren perfekt.

Indem Niklas am Ende des Vorspiels die Aufforderung erläßt: "Walzen einlegen!", wird die sich anschließende Ballettpantomime als Stück gänzlich entsubjektivierten Theaters ausgegeben. Mit Niklas' Puppentheater aber hat die Pantomime in der Tat gemein, daß sie ein *stummes Spiel* ist; und Rudolf Hirsch sieht im "Ausfall des alten zornigen Puppenspielers gegen die Sprache" eine Verteidigung und Rechtfertigung der "Pantomime als Gattung".[50]

Niklas' vernichtendes Urteil über die menschliche Rede - auch als ein Kunstmittel: Sprecher, die den Puppen ihre Stimmen liehen, haben in seinem Theater keinen Platz - ist vor dem Hintergrund jener Sprachkritik zu

46 ibid., p. 159 u. p. 168
47 ibid., p. 158
48 ibid., p. 164
49 ibid., p. 166
50 Hirsch 1972, p. 108

sehen, die Hofmannsthal oft formuliert. In karikierender Verzerrung erscheint Sprache hier nicht bloß als unbrauchbar gewordenes Instrument des Erfassens von Welt, der Mitteilung und Verständigung, sondern wird geradezu als eine "Bestialität" ausgegeben; doppelsinnig aber heißt dies: sie ist etwas verabscheuungswürdig Tierisches. Der junge Mann argumentiert mit einem sprachphilosophischen Gemeinplatz, wenn er behauptet, die menschliche Natur finde in der Sprache ihre Vollkommenheit - nur der "Dreck", der sie in Niklas' Augen ist, bedarf der bestialischen Sprache. Die Vollkommenheit der Puppe dagegen besteht in der Stummheit und im unbegrenzten Repräsentationsvermögen von Zuständen, die als menschlich gelten. So ereignet sich ein Umschlag der Werte: Existenz ohne Sprache bedeutet Erhabensein über "Bestialität", ist Privileg einer Figur, die mehr vermag, als die menschliche Ausdruckskraft je zu leisten imstande wäre.

Der Gedanke, daß die Puppe oder Marionette nicht nur eine unbegrenzte Fülle seelischer Zustände zur Anschauung bringen können, sondern daß sie diese auch reiner darzustellen vermögen als Menschen - ein Standardgedanke der Ästhetik des Puppentheaters, wie diese sich seit Maurice Maeterlincks "La Princesse Maleine", "pour un théâtre de fantoches" (1889), in der Tradition des Symbolismus herausbildet[51] - ist Hofmannsthal nicht fremd. Rudolf Hirsch hat auf den Prolog zum Dramolett "Die Frau im Fenster" (1897) hingewiesen, in dem es heißt:

"Es wär mir beinah lieber, wenn nicht Menschen
Dies spielen würden, sondern große Puppen,
Von einem ders versteht gelenkt an Drähten.
Sie haben eine grenzenlose Anmut
In ihren aufgelösten leichten Gliedern
Und mehr als Menschen dürfen sie der Lust
Und der Verzweiflung selber sich hingeben
Und bleiben schön dabei."[52]

Der Vorzug der Puppe vor dem Menschen wird im Vorspiel von 1916 nicht explizit in dieser Weise begründet; daß Niklas' Puppen jedoch den Zuständen, die sie repräsentieren, ganz 'hingegeben' sind, ohne störendes Dazwischentreten der Reflexion, ist evident. In diesem einen Punkt korrespondieren sie jenen Marionetten, die Heinrich von Kleist 1810 im Aufsatz "Über das Marionettentheater" beschrieben hat (der Aufsatz wird zur Zeit der Jahrhundertwende und in den folgenden Jahren verstärkt rezipiert

51 cf. zu Maeterlincks Spielen Hans-Peter Bayerdörfer: "Eindringlinge, Marionetten, Automaten. Symbolistische Dramatik und die Anfänge des modernen Theaters", in: Jahrbuch der deutschen Schillergesellschaft, 20. Jg. 1976, p. 509 sqq.

52 "Prolog" zu "Die Frau im Fenster", in: Gedichte. Dramen I, p. 339

und theaterästhetisch gedeutet[53]; Hofmannsthal nimmt ihn 1922 in sein "Deutsches Lesebuch" auf).

Im stummen Spiel verfügen Puppe und Tänzerin über nichts als Haltungen und Bewegungen. Dies bedeutet keine Einschränkung, sondern einen Gewinn: Was zur Anschauung gelangt, ist nicht im Medium der Worte objektiviert; dadurch entgeht es einer Krise des Begriffs. Die Bewegungsgestalt fällt keine Urteile und gibt keine diskutablen Meinungen ab, an ihr kann nichts "bedenklich" werden wie an den Urteilen, die Lord Chandos aufzählt.[54] (Daß sie ästhetisch glücken oder mißlingen mag, liegt auf einer anderen Ebene.) In Hofmannsthals Perspektive wendet die Bewegungsgestalt sich nicht an den Verstand - was sie anschaulich präsentiert, ist mit diesem nicht zu erfassen, nicht überführbar in einen diskursiven Zusammenhang -, sondern unmittelbar an seelisches Erleben - die Tänzerin wird, wie es im Brief an Grete Wiesenthal vom Dezember 1910 heißt, "die Herzen anrühren".[55]

Puppe und Tänzerin trennt freilich eine unüberbrückbare Kluft. Was Niklas am Ende des Vorspiels suggeriert, erfüllt sich in der anschließenden Ballettpantomime nicht; hier tanzen menschliche, bewußte Wesen, die an ihrer Bewegung gearbeitet haben. Ihre Aufgabe besteht darin, so zu erscheinen, als seien sie Niklas' Puppen - indem sie einer Choreographie folgen, den Anschein zu erwecken, als gingen sie in einer Situation auf, als vergegenwärtigten sie sich nicht den Handlungszusammenhang, in dem sie agieren, als ergäbe ihre Bewegung sich unreflektiert. Nicht in der Seelenlosigkeit der Puppe, sondern in scheinbarer Seelenlosigkeit - in der scheinbaren Abwesenheit einer menschlichen Natur - muß eine höchst 'seelenhafte' Bewegung sich herstellen und Menschlichkeit rein, scheinbar ungetrübt durch Reflexion, zur Anschauung gelangen.

Anzumerken bleibt hier: Eine ironische Brechung verhindert, daß das Spiel mit dem Schein glatt aufgeht. Um sie zu erfassen, müssen die Zuschauer nicht die Logik des Spiels aufgeben und sich vor Augen halten, daß Schauspieler auf einer Bühne Niklas' Puppen bloß darstellen. Bevor nämlich der Puppe Casperl die erste Walze eingelegt wird, gibt sie einen Laut von sich:

> "DER JUNGE MANN *beugt sich über die Puppe. Die Puppe stöhnt leise. Der junge Mann tritt zurück*"[56],

---

53 etwa von Hermann Bahr; cf. dessen Aufsatz "Marionetten", in: Bahr: Wiener Theater (1892-1898), Berlin 1899, p. 440-448

54 "Ein Brief", in: Erzählungen. Erfundene Gespräche und Briefe. Reisen, p. 465 sq.

55 Brief an Grete Wiesenthal vom 12. Dezember 1910, in: Hofmannsthal-Blätter, Folge I, Heft 5, 1970, p. 326

56 "Vorspiel" zu "Die grüne Flöte", in: Dramen VI, p. 162

und ganz wie von selbst reagieren Niklas' Puppen auf Musik - Klavierspiel ertönt, und

> *"Die Figuren (...) regen sich"*.[57]

Die Zuschauer müssen sich fragen, wie es um die Seelenlosigkeit der Puppen bestellt ist; und der Tanz wird ihren Zweifel reflektieren: Die Tanzenden erscheinen so, als seien sie Niklas' Puppen, die selbst ganz seelenlos, ganz tot zu sein nur *scheinen*.

Im Mitterwurzer-Essay von 1895 zeigte Hofmannsthal, daß die Rede eines Schauspielers noch einmal unmittelbaren Zugang zu den "Dingen" eröffnen konnte: sie machte ein körperliches Ausdrucksverstehen möglich. Nach der Radikalisierung der Wortskepsis zur Sprachkrise des "Briefes" deutet Hofmannsthal eine Wechselbeziehung zwischen dem Zweifel an der Sprache und der Aufmerksamkeit auf tänzerische Gestaltungsformen an, auf Kunstformen, die nicht mit Worten arbeiten. Im Vorspiel zur "Grünen Flöte" schließlich erschien die Stummheit der sich bewegenden Figur als Privileg: Was die Bewegungsgestalt zur Anschauung bringt, entgeht einer Krise des Begriffs.

In den bisher vorgestellten Texten formuliert Hofmannsthal keine Ästhetik des Tanzes. Auch aus dem Vorspiel zur "Grünen Flöte" läßt sich nur erschließen, welche Leistungen Hofmannsthal dem Tanz zuschreibt; positive Bestimmungen fehlen. Um Hofmannsthals eigentlich tanzästhetische Reflexion darzustellen, soll im folgenden ein Grundtext analysiert werden, den die Forschung - im Versuch, Hofmannsthals Verständnis der 'Gebärde' zu klären - schon oft herangezogen hat: der kurze Essay "Über die Pantomime" aus dem Jahr 1911. In ihm grenzt Hofmannsthal die "Sprache (...) des Körpers" gegenüber der "Sprache der Worte" ab und entwickelt eine Konzeption der tänzerischen Gebärde.

Hofmannsthal bezieht sich in seinem Essay auf eine Schrift des Lukian von Samosata (geb. um 120, gest. nach 180 n. Chr.), Περὶ ὀρχήσεως, deren Titel Christoph Martin Wieland, ihr erster deutscher Übersetzer, mit "Von der Tanzkunst" wiedergegeben hat.[58] Die tanzästhetische Literatur der ersten Jahrzehnte des 20. Jahrhunderts beschäftigt sich oft mit Lukians Schrift[59] - Hofmannsthals Bezugnahme muß also nicht erstaunen. In seiner Argumentation knüpft Hofmannsthal an Gedanken des griechischen

57 ibid., p. 165
58 Wielands Übertragung der Sämtlichen Werke Lukians erscheint, mit Anmerkungen und Erläuterungen versehen, in Leipzig 1788-1789; "Von der Tanzkunst" in Teil 4 dieser Ausgabe.
59 Im Band "Der Tanz" von Max von Boehn, Berlin 1925, eröffnet die Schrift die Reihe der "Dokumente".

Autors an; zum Verständnis dieser Argumentation ist es jedoch nicht erforderlich, Probleme der Lukian-Rezeption zu erörtern (etwa die Frage: Sind Hofmannsthals Anknüpfungen in tanzhistorischer Hinsicht überhaupt sinnvoll?).

Hofmannsthal hat seinen Essay mehrfach veröffentlicht. Im Jahr 1911, in dem die Zusammenarbeit mit Grete Wiesenthal einen Höhepunkt erreicht, erscheint der Essay gemeinsam mit zwei Tanzpantomimenszenarien für Wiesenthal und einigen anderen Texten in dem Band "Grete Wiesenthal in Amor und Psyche und Das fremde Mädchen. Szenen von Hugo von Hofmannsthal" bei S. Fischer, Berlin; überdies ein Druck in den "Süddeutschen Monatsheften" im selben Jahr.

Der Text sei hier vollständig wiedergegeben (mit drei Anmerkungen von mir):

**"ÜBER DIE PANTOMIME**

Die alte Schrift des Lukian, welche den gleichen Gegenstand behandelt, würde man auch heute nicht ohne Nutzen und Vergnügen durchlesen.

Ihr Titel Περὶ ὀρχήσεως durfte dem Sinne nach in den oben stehenden Worten übertragen werden. Ebensowohl hätte die Überschrift lauten mögen: "Über den Tanz." Es ist vom darstellenden Tanz zumeist die Rede; doch kann niemand auch den primitivsten Formen des Tanzes ein darstellendes, pantomimisches Element absprechen. Das Pantomimische andererseits wäre undenkbar, ohne daß es durch und durch vom Rhythmischen, rein Tanzmäßigen durchsetzt wäre; fällt dies weg, so befinden wir uns in einem Schauspiel, dessen Darsteller sich absurderweise der Hände bedienen, anstatt ihrer Zunge; also in einer mit Willkür unvernünftigen Welt, in der zu verharren beklemmend wirkt. Dagegen in eine Haltung, eine rhythmische Wiederholung von Bewegungen einen Gemütszustand zusammenfassen, darin ein Verhältnis zu umgebenden Personen, gedrängter, und bedeutender als die Sprache es vermöchte, auszusprechen, etwas an den Tag zu geben, was zu groß, zu allgemein, zu nahe ist, um in Worte gefaßt zu werden: diese Ausdrucksform ist einfachen heroischen Zeiten, ja besonders dem urweltlichen Zustand geläufig, und wiederum aus unserer bis zur Verworrenheit vielfachen, übergreifenden Gegenwart hebt sich, wie alles Menschliche beharrender Art ist, das gleiche unzerstörbare Bedürfnis hervor, welches zu stillen, da der Leda der Lebensboden ungünstig ist, die Kunst eine ihrer uralten Formen zu einer neuen Belebung uns darbietet.

"Die frommen Inder", sagt Lukian, "begnügen sich nicht, die aufgehende Sonne nach Art der Griechen durch den Kuß der eigenen Hand zu verehren; nach Osten gewandt grüßen sie schweigend den Gott durch eine Folge bewegter Gebärden, durch welche dessen eigener Tageslauf über das Gewölbe des Himmels darstellend gemeint ist; und durch diesen pantomimischen Ersatz für unsere Gebete, Opfer und Chorlieder versichern sie sich seiner Gunst bei Anfang und Ende seines täglichen Kreislaufes. Weiter gehen noch die Äthiopier und tanzen auch während der Schlacht; der Pfeil, den ein Äthiopier aus der Federkrone seines Hauptes zieht, die ihm statt des Köchers dient, wird nicht von der Senne fliegen, ohne daß rhythmische Bewegungen, worin sich das Gefühl der eigenen Kraft mit der dem Feinde zugedachten Todesdrohung verbindet, sich zwischen die einzelnen kriegerischen Handgriffe einschieben."

Auf Zeremonie läuft alles hinaus, in ihr stillt sich ein tiefstes Bedürfnis, urtümlich religiöser Sphäre; hier ist nichts von leer, mit welchem Beiwort die im Schwang befindliche Tagessprache gerne das Wort Zeremonie zu behängen pflegt. Es sind, wie bei jenen Sonnenanbetern und Kriegern, die erfülltesten Momente des Daseins, ehrfürchtige Hingenommenheit oder die Ekstase des Kampfes, in welchen aus innerer Überfülle sich ein gehaltenes zeremoniöses Gebaren entbindet. Zur Zeremonie kann die einfachste Handlung erhoben werden: das Schütteln von Speer und Schild, ebenso wie das Darreichen einer Trinkschale, und keine wäre so einfach, daß sie nicht in gereinigtem Sinne als erhaben erscheinen könnte. So haben wir Ruth St. Denis hervortreten sehen* und im Gewand eines im Tempel dienenden Mädchens, die Schale mit dem Feuer in Händen, in einer langen Folge der einfachsten Gebärden, mit Schreiten und Neigen, Entzünden und Weihen, eine unermeßliche Wahrheit, geistige Schönheit entfalten. So ist der große Tänzer Nijinsky und vermag in der Gebärde eines, der mit hohler Hand am Quell sich Wasser schöpft, alle Reinheit und Erhabenheit der unverderbten menschlichen Natur zu offenbaren. So waren die Zeremonien

---

*60 eine der ersten Ausdruckstänzerinnen. Hofmannsthal schrieb über sie den Essay "Die unvergleichliche Tänzerin" (1906).

der Sada Yakko[**], eingeschoben zwischen den Dialogen einer uns fremden Sprache in langwierigen Dramen, deren Handlungen uns unverständlich waren; und haben wir nicht gleichfalls von der großen europäischen Schauspielerin dergleichen Momente erlebt[***], in denen sie aus der Nüchternheit der Vorgänge einer "Kameliendame" gleichsam auf eine ganz andere, die eigentliche Bühne trat und sich für uns in Augenblicke eines wahrhaft tragischen Tanzes der Gehalt, nicht mehr des abgegriffenen Theaterstückes, sondern menschlich ewiger Situation zusammendrängte?

Die Erfindungen, durch welche allenfalls der Theaterdichter solchen Offenbarungen einer hohen seelisch-sinnlichen Begabung zu Hilfe kommen kann, indem er sich ihr in auserwählten Fällen mit Freude unterordnet, bewegen sich auf einer anderen Ebene als das Drama. Es sind wohl Schauspiele, was hier zu geben versucht wird, aber keine Dramen. Der Aufbau bleibt schematisch, den Figuren muß das Individuelle mangeln, welches nicht anders als durch die Sprache zu geben ist. Ein geistiger, bedeutender, ja unendlicher Inhalt wird aber nur scheinbar fehlen. Denn die Kunst wie die Natur ist in ihrem Bereich unerschöpflich an Auskunftsmitteln, jedem ihrer Geschöpfe einen unendlichen Lebensreichtum zu sichern, und unbedingt ist ihr Vermögen, alles schließlich wieder ins Gleichgewicht zu setzen. Ist die Erfindung der Situationen nur derart, daß sie den Tänzer schnell in sein eigentliches Element hinüberführen: sein allgemein Menschliches aus der Fülle seiner Natur herauszugestalten, so steht auch hier wie nur je im Wortgedicht ein Unendliches vor uns. Kein Neigen des Hauptes, kein Heben des Fußes, kein Beugen des Armes gleicht dem andern; hier ist Kunst, und wie Natur ist sie nach unendlichen Arten unendlich. Eine reine Gebärde ist wie ein reiner Gedanke, von dem auch das augenblickliche Geistreiche, das begrenzte Individuelle, das fratzenhaft Charakteristische abgestreift ist. In reinen Gedanken tritt die Persönlichkeit vermöge ihrer Hoheit und Kraft hervor, nicht eben

---

**61 japanische Schauspielerin. Über sie cf. z. B. Herman Bahr: "Sada Yacco", in: Bahr: Rezensionen. Wiener Theater 1901-1903, Berlin 1903, p. 202-210.

***62 gemeint ist wohl Eleonora Duse. Wolfdietrich Rasch ("Tanz als Lebenssymbol im Drama um 1900", in: Rasch: Zur deutschen Literatur seit der Jahrhundertwende. Gesammelte Aufsätze, Stuttgart 1967, p. 58-77) spricht p. 70 ohne Zögern von ihr. Der Zusammenhang liegt nahe; cf. Hofmannsthals Essays "Elecnoroa Duse. Eine Wiener Theaterwoche" (1892), "Eleonora Duse. Die Legende einer Wiener Woche" (1892), "Die Duse im Jahre 1903" (1903), alle in: Reden und Aufsätze I.

allen sogleich faßlich. So tritt in reinen Gebärden die wahre Persönlichkeit ans Licht und über die Maßen reichlich wird der scheinbare Verzicht auf Individualität aufgewogen. Wir sehen einen menschlichen Leib, der sich in rhythmischem Fluß bewegt nach unendlichen Modifikationen, die in vorgezeichneten Bahnen ein innerer Genius leitet. Es ist ein Mensch wie wir, der sich vor uns bewegt, aber freier, als wir jemals uns bewegen, und dennoch spricht die Reinheit und Freiheit seiner Gebärden das Gleiche aus, das wir aussprechen wollen, wenn wir gehemmt und zuckend uns innerer Fülle entladen. Ist es aber nur Freiheit des Körpers, was uns hier beglückt? Enthüllt sich nicht hier die Seele in besonderer Weise? Entlädt sie sich nicht hier wie in den Tönen, aber noch unmittelbarer, noch zusammengefaßter, der inneren Fülle? Worte rufen eine schärfere Sympathie auf, aber sie ist gleichsam übertragen, vergeistigt, verallgemeinert; Musik eine heftigere, aber sie ist dumpf, sehnsüchtig ausschweifend; die von der Gebärde aufgerufene ist klar zusammenfassend, gegenwärtig, beglückend. Die Sprache der Worte ist scheinbar individuell, in Wahrheit generisch, die des Körpers scheinbar allgemein, in Wahrheit höchst persönlich. Auch redet nicht der Körper zum Körper, sondern das menschliche Ganze zum Ganzen.

"Das ist wahr", heißt es beim Lukian, "der Pantomime muß gewappnet sein von Kopf zu Fuß. Sein Werk muß in Harmonie ausgesonnen sein, vollkommen im Gleichgewicht und in den Verhältnissen; eins in sich selber, jedem Gegner gewachsen. Da dürfen keine Flecken daran sein; da muß alles vom Besten sein: ein schöner Einfall, ein tiefer Kunstverstand, vor allem wahre Menschlichkeit. Wenn jeder Einzelne von den Zusehern eins wird mit dem, was sich auf der Szene bewegt, wenn jeder Einzelne in den Tänzen gleichsam wie in einem Spiegel das Bild seiner wahrsten Regungen erkennt, dann - aber nicht früher als dann - ist der Erfolg errungen. Solch ein stummes Schauspiel ist aber auch nicht weniger als eine Erfüllung jenes delphischen Gebotes: 'Erkenne dich selbst', und die aus dem Theater nach Hause gehen, haben etwas erlebt, das erlebenswert war.""'[63]

---

63 in: Reden und Aufsätze I, p. 502-505. In dem Band "Grete Wiesenthal in Amor und Psyche und Das fremde Mädchen. Szenen von Hugo von Hofmannsthal" heißt es im Titel der Schrift Lukians richtig "ὀρχήσεως" und "Sehne" statt "Senne" (hier Z. 39). (An einigen Stellen weicht der Text der Werk-Ausgabe von der in diesem Band veröffentlichten Fassung ab.)

Zu Beginn der Analyse erscheint es zweckmäßig, eine einfache Frage zu stellen: Von welchem Tanz ist hier die Rede?

Hofmannsthal bezieht sich auf Lukians Schrift über den "darstellenden Tanz" (Z. 8). Selbst den primitivsten Formen des Tanzes könne niemand "ein darstellendes, pantomimisches" Element absprechen: die Ausdrücke "darstellend" und "pantomimisch" meinen hier offenbar dasselbe. Kann die Übersetzung des Titels von Lukians Schrift ebensogut "Über den Tanz" wie "Über die Pantomime" lauten, so arbeitet Hofmannsthal gleichwohl mit einer Opposition 'Pantomimisches' / 'rein Tanzmäßiges'. Im Tanz ist ein pantomimisches Moment zugegen - "Das Pantomimische andererseits wäre undenkbar, ohne daß es durch und durch vom Rhythmischen, rein Tanzmäßigen durchsetzt wäre" (Z. 10 ff.).

Gemeinsamkeit und Differenz von Pantomime und Tanz sind das erste Problem, das Hofmannsthal in seinem Essay anspricht. Dieses Problem ist nicht geringzuschätzen, leiten Hofmannsthals Bestimmungen doch auf eine Reflexion, die gegenüber dem Vermögen der Sprache die Leistung einer spezifischen "Ausdrucksform" (Z. 22) abgrenzt. Die Forschung hat das Problem selten thematisiert (wertvolle Hinweise gibt Fiedler 1972) und mitunter nur festgestellt, daß Hofmannsthal Tanz und Pantomime in eins setzt. Gerade die Funktion des "rein Tanzmäßigen" wurde dabei nur undeutlich wahrgenommen. Der älteren Forschung allerdings standen zwei Zeugnisse nicht zur Verfügung, die auf Hofmannsthals Überlegungen ein erhellendes Licht werfen: Grete Wiesenthals Skizze zum Vortrag "Tanz und Pantomime", den sie am 27. Oktober 1910 im Kunstsalon Hugo Heller, Wien, hielt, und ihr Artikel "Pantomime" aus einer nicht identifizierten Zeitung von 1911 (beide veröffentlicht 1986, in Auszügen 1985). Das Problem des Verhältnisses von Pantomime und Tanz stellte sich Hofmannsthal und Wiesenthal in der Zeit ihrer gemeinsamen Arbeit an den Tanzpantomimen "Amor und Psyche" und "Das fremde Mädchen" - beide Stücke gelangten im September 1911 in Berlin zur Uraufführung.

In ihrem Vortrag von 1910 erläutert Wiesenthal den Unterschied zwischen der 'neuen Pantomime', an der sie selbst arbeitet, und der 'alten': "Die neue Pantomime unterscheidet sich von der alten dadurch, daß sie sich *nicht* durch eine Zeichensprache - wie sie die Taubstummen z. B. benutzen, verständlich macht. Sondern die großen Massenbewegungen, die der einzelnen Figuren, ihr Liegen, (Sitzen), Stehen, Schreiten und zuletzt ihr Tanzen erzählt die Handlung, muß die Handlung klar machen."[64] Gegenüber der alten Pantomime - Wiesenthal denkt wohl an jene Kunstform, die sich seit Jean-Baptiste Deburau (1796-1846) vor allem in

---

64 Grete Wiesenthal: "Tanz und Pantomime" (1910), in: Hofmannsthal-Blätter, Heft 34, 1986, p. 40

Frankreich entwickelt hat - integriert die neue Pantomime die tänzerische Bewegung als ein wichtiges, vielleicht als das wesentliche Moment in den Gestaltungsablauf: "Ich sagte früher gerade, daß der Tanz der höchste Ausdruck der neuen Pantomime sei. Weil die neue Pantomime unbehindert von der Lächerlichkeit der Bewegungen einer Stummerlsprache in der formalen Schönheit der Bewegung ihren Ausdruck sucht, und so natürlich sich zum höchsten Ausdruck entfaltet."[65] Eine gewisse Polemik ist hier nicht zu überhören: Um die Jahrhundertwende hatte sich die 'alte' Pantomime so weit entwickelt, daß man ihr Gebärdenspiel nicht mit Recht als "Stummerlsprache" charakterisieren konnte.[66] Wiesenthals Vorstellungen einer neuen Pantomime jedoch: einer Tanzpantomime, erwiesen sich in der Zusammenarbeit mit Max Reinhardt und Hofmannsthal als sehr fruchtbar.

Hofmannsthals Überlegungen im Essay von 1911 konvergieren mit denen Wiesenthals. Fordert Hofmannsthal die Durchdringung des Pantomimischen - dies heißt: der Darstellung ("ein darstellendes, pantomimisches Element") - mit dem "Rhythmischen, rein Tanzmäßigen", so meint Wiesenthal in ihrem Artikel "Pantomime" im selben Jahr, die Wirkung der Pantomime verdanke sich nicht "einer dem Leben nachgezeichneten Realität", sondern dem "*Rhythmus in der Darstellung*". Sie hofft, in Hofmannsthals Pantomimen den "Sieg des Rhythmus als die Wesenheit der modernen Pantomime zeigen zu können."[67] In seinem Essay betont Hofmannsthal die Bedeutsamkeit des rhythmischen, tänzerischen Momentes in der Pantomime: "eine rhythmische Wiederholung von Bewegungen" (Z. 16 f.), ein menschlicher Leib, "der sich in rhythmischem Fluß bewegt nach unendlichen Modifikationen" (Z. 101 f).

Das 'Rhythmische', 'rein Tanzmäßige', die (mit Wiesenthal:) 'formale Schönheit der Bewegung' erfüllen in der Tanzpantomime eine spezifische Funktion. Fallen sie nämlich weg, "so befinden wir uns in einem Schauspiel, dessen Darsteller sich absurderweise der Hände bedienen, anstatt ihrer Zunge; also in einer mit Willkür unvernünftigen Welt, in der zu verharren beklemmend wirkt" (Z. 13 ff). Dagegen läßt sich gerade in die "rhythmische Wiederholung von Bewegungen" ein "Gemütszustand zusammenfassen" (Z. 17 f.). In die Darstellung muß also ein rein tänzerisches Moment verwoben sein - in der "Ausdrucksform" der so verstandenen Pantomime aber kann die Künstlerin "gedrängter" und "bedeutender" sprechen als mit Worten (Z. 19), scheint sogar etwas anderes und mehr auf

---

65 ibid.

66 so lobt Hofmannsthal ausdrücklich "die Pantomimen Severins", cf. "Die unvergleichliche Tänzerin", in: Reden und Aufsätze I, p. 499

67 Grete Wiesenthal: "Pantomime" (1911), in: Hofmannsthal-Blätter, Heft 34, 1986, p. 43 sq.

als das, was sich mit Worten sagen läßt ("was zu groß, zu allgemein, zu nahe ist, um in Worte gefaßt zu werden", Z. 20 f.).

Ein Beispiel soll an dieser Stelle zeigen, daß die Funktion des "rein Tanzmäßigen" innerhalb der Pantomime von der Forschung mitunter nur undeutlich wahrgenommen wurde. In seinem Buch "Phänomenologie der Gebärde bei Hugo von Hofmannsthal" geht Gerhard Austin 1981 auf den Pantomimen-Essay ein und meint, nach der sogenannten Sprachkrise sei es Hofmannsthal "keineswegs selbstverständlich, daß die Pantomime ohne Worte auskommt. Der Verzicht bedarf einer Rechtfertigung ihrer Eigenart, auf Wortsprache zu verzichten und sie durch eine Händesprache zu ersetzen."[68] Austin zieht jenen Satz aus dem Pantomimen-Essay heran, in dem Hofmannsthal die Bedeutsamkeit des "rein Tanzmäßigen" hervorhebt (Z. 10 ff.; Austin zitiert mit einer nicht markierten Auslassung und auch sonst nicht korrekt[69]), und meint in direktem Anschluß: "Auch das Ballett bedient sich einer Sprache erklärender Gesten, benutzt also Zeichen für etwas anderes, die wie die Worte darstellender Ausdruck sind. Ohne diese Sprache ließe sich eine Handlung nicht mitteilen, und das Bühnengeschehen würde zum reinen Tanz."[70] Austins Bemerkungen vor und nach dem Hofmannsthal-Zitat sind in sich schlüssig. Im Hinweis auf das "Ballett" aber macht Austin den Anteil einer "Sprache erklärender Gesten" stark, ohne die das Bühnengeschehen zum "reinen Tanz" werde; da Ballett und Pantomime für Austin gleichgeordnet sind ("Auch das Ballett (...)"), verschiebt sich seine Perspektive gegenüber der Hofmannsthals: In die Darstellung, die die stumme Form leistet (Austin: "Zeichen (...), die wie die Worte darstellender Ausdruck sind"), muß für Hofmannsthal das Moment reinen Tanzes verwoben sein; und gerade dieses rhythmische, rein tänzerische Moment rechtfertigt den Verzicht der stummen Form auf Wortsprache, also nicht etwa eine "Sprache erklärender Gesten", deren Bedeutung Austin hervorhebt.

Auf Hofmannsthals Reflexion über die Leistung der Pantomime als Ausdrucksform und eine Bemerkung über die Neubelebung dieser Kunst aus "einfachen heroischen Zeiten" (Z. 22) folgt im Essay ein Lukian-Zitat. In dem, was Lukian schildert, erblickt Hofmannsthal ein "zeremoniöses Gebaren" (Z. 51); er gibt aus neuerer Zeit vier Beispiele für Zeremonien oder Handlungen, die zur Zeremonie erhoben werden und in diesem Sinn

---

68 Austin kommt hier im Zusammenhang einer Kritik an Horst Thiemer (Austin: "Hugo Thiemer") auf den Pantomimen-Essay zu sprechen. Thiemer wird unter falscher Seitenangabe (richtig: p. 32) von Austin mit einem Ausrufezeichen zitiert, das bei Thiemer nicht steht.

69 ibid. Austin läßt "andererseits" ohne Kennzeichnung aus; an Stelle von "bedienen statt der Zunge, also" heißt es bei Hofmannsthal "bedienen, anstatt ihrer Zunge; also".

70 ibid.

"erhaben" (Z. 54 f.) wirken ("So haben wir (...)", "So ist (...)", "So waren (...)"; weniger greifbar erscheint der Bezug im Fall der "großen europäischen Schauspielerin": "und haben wir nicht gleichfalls (...)"; Z. 66 ff.). Unter den Beispielen sind eine Tänzerin und ein Tänzer: Ruth St. Denis vertritt den Bereich des neuen Kunsttanzes, Vaclav Nijinsky den Bereich des vom neuen Tanz beeinflußten Balletts. Hofmannsthal beschreibt beider Gebärden, die "Folge der einfachsten Gebärden" St. Denis' (Z. 58 f.) und eine Einzelgebärde Nijinskys (Z. 61 f.).

Man kann hier fragen, welche Stelle die beschriebenen Gebärden innerhalb eines tänzerischen Geschehens einnehmen. Diese Frage richtet sich nicht auf den zeremoniös-erhabenen Charakter der Gebärden, sondern auf Hofmannsthals Wahrnehmung des Eingebundenseins von Gebärden in einen tänzerischen Bewegungsfluß. Am Beispiel Ruth St. Denis' lassen sich die ästhetischen Erfahrungen, die Hofmannsthal gemacht hat, genauer fassen; fünf Jahre vor Erscheinen des Pantomimen-Essays veröffentlicht er seinen St. Denis-Aufsatz "Die unvergleichliche Tänzerin".

Die amerikanische Tänzerin Ruth St. Denis (geb. um 1879 - gest. 1968) tritt in Europa mit Darbietungen im Stil des indischen Tempeltanzes hervor; Hofmannsthal erlebt eine Aufführung ihres Tanzes "Radha" im Jahr 1906[71]. In seinem Aufsatz heißt es:

> "Und nun beginnt ihr Tanz. Es sind Bewegungen. Es sind Bewegungen, die in unaufhörlichem rhythmischem Fluß ineinander übergehen. (...) Es ist natürlich das gleiche, was alle orientalischen Tänze suchen. Eben den Tanz, den Tanz an sich, die stumme Musik des menschlichen Leibes. Ein rhythmischer Fluß unaufhörlicher und, wie Rodin sagt, richtiger Bewegungen. (...) So also tanzt sie. Es ist die berauschendste Verkettung von Gebärden, deren nicht eine an die Pose auch nur streift."[72]

Was 1911 als "Folge der einfachsten Gebärden" beschrieben wird, ist hier näher bestimmt als "Verkettung von Gebärden" - unter "Pose" wird nicht nur die gekünstelte Stellung, sondern auch, tanztechnisch, eine Haltung zu verstehen sein, in der eine Bewegung zum Stillstand kommt und eine neue Bewegung anhebt. Ruth St. Denis' Tanz kennt keine Posen, ihre Bewegungen und ihr Gebärdenspiel haben keinen toten Punkt (Hofmannsthal spricht, nur einige Zeilen entfernt, vom Gebärdenspiel eines Pantomimen und Eleonora Duses, das "keinen toten Punkt" bzw.

---

71 cf. Gabriele Brandstetter: "Der Traum vom anderen Tanz. Hofmannsthals Ästhetik des Schöpferischen im Dialog "Furcht"", in: Freiburger Universitätsblätter, Heft 112, Juni 1991, p. 42 (hier auch über die persönlichen Beziehungen zwischen Hofmannsthal und St. Denis)

72 "Die unvergleichliche Tänzerin", in: Reden und Aufsätze I, p. 499

"keine toten Punkte" habe[73]). Bewegungen und Gebärdenspiel entwickeln sich organisch, die einzelnen Bewegungen gehen bruchlos ineinander über.

Wichtig erscheint hier, daß Hofmannsthals Wahrnehmung der Gebärden Ruth St. Denis' gebunden ist an die Wahrnehmung des tänzerischen Bewegungsflusses. Die Gebärden ergeben sich als Momente des tänzerischen Vollzugs. In Hofmannsthals Perspektive wird keine Gebärde - sieht man von Beginn und Ende des Tanzes ab - möglich ohne die vorausgegangene und die folgende. Sie sind gegeben in einer "Verkettung"; ihre Stelle, ihr Gewicht bestimmen sich vom Ganzen des Tanzes her. Jede Gebärde ist 'gefärbt' im Ton des Tanzes, auf diesen eingestimmt. In der Erinnerung bleiben, wie Hofmannsthal mitteilt[74], einzelne Gebärden haften, und die ästhetische Reflexion kann, gleichsam heuristisch, Einzelgebärden aus der tänzerischen Gestalt isolieren; erlebt aber wird das Gebärdenspiel als organischer Zusammenhang eines Tanzes.

Hofmannsthal expliziert diesen Sachverhalt im Pantomimen-Essay nicht. Sein Insistieren auf dem rhythmischen Moment der Pantomime jedoch, auf "rhythmischem Fluß" (Z. 101), zielt deutlich in die Richtung der 1906 vorgebrachten Überlegungen. Daß es keinen Grund für die Annahme gibt, Hofmannsthals Perspektive habe sich bis zum Jahr 1911 gewandelt, zeigt auch eine Äußerung in einem Brief an Ottonie Gräfin Degenfeld vom 23. August 1911. Die Uraufführung der Tanzpantomime "Amor und Psyche" steht bevor - Grete Wiesenthal spielt für Hofmannsthal die Pantomime:

> "Gestern im Wald spielte Gretl für mich Amor und Psyche und ich war ganz betroffen, tief bezaubert von dieser Fülle des Einfalls, dieser lieblichen, und in den finstern Momenten fast grausigen Erfindung, diesem fließenden Reichtum und der tiefen Klugheit und Kraft, die dies alles aneinander bindet zur Einheit, vom einen zum andern eine wahre *Linie* erstehen läßt."[75]

Wohl spricht Hofmannsthal hier zunächst nicht vom Tanz, sondern von der Tänzerin; entscheidend aber ist seine Kennzeichnung des entstehenden Gebildes: alles wird zu einer Einheit gebunden, vom einen zum andern ergibt sich eine "wahre *Linie*". Die Gebundenheit der Elemente anein-

---

73 ibid.
74 ibid., p. 500
75 Brief an Ottonie Gräfin Degenfeld vom 23. August 1911, in: Briefwechsel mit Ottonie Gräfin Degenfeld und Julie Freifrau von Wendelstadt, ed. Marie Therese Miller-Degenfeld, Frankfurt/M. [2]1986, p. 160 sq.

ander, ihre einheitliche Organisation, der innere Zusammenhang der tänzerischen Gestalt werden hier hervorgehoben.

Im vorletzten Abschnitt des Pantomimen-Essays, dem ein zweites, abschließendes Lukian-Zitat folgt, entwickelt Hofmannsthal die Leistung der tänzerischen Gebärden. Dieser Abschnitt setzt der Analyse Schwierigkeiten entgegen: Der Gedankengang ist verwickelt; überdies nimmt Hofmannsthal im Verlauf der Argumentation eine Bestimmung zurück, die er kurz zuvor aufgestellt hatte (was in der Forschung, soweit ich sehe, nur Wolfdietrich Rasch klar formuliert hat).

Hofmannsthal gelangt im vorletzten Abschnitt des Essays zu Aussagen über die Leistung der Einzelgebärden und des Gebärdenspiels, indem er sie zum einen mit der Leistung der Worte und des 'Wortgedichtes' (Z. 90), zum andern mit dem Vermögen der Musik vergleicht. Dieser letzte Vergleich nimmt wenig Raum ein; breit entwickelt wird dagegen, wodurch sich Gebärden und Gebärdenspiel vor den Worten, der Rede, auszeichnen. In seiner Argumentation nimmt Hofmannsthal Stellung zum 'Individuellen' und 'Allgemeinen' einerseits der Sprache der Worte, anderseits der (Gebärden-)Sprache des Körpers. Die Zuordnung einzelner Bestimmungen spiegelt Aspekte jener Sprachproblematik, die Hofmannsthal oft berührt.

Der Aufbau der pantomimischen "Schauspiele", so merkt Hofmannsthal zu Beginn des Abschnittes an (Z. 78), müsse schematisch bleiben, "den Figuren muß das Individuelle mangeln, welches nicht anders als durch die Sprache zu geben ist" (Z. 80 f.). Eben diese Kennzeichnung des stummen Spiels - und mit ihm die Bestimmung der Leistung der Sprache - nimmt Hofmannsthal nach einigen Zwischenschritten zurück. Obwohl den Figuren das Individuelle mangle, fehle den pantomimischen Schauspielen deswegen doch kein "geistiger, bedeutender, ja unendlicher Inhalt" (Z. 81 f.). Das stumme Spiel in seiner Ganzheit darf sich durchaus dem "Wortgedicht" vergleichen; und die einzelne "reine Gebärde ist wie ein reiner Gedanke, von dem auch das augenblickliche Geistreiche, das begrenzte Individuelle, das fratzenhaft Charakteristische abgestreift ist" (Z. 93 ff.). Was als Mangel der stummen Form erschien - Mangel an Individualität der Figuren - erweist sich nun als Vorzug schon ihres einzelnen Elements: Von der reinen Gebärde ist, analog dem reinen Gedanken, das immer begrenzte Individuelle abgestreift. Der Verzicht auf Individualität aber wird als scheinbar zurückgenommen: "So tritt in reinen Gebärden die wahre Persönlichkeit ans Licht und über die Maßen reichlich wird der scheinbare Verzicht auf Individualität aufgewogen" (Z. 98 ff.).[76]

76 cf. hierzu Rasch, p. 69

Die Leistung der Wortsprache nun kennzeichnet Hofmannsthal am Ende des Abschnittes als nur "scheinbar individuell" - in Zurücknahme der Bestimmung, das Individuelle sei nur durch Sprache zu geben: "Die Sprache der Worte ist scheinbar individuell, in Wahrheit generisch, die des Körpers scheinbar allgemein, in Wahrheit höchst persönlich" (Z. 115 ff.).

Das 'Generische' also ist das eigentliche Kennzeichen der Wortsprache - die Worte rufen eine "Sympathie" auf, die "gleichsam übertragen, vergeistigt, verallgemeinert" ist (Z. 111 f.). Zehn Jahre nach Erscheinen des Pantomimen-Essays wird Hofmannsthal diesen Gedanken schärfer fassen - in einer Eintragung aus dem Jahr 1921 knüpft er an den Satz der Hermeneutik "individuum est ineffabile" an: "Das Individuum ist unaussprechlich. Was sich ausspricht, geht schon ins Allgemeine über, ist nicht mehr im strengen Sinne individuell. Sprache und Individuum heben sich gegenseitig auf."[77] - Man kann fragen, worin für Hofmannsthal das generische Moment der Wortsprache besteht, was es heißt, daß die Worte eine Sympathie aufrufen, die "gleichsam (...) verallgemeinert" ist. Hofmannsthal deutet wohl an, daß in der Rede Sachverhalte objektiviert, daß sie im Medium der Sprache nach außen gesetzt und mitgeteilt werden. Nach einer Seite hin partizipieren die Objektivationen an etwas Allgemeinem, an der Sphäre der Begriffe; diese Seite, ihren Anteil am Prozeß des Verstehens nimmt Hofmannsthal hier in den Blick.

Gegenüber der Wirkung, die die Musik hervorruft - sie ist "dumpf, sehnsüchtig ausschweifend" (Z. 113) -, bestimmt Hofmannsthal die von der Gebärde aufgerufene Sympathie als "klar zusammenfassend" (Z. 114). Im tänzerischen Gebärdenspiel entlade sich die Seele ihrer inneren Fülle, so formuliert Hofmannsthal fragend, vielleicht "noch unmittelbarer, noch zusammengefaßter" als in den "Tönen" (Z. 109 f.).

Haftet der Wortsprache ein Zug zur Abstraktion an und ist die Wirkung der Musik "ausschweifend", so kennzeichnet die tänzerische Gebärdensprache, daß sie im eigentlichen Sinn konkret wirkt und spricht (concretus = zusammengewachsen, geronnen, verdichtet); zu Beginn des Essays hieß es, in einer Haltung, einer rhythmischen Wiederholung von Bewegungen lasse sich "gedrängter" sprechen als mit Worten. Von den Entgegensetzungen her betont Rasch in Hinsicht auf die Wortsprache: "Das Wort (...) legt auseinander, löst das Gleichzeitige in ein Nacheinander auf und ist schon dadurch weniger direkt, seine Wirkung ist "gleichsam übertragen", wie Hofmannsthal sagt."[78] Gerade an diesem Punkt spiegelt die Zuordnung einzelner Bestimmungen Aspekte der von Hofmannsthal

---

77 "Aufzeichnungen", in: Reden und Aufsätze III. Aufzeichnungen, p. 560
78 Rasch, p. 70

oft berührten Sprachproblematik. Rasch hat dies klar gesehen: "Die Sprache der Worte - so schien es Hofmannsthal und seinen Zeitgenossen - ist durch die Reflexion gegangen, vielleicht durch die Reflexion gebrochen, deshalb mittelbar. Die Künstler der Zeit - darin sind sich Dichter wie Wedekind, Hauptmann, Hofmannsthal einig - wollen das Ungebrochene, Unmittelbare, die elementare Substanz. Das meinen sie in der Sprache der bewegten Körper, des Tanzes zu finden."[79]

Die abstrahierende, mittelbar wirkende Wortsprache also wird einer konkreten, unmittelbar wirkenden (Gebärden-)Sprache des Körpers konfrontiert. Können die "abstrakten Worte" zerfallen "wie modrige Pilze"[80], so entgeht doch das, was die Sprache des Körpers zur Anschauung bringt, einer Krise des Begriffs.

Die Sprache des Körpers ist "scheinbar allgemein, in Wahrheit höchst persönlich". Wie aber vermag die höchst persönliche Gebärdensprache etwas zur Anschauung zu bringen, was intersubjektiv zugänglich ist, was die Zuschauer 'erfassen' oder 'erfahren' können? - Schon bevor Hofmannsthal zu den Schlußbestimmungen des Essays kommt, arbeitet er mit der Differenzierung: Nicht die begrenzte Individualität, sondern eine "wahre Persönlichkeit" zeigt sich im Gebärdenspiel. (Hofmannsthal arbeitet mit dieser Differenzierung, ohne sie klar zu entwickeln. Der Verzicht auf Individualität im Gebärdenspiel wird als scheinbar zurückgenommen, er ist aufgewogen durch das Hervortreten der wahren Persönlichkeit. Dies bedeutet nicht, daß 'Persönlichkeit' und 'Individualität' hier dasselbe meinen: Von der Gebärde ist das begrenzte Individuelle abgestreift, *und* in den Gebärden zeigt sich die wahre Persönlichkeit. Michael Hamburger hat dies 1964 angedeutet.[81]) Hofmannsthal bestimmt näher, was im Spiel 'ausgesprochen' wird: "Es ist ein Mensch wie wir, der sich vor uns bewegt, aber freier, als wir jemals uns bewegen, und dennoch spricht die Reinheit und Freiheit seiner Gebärden das Gleiche aus, das wir aussprechen wollen, wenn wir gehemmt und zuckend uns innerer Fülle entladen" (Z. 103 ff.). Was in der Gebärdensprache zur Anschauung gelangt, korrespondiert also inneren, seelischen Beständen im Zuschauer, das menschliche Ganze redet zum Ganzen, wie Hofmannsthal am Ende des Abschnittes sagt. Das Lukian-Zitat, das den Essay abschließt, verdeutlicht diesen Zusammenhang und fügt einen weiteren Aspekt hinzu:

> "Wenn jeder Einzelne von den Zusehern eins wird mit dem, was sich auf der Szene bewegt, wenn jeder Einzelne in den Tänzen gleichsam

---

79 ibid.
80 "Ein Brief", in: Erzählungen. Erfundene Gespräche und Briefe. Reisen, p. 465
81 cf. Hamburger, p. 81 sq.

> wie in einem Spiegel das Bild seiner wahrsten Regungen erkennt, dann - aber nicht früher als dann - ist der Erfolg errungen. Solch ein stummes Schauspiel ist aber auch nicht weniger als eine Erfüllung jenes delphischen Gebotes: 'Erkenne dich selbst'" (Z. 125 ff.).

Der Tanz ermöglicht Selbsterkenntnis des Betrachters, eine 'Erkenntnis', die sich nicht gedanklich, nicht in der Sphäre einer allgemein gültigen Begrifflichkeit, nicht vermittelt im Medium der Sprache herstellt, sondern die unmittelbar sinnfällig, greifbar vor Augen steht: Wie in einem Spiegel werden eigene innere Regungen an den Bewegungen des tanzenden Körpers erfaßt, 'erkannt'. Das Gebärdenspiel, in dem die "wahre Persönlichkeit" sich zeigt, bringt etwas zur Anschauung, was intersubjektiv zugänglich ist: Der Tänzer gestaltet, wie es Z. 88 f. heißt, "sein allgemein Menschliches aus der Fülle seiner Natur" heraus, er gestaltet "das Gleiche (...), das wir aussprechen wollen", und leitet den Zuschauer an, wie in einem Spiegel der eigenen Menschlichkeit gewahr zu werden. In der persönlichen, nicht begrenzt individuellen Sprache des Körpers im Tanz wird also ein allgemeiner, menschlicher Bestand anschaulich - anders aber als in der Allgemeinheit, im 'Generischen' der Worte und Begriffe.

An 'Unendlichkeit' des Inhalts - eben des "allgemein Menschlichen" - kann sich das tänzerische Spiel dem "Wortgedicht" vergleichen (Z. 90); in Hinsicht auf die Art und Weise, in der dieses Unendliche erfahrbar gemacht wird, ist das stumme Schauspiel gegenüber dem Wortgebilde privilegiert. Hinzuzufügen bleibt: Wie Hofmannsthal zu Beginn des Essays hervorhebt, gelangt in der Ausdrucksform der Pantomime etwas zur Anschauung, "was zu groß, zu allgemein, zu nahe ist, um in Worte gefaßt zu werden" (Z. 20 f.) - nicht nur "das Gleiche (...), das wir aussprechen wollen", gewinnt in ihr Gestalt, sondern auch etwas schlechthin Unsagbares, dessen Allgemeinheit selbst in der Abstraktion des Begriffs sich nicht aussagen läßt. Auch dieses also wird anschaulich in der höchst persönlichen Sprache des tanzenden Körpers. Wie der Zusammenhang genau zu denken sei, bleibt hier offen.

Die Analyse des Pantomimen-Essays richtete sich auf Hofmannsthals Konzeption der tänzerischen Gebärde. Zu Beginn erschien es zweckmäßig, Hofmannsthals Auffassung der Pantomime zu untersuchen: in ihr schlägt sich die Zusammenarbeit mit Grete Wiesenthal, die gemeinsame Bemühung um eine 'neue' Pantomime, eine Tanzpantomime nieder. Hofmannsthals Aufsatz über Ruth St. Denis wurde herangezogen, um das Eingebundensein von Einzelgebärden in einen tänzerischen Bewegungsfluß näher zu bestimmen. Die Leistung der Gebärden innerhalb eines tänzerischen Geschehens kam abschließend zur Sprache.

Eine Reihe von Fragen bleibt zurück - die Analyse leitet auf Probleme, die sich an Hand des Essays wohl kaum klären lassen. Drei dieser Probleme seien hier nur skizziert:

Welchen Status hat das Unsagbare, von dem Hofmannsthal spricht? Hofmannsthal nennt die beiden - in der Geschichte der Ästhetik klassisch gewordenen - Grundverfassungen des Unsagbaren: Es ist "zu nahe" (zu dicht am Erleben, als daß es ausgesagt werden könnte: 'unterhalb' des Bereichs sprachlichen Zugriffs), und es ist "zu groß" (erhaben über jede Rede: 'oberhalb' des Bereichs sprachlichen Zugriffs).[82] Fallen diese Grundverfassungen hier zusammen?

Implizit schreibt Hofmannsthal der Sprache des Körpers zu, daß sie nicht wie die Wortsprache auf etwas verweist; sie 'bedeutet' nicht, wie die Wörter etwas bedeuten. Hofmannsthal sagt zwar, in der Ausdrucksform der Pantomime werde etwas "bedeutender" ausgesprochen, "als die Sprache es vermöchte" - dies aber heißt wohl 'gewichtiger, eindringlicher'. Wenn die Sprache des Körpers sich nicht Bedeutungen nach verstehen läßt, wie ist dann 'Verständnis' hier zu denken? (Mit Lukians Vergleich: Wie kommt das Erkennen im Spiegel zustande?)

Eine Tänzerin oder ein Tänzer müssen Repräsentation von etwas leisten (z. B. von Empfindungen, Gemütslagen, Seelenzuständen). Wenn Hofmannsthal von Nijinsky sagt, daß dieser in einer einzelnen Gebärde "alle Reinheit und Erhabenheit der unverderbten menschlichen Natur zu offenbaren" vermag (Z. 62 f.), so richtet er den Blick auf das, was in der Gebärde zur Anschauung gelangt, nicht auf Nijinskys Vermögen zur Repräsentation einer "unverderbten menschlichen Natur". Wie gelingt es einem Tänzer, etwas zu repräsentieren? (Dieses Problem begegnete bereits in einem anderen Zusammenhang, in der Analyse der Wiesenthal-Kritik Peter Altenbergs; cf. oben p. 38 sq.).

Wenig fruchtbar erscheint es, mit Hilfe von Hofmannsthals Bestimmungen Antwort auf die hier gestellten Fragen zu suchen. Der Pantomimen-Essay erörtert nicht systematisch und liefert keine bündige Theorie. Freilich zielen die Fragen auf Probleme, die sich in der tanzästhetischen Literatur der Zeit - der Reflexion der Schriftsteller wie der Tanzkritiker - selten thematisiert, oft aber angedeutet finden.

Was in der Analyse greifbar wurde, läßt sich abschließend überblicken: Schon die einzelne Gebärde offenbart in ihrer 'Zusammengefaßtheit' einen menschlichen Bestand; in der rhythmischen Organisation des tänzerischen Gebärdenspiels aber entsteht ein Gebilde, das an Fülle des Inhalts dem "Wortgedicht" vergleichbar ist. Die Tanzpantomime arbeitet mit anderem

---

82 cf. z. B. Asbjørn Aarnes: "Über "Das Unsagbare"", in: Orbis Litterarum, Bd. 40, 1985, p. 294

Material als die Wortkunst (die Dichtung) und als jede begrifflich verfaßte Rede. Hofmannsthal hebt jene Momente hervor, durch die sich die Sprache des Körpers vor der Wortsprache auszeichnet: Was im Gebärdenspiel zur Anschauung gelangt, wirkt unmittelbar; in der Kunstform der Pantomime läßt sich gedrängter als in Begriffen und Urteilen sprechen; der Körper spricht eine 'persönliche', keine begrenzt individuelle und keine begrifflich verallgemeinernde Sprache. Im tänzerischen Gebärdenspiel erkennen die Zuschauer sich anders wieder als im Drama: Sie erfahren eigene innere Regungen an den Bewegungen eines Körpers. An diesen Bewegungen schließlich kann etwas Unsagbares aufscheinen.

Hofmannsthals eigentlich tanzästhetische Reflexion schlägt sich nicht nur im Essay "Über die Pantomime" nieder. Neben dem Aufsatz über Ruth St. Denis ist vor allem seine Studie über das Ballett "L'Après-midi d'un Faune" zu nennen, eine Würdigung des tanzhistorisch revolutionär wirkenden "choreographischen Gedichtes", wie Hofmannsthal sagt[83] ("Nijinskys "Nachmittag eines Fauns"", 1912; Nijinsky hat das Ballett choreographiert und die Rolle des Fauns getanzt). Deutlicher als an dieser Studie und an anderen Texten läßt sich Hofmannsthals Konzeption der tänzerischen Gebärde jedoch am Pantomimen-Essay ablesen.

Nach zwei Seiten hin ist es möglich, mit Hofmannsthals Bestimmungen weiter zu arbeiten. Sie an jene Reflexionen des Autors anzuschließen, in denen eine "Philosophie der Gebärde" sich andeutet - sie begegnen im Gesamtwerk in unterschiedlichen Zusammenhängen -, wäre Aufgabe eigener Analysen. Nach der Seite der Tanzästhetik hin lassen sie sich mit den Reflexionen anderer Autoren vergleichen: Dabei treten Gemeinsamkeiten und Differenzen hervor. Die Untersuchung abschließend, soll dies ein Beispiel zeigen.

Frank Thiess (1890-1977) kommt in seinem 1920 erschienenen Buch "Der Tanz als Kunstwerk. Studien zu einer Ästhetik der Tanzkunst"[84] auf Darbietungen Lucy Kieselhausens (1897-1927) zu sprechen:

> "Wenn Lucy Kieselhausen in ihrem "Norwegischen Tanz" den sie später "Kobold" getauft hat, bei den ersten Takten in unnachahmlich lässiger Haltung die Arme vorwärts wirft und den Körper nachzieht, (wie unmöglich mit Worten zu schildern!) trägt ihr Tanz schon eine Fülle von seelischen Stimmungen in sich, die mit der Aufreihung

83 cf. Reden und Aufsätze I, p. 508
84 im folgenden zitiert nach der 2. Auflage, 6.-10. Tsd. 1920 ("verbesserte Auflage")

einzelner darin verflochtener Zustände wie Lässigkeit, Eitelkeit, Überlegenheit, Koketterie, Versonnenheit nicht im entferntesten gedeckt sind."[85]

In zwei Bewegungen der Tänzerin - im Vorwärtswerfen der Arme und im Nachziehen des Körpers - wird ein komplexer Bestand, eine "Fülle von seelischen Stimmungen" anschaulich. Die beiden Bewegungen eröffnen den Tanz, sie machen dessen Charakter den Zuschauern faßlich (Thiess bemerkt in anderem Zusammenhang: "Die einzelne rhythmische Körpergebärde (...) hat die Bedeutung des Ganzen und trägt die Dynamik des gesamten Tanzes in sich gesammelt"[86]). Kieselhausens Tanz entzieht sich der "begrifflichen Analyse"[87] - was in der tänzerischen Bewegungsgestalt anschaulich zusammengefaßt ist, bezeichnet Thiess als Synthese: "die verschiedenen, uns im Leben begrifflich geläufig gewordenen seelischen Momente (also Lässigkeit, Eitelkeit, Überlegenheit usw.) haben sich zu einer Synthese verbunden, die mehr ist als nur die Summe der einzelnen seelischen Posten."[88] Dieses 'Mehr' der Synthese kann offenbar nur erlebt werden. Thiess meint, daß die Tänzerin keinen der einzelnen Zustände bewußt andeute, sondern daß diese, "von ihr bereits in der Synthese erlebt, sofort in die Sprache ihres Körpers sich umformten."[89]

Eine zusammenhängende Lektüre der "Studien zu einer Ästhetik der Tanzkunst" und ein Vergleich der hier angeführten und der weiteren Überlegungen Thiess' mit denen Hofmannsthals lassen zunächst eine Differenz hervortreten: Thiess entwickelt seine Bestimmungen nicht im Zusammenhang einer Reflexion auf Vermögen und Unvermögen der Wortsprache. Er nimmt keine prononciert sprachkritische Haltung ein - wie Hofmannsthal sie im Vorspiel zur "Grünen Flöte", freilich in karikierender Verzerrung, an Niklas' Invektiven vorführt -, um von hier aus zu erweisen, daß das tänzerische Spiel gegenüber der Rede privilegiert sei; er konfrontiert nicht die Sprache der Worte einer Sprache des Körpers, um so die spezifische Leistung des Tanzes zu bestimmen. Daß sich begrifflicher Analyse entziehe, was im Tanz anschaulich wird, hebt Thiess mehrfach hervor: Dieses Moment wird hier jedoch nur festgestellt, nicht für die weitere Reflexion fruchtbar gemacht.

Wenn Thiess auch nicht auf Hofmannsthals Weg zu seinen Bestimmungen gelangt, kommen doch beide Autoren - teilweise - in dem überein, was sie dem tänzerischen Spiel zuschreiben. Sie betonen vor al-

---

85 Frank Thiess: Der Tanz als Kunstwerk. Studien zu einer Ästhetik der Tanzkunst, München [2]1920, p. 73
86 ibid., p. 54
87 ibid., p. 73
88 ibid., p. 73 sq.
89 ibid., p. 74

lem dessen Vermögen, etwas in großer *Dichte* vorzuführen. Ein Tanz erschließt sich, wie Thiess an Kieselhausens Darbietungen zeigt (und ganz im Sinn Hofmannsthals formuliert), allein "dem unmittelbar aufnehmenden Empfinden"[90] - was die Bewegungsgestalt gedrängt, zusammengefaßt, verdichtet vor Augen führt, spricht im Empfinden der Zuschauer eine Fülle korrespondierender Regungen an. Dem Empfinden leuchtet unmittelbar ein, was 'gesagt' wird - insofern ist die Wirkung des Tanzes *klar*.

Im Versuch, näher zu bestimmen, was im Tanz vor Augen steht - er müßte scheitern, wollte er das Erlebnis des Tanzes ohne Rest in begriffliche Rede überführen -, setzt Thiess einen anderen Akzent als Hofmannsthal. Im Essay "Über die Pantomime" sagt Hofmannsthal, in eine rhythmische Wiederholung von Bewegungen lasse sich ein Gemütszustand zusammenfassen, und ein Verhältnis zu umgebenden Personen lasse sich darin gedrängter aussprechen - er akzentuiert nicht, wie Thiess, die *Vielheit* von Zuständen, seelischen Momenten, Stimmungen, die die eine Bewegungsgestalt anschaulich macht. In Hinsicht auf die Geschichte der Tanzästhetik kann man sagen, daß Thiess hier über Hofmannsthal hinausgeht - zumal in seiner Perspektive das, was sich im Tanz präsentiert, als eine "seelische Neuheit" erlebt wird.[91] Auch Kieselhausens Tanz führt etwas vor, was so noch nie empfunden und nie gestaltet worden ist: einen schlechthin neuen seelischen Bestand.

Die Bestimmungen beider Autoren ließen sich en détail vergleichen, doch soll es hier nicht um Einzelfragen gehen[92] - Hofmannsthals Reflexionen haben einen Ort in der Geschichte der Tanzästhetik, wie sie einen Ort in der Geschichte des Nachdenkens über Sprache haben. Eine weitere Dimension wurde bisher nur erwähnt: In der Zusammenarbeit mit Tänzerinnen entwickelt und erprobt Hofmannsthal seine Überlegungen. Das literarhistorisch greifbare Ergebnis dieser Zusammenarbeit, in dem der Reflexionsprozeß des Autors sich - künstlerisch vermittelt - niederschlägt, sind die Tanzpantomimenszenarien; einer dieser Texte soll später exemplarisch analysiert werden.

---

90 ibid., p. 73

91 ibid.

92 von besonderem Interesse wäre ein Vergleich der Tanzpantomimenkonzeptionen, cf. Thiess 1920, p. 47.

# 3. DIE UTOPIE DER REINEN BEWEGUNG: EDWARD GORDON CRAIGS THEATERÄSTHETISCHER ENTWURF

Im Jahr 1906 stellt Hofmannsthal fest:

> "Die theatralischen Künste sind auseinandergefallen und vereinigen sich nur mehr in merkwürdigen seltenen Individuen, die am seltensten uns Deutschen angehören. Nach dem sinnlichen Reiz wahrhaftigen Tanzes, wie nach dem pathetischen, ruft ein sehnliches Verlangen und bleibt ungestillt. Wir bewunderten auf der Variété-Bühne Künstler, deren leibliches imprévu, deren mimische Gewalt einem aristophanischen Stück das schönste Leben eingehaucht hätten, während sie sich hier an platten und kurzatmigen Erfindungen in einer gemeinen Umgebung verschwendeten. Uns an Aufzügen zu erfreuen, wird uns weder auf der Straße noch im Theater zuteil. Ein durch stärkstes, bestimmtestes Talent berechtigter Künstler, vom Vater her der Architektur, von Mutterseite dem Theater nächstverwandt, verlangt das Zerfallene wieder zusammenzubringen."[1]

Die Sätze eröffnen eine Vorrede, die Hofmannsthal für die geplante deutsche Neuausgabe der "Kunst des Theaters" (The Art of the Theatre) von Edward Gordon Craig konzipierte. Das Werk des englischen Bühnenreformers und Theatertheoretikers Craig (1872-1966) - mit Adolphe Appia und Georg Fuchs zählt Craig zu den einflußreichsten Theatertheoretikern der Jahrhundertwende[2] - war 1905 in deutscher und in englischer Sprache veröffentlicht worden. Die für 1906 geplante deutsche Neuausgabe kam nicht zustande; Hofmannsthals Vorrede wurde 1975 erstmals zugänglich gemacht.

Hofmannsthal würdigt, daß Craig "das Zerfallene wieder zusammenzubringen" verlange, er findet in Craigs Entwürfen ein "Schauspiel"[3] angedeutet, das den "Reiz wahrhaftigen Tanzes" böte, das zu verwirklichen wäre mit Hilfe von Fähigkeiten, über die die Varieté-Künstler verfügen: "leibliches imprévu, (...) mimische Gewalt", das an bewegter Pracht den "Aufzügen" gleichkäme, die Hofmannsthal auf den Straßen und im

---

1 Hugo von Hofmannsthal: "Vorrede für das Werk E. Gordon Craigs", in: Gesammelte Werke in zehn Einzelbänden, ed. Bernd Schoeller, Frankfurt/M. 1979. Reden und Aufsätze I, p. 494

2 cf. oben p. 20

3 "Vorrede für das Werk E. Gordon Craigs", in: Reden und Aufsätze I, p. 495

Theater seiner Zeit vermißt. Ohne daß von einem Gesamtkunstwerk die Rede ist, macht Hofmannsthal deutlich: Craigs Bemühungen zielen darauf, ganz unterschiedliche Formen des Bühnengeschehens aufeinander zu beziehen, sie in einer neuen Form zusammenzuführen; in diesem neuen theatralischen Schauspiel wird auch die tänzerische Bewegung - die Bewegung des einzelnen Körpers und die der vielen Körper - eine Funktion erfüllen. Auf ihre Funktion weist Craig in der "Kunst des Theaters" von 1905 mehrfach hin; in den folgenden Jahren werden seine Überlegungen um "the wonderful and divine power of Movement" und deren Bedeutung für ein Theater der Zukunft kreisen.[4]

Wie die meisten anti-naturalistisch eingestellten Theaterreformer seiner Zeit - allen voran die Verfechter der Stilbühne - ist Craig aufmerksam auf die Körperkulturbewegungen und Systeme der Bewegungslehre, die sich um 1900 in Europa etablieren, auf den Freien und den Ausdruckstanz, die zur selben Zeit hier Fuß fassen, schließlich auf die Tanzkultur der asiatischen Theatertraditionen, mit denen die europäische Welt in Berührung kommt (vor allem durch die Gastspiele Sada Yaccos, der "Duse du Japon"[5]). Für die Jahre 1905 und 1906, in denen Craigs "Kunst des Theaters" erscheint und Hofmannsthal seine Vorrede konzipiert, sei hier nur, im deutschsprachigen Raum, auf Georg Fuchs, in Rußland auf Vsevolod E. Meyerhold verwiesen.

Im Jahr 1906 erscheint Fuchs' Buch "Der Tanz" (cf. oben p. 21 sqq.); ein Jahr zuvor hatte der Theoretiker seine Programmschrift "Die Schaubühne der Zukunft" veröffentlicht. In ihr definiert Fuchs die dramatische Kunst als "*rhythmische Bewegung des menschlichen Körpers im Raume,* ausgeübt in der Absicht, andere Menschen in dieselbe Bewegung zu versetzen, hinzureißen, zu berauschen"[6], und stellt fest:

> "Wir alle wissen, daß das Drama in seinem ursprünglichen Sinne bereits wieder aus der modernen Kultur hervorgegangen ist. Die beispiellose Begeisterung, mit welcher die Tanzspiele der *Duncan* und der *Magdeleine* aufgenommen wurden, beweisen das, und beweisen ferner, welch ein Erfolg der Schaubühne der Zukunft beschieden sein wird, die in konsequenter Fortbildung solcher Anfänge zustande kommen muß."[7]

---

4 Edward Gordon Craig: "The Artists of the Theatre of the Future", in: The Mask, vol. I, nos. 3-4, May-June 1908, p. 68

5 ein Zitat Mounet-Sullys bei Hermann Bahr: "Sada Yacco", in: Bahr: Rezensionen. Wiener Theater 1901-1903, Berlin 1903, p. 202

6 Georg Fuchs: Die Schaubühne der Zukunft, Berlin u. Leipzig 1905, p. 36

7 ibid.

Die "Tanzspiele" Isadora Duncans und der 'Schlaftänzerin' Magdeleine G. begreift Fuchs 1905 als Keimzelle eines neuen, in seinem Wesen wiederhergestellten Dramas. Dieses Drama verlangt, so Fuchs, eine eigene Theaterarchitektur, die amphitheatralische Anordnung der Sitzreihen vor einer rampenlosen Reliefbühne. Fuchs will

> "keinen Guckkasten, kein Panorama, sondern eine Raumausbildung, welche bewegten, menschlichen Körpern möglichst günstig ist, sie zu einer rhythmischen Einheit zusammenfaßt und zugleich die Bewegung der Schallwellen nach dem Zuhörer zu begünstigt. Nicht das perspektivische Gemälde, sondern das flache Relief ist also maßgebend."[8]

Das Gebäude des Münchener Künstlertheaters von 1908 soll Fuchs' Plan räumlich realisieren.

Vsevolod E. Meyerhold experimentiert 1906 in seiner theaterpraktischen Arbeit mit neuen Formen der Bewegung, mit einer eigenwilligen Bühnenchoreographie. Im November 1906 gelangt Maurice Maeterlincks "Soeur Béatrice" am Theater Vera Komissarzhevskayas in Petersburg in einer Inszenierung Meyerholds zur Aufführung. Yevgeny Znosko-Borovsky[9] beschreibt die Bewegungen des Nonnen-Chorus in Meyerholds Inszenierung:

> "All dressed as one, with completely identical gestures, with slow restrained movements and following one another precisely, they moved the whole time in profile in order to maintain the repose of a basrelief; they passed before you like a wonderful design on the grey stone of an ancient cathedral ... Here was a crowd, a mass in which no individual led a separate life or constituted a separate character which might disrupt the essential idea and impression of the mass. Here was a unity which by its unity, by the rhythm of all its movements, poses and gestures, produced a far deeper impression than a naturalistic crowd split up into separate elements."[10]

Meyerhold selbst bemerkt im Jahr 1912: "Seit dem Auftreten der Isadora Duncan und erst recht, seitdem die rhythmische Theorie von Jaques-Dalcroze erschienen ist, beginnt der zeitgenössische Schauspieler über die Bedeutung der Geste und Bewegung auf der Bühne nachzudenken."[11] Gewiß lassen die Bewegungen des Nonnen-Chorus in "Soeur Béatrice" sich nicht unmittelbar auf Formen oder Prinzipien des Freien Tanzes beziehen,

---

8 ibid., p. 47

9 späterhin Sekretär der Zeitschrift der Akmeisten, "Apollon" (1909-17)

10 zit. nach Edward Braun: The Theatre of Meyerhold. Revolution on the Modern Stage, London 1979, p. 65 sq.

11 Vsevolod E. Meyerhold: "Balagan" (1912), in: Schriften, ed. Akademie der Künste der DDR (red. Gisela Seeger), Berlin 1979. Erster Band, p. 209

den Isadora Duncan im Dezember 1904 und Februar 1905 dem russischen Publikum in Petersburg und Moskau vorstellt. Die Vorführung stilisierter Bewegungen im Profil, "in order to maintain the repose of a basrelief", erscheint vielmehr als Versuch einer produktiven Umsetzung eben jener Theorie der zweidimensionalen Reliefbühne und des Bühnengeschehens auf ihr, die Georg Fuchs 1905 entwickelt hatte - einer Theorie, die auf das Erlebnis und die Wirkung auch des Freien Tanzes rekurrierte. Meyerhold liest Fuchs' Schrift im Jahr 1906; das dort entworfene Modell beeindruckt ihn sehr.[12] Plan und Ausführung von "Soeur Béatrice" reflektieren Meyerholds Fuchs-Lektüre, wie Edward Braun 1979 angedeutet hat: "Once again the resemblance to Georg Fuchs' relief stage was unmistakable"[13] - die Bewegungen des Nonnen-Chorus spiegeln nicht den Freien Tanz selbst, wohl aber Aspekte seiner Rezeption und Interpretation durch Georg Fuchs. (In tanzhistorischer Perspektive läßt sich das 'bewegte Relief' der Nonnen in "Soeur Béatrice" als Präfiguration des Nymphen-Chorus in Vaclav Nijinskys Choreographie "L'Après-midi d'un Faune", 1912, auffassen: Die Nymphen bewegen sich seitwärts und zeigen dabei fast stets ihr Profil.[14])

Im ersten Jahrzehnt des 20. Jahrhunderts herrschen unter den Vertretern der europäischen Theater-Moderne mitunter lebhafte Arbeitsbeziehungen. Georg Fuchs geht in seiner Schrift von 1905 kritisch auf die "als Anregungen (...) durchaus verdienstlichen Versuche des englischen Malers E. Gordon *Craig*" ein[15]; Craig lobt 1908 das Münchener Künstlertheater.[16] Meyerhold, der für die Experimente des Moskauer Studio-Theaters (1905) einen Einfluß Craigs noch zurückweist, würdigt die Arbeit des englischen Theoretikers im Jahr 1909[17]; mehrfach bezieht Meyerhold sich auf Georg Fuchs. Zu Beginn des Jahres 1908 stellt Isadora Duncan einen Kontakt zwischen Konstantin Stanislavsky und Craig her - beider Zusammenarbeit gilt einer Inszenierung des "Hamlet", die im Januar 1912 in Moskau Premiere hat.

---

12 cf. Braun, p. 54 sqq., über Meyerholds Fuchs-Lektüre; überdies Konstantin Rudnitsky: Meyerhold the Director, ed. Sydney Schultze, Ann Arbor 1981, p. 85

13 Braun, p. 66

14 cf. die oft reproduzierten Abbildungen aus dem Album des Barons Adolf De Meyer, z. B. bei Jean-Michel Nectoux (ed.): L'Après-midi d'un Faune. Mallarmé. Debussy. Nijinsky, Paris 1989, p. 38 sqq.

15 Fuchs 1905, p. 77 Fußnote

16 cf. "The Theatre in Germany, Holland, Russia and England. A Series of Letters from Gordon Craig", in: The Mask, vol. I, no. 8, October 1908, p. 159 sq.; vol. I, no. 11, January 1909, p. 221 sq.

17 cf. Vsevolod E. Meyerhold: "Edward Gordon Craig" (1909), in: Schriften. Erster Band, p. 161 sqq.

Unter den führenden Theatertheoretikern der Jahrhundertwende und des beginnenden 20. Jahrhunderts befaßt sich insbesondere Craig intensiv mit dem Freien Tanz. Dies hat auch biographische Gründe: Im Dezember 1904 lernt Craig in Berlin Isadora Duncan kennen - eine etwa zwei Jahre währende Liebesbeziehung entwickelt sich. Craigs tanzästhetische Einschätzung der Darbietungen Duncans ist zunächst uneingeschränkt positiv; manch anderen tänzerischen oder bewegungspädagogischen Versuchen gegenüber verhält er sich ablehnend. Die Rhythmische Gymnastik Jaques-Dalcrozes wird er, anders als etwa Adolphe Appia, in scharfer Form kritisieren; auch die Inszenierungen der Ballets russes Diaghilevs läßt Craig in theaterästhetischer Perspektive letztlich nicht gelten: "The Russian Ballet is held to be the finest achievement of the New Theatre. The Russian Ballet belongs to the Theatre of Yesterday."[18]

Eine Auswahl aus Craigs bewegungsästhetischen Reflexionen soll im Mittelpunkt der folgenden Untersuchung stehen. Der Zusammenhang der Überlegungen Craigs mit der theaterästhetischen Diskussion und der theaterpraktischen Arbeit der Zeit wird an verschiedenen Stellen deutlich gemacht.

Mit achtzig Jahren, 1952, erinnert sich Craig an sein erstes Erlebnis einer Tanzdarbietung Isadora Duncans im Dezember 1904 in Berlin. Seine Schilderung erscheint bemerkenswert, nicht zuletzt wegen der Frische, mit der er seinen Eindruck nach fast einem halben Jahrhundert wiedergibt:

> "She came through some small curtains which were not much taller than she was herself; she came through them and walked down to where a musician, his back turned to us, was seated at a grand piano; he had just finished playing a short prelude by Chopin when in she came, and in some five or six steps was standing by the piano, quite still and, as it were, listening to the hum of the last notes .... You might have counted five, or even eight, and then there sounded the voice of Chopin again, in a second prelude or etude; it was played through gently and came to an end and she had not moved at all. Then one step back or sideways, and the music began again as she went moving on before or after it. Only just moving (...). She was speaking in her own language, not echoing any ballet master, and so she came to move as no one had ever seen anyone move before. The dance ended, and again she stood quite still. No bowing, no smiling - nothing at all. Then again the music is off, and she runs from it - it runs after her then, for she has gone ahead of it.

---

18 "The Russian Ballet", in: The Mask, vol. VI, no. 1, July 1913, p. 14

How is it that we know she is speaking her own language? We know it, for we see her head, her hands, gently active, as are her feet, her whole person. And if she is speaking, what is it she is saying? No one would ever be able to report truly, yet no one present had a moment's doubt. Only this can we say - that she was telling to the air the very things we longed to hear and until she came we had never dreamed we should hear; and now we heard them, and this sent us all into an unusual state of joy, and I sat still and speechless."[19]

Größte Einfachheit der Bewegung, die in einer eigenen und doch unmittelbar verständlichen 'Sprache' dargeboten wird - hierin dürfte für Craig das Faszinosum des Freien Tanzes gelegen haben. Aus seiner Schilderung läßt sich kaum entnehmen, mit welchem Bewegungsmaterial Isadora Duncan arbeitete; man weiß aus anderen Berichten und aus den Mitteilungen der Tänzerin, daß sie einfachste Bewegungen ausführte (Schreiten, Neigen des Kopfes, Beugen des Oberkörpers, Erheben der Arme u.a.m.).[20] Diese Bewegungen auszuführen, ist in Craigs Perspektive kein leichtes Unternehmen: In seinen "Memories of Isadora Duncan" betont er, daß man lernen müsse, "what it is to *move*: to step, to walk, to run; few people can do these things."[21]

Die Beobachtung der Einfachheit, die Forderung nach Einfachheit des tänzerischen Geschehens und menschlicher Bewegungsverläufe überhaupt durchziehen als Topos die tanz- und bewegungsästhetische Literatur des frühen 20. Jahrhunderts. Was Craig 1952, erinnernd, an Isadora Duncans Darbietung feststellt, nimmt Hofmannsthal 1906 und 1911 am Tanz Ruth St. Denis' wahr: eine "Folge der einfachsten Gebärden"[22], einen "Fluß (...), wie Rodin sagt, richtiger Bewegungen".[23] Daß die Bewegung 'einfach', 'richtig', 'wesenhaft' sei, wird zum Signum des neuen Tanzes und gilt oft, gerade im tanzpädagogischen Zusammenhang, nicht allein als ästhetisches, sondern auch als ethisches Kriterium.

Der Freie Tanz Isadora Duncans erscheint, folgt man Craigs Darstellung aus dem Jahr 1952, als künstlerische Realisierung, als ästhetische Erfüllung einer seit langem empfundenen Sehnsucht ("she was telling to the air the very things we longed to hear and until she came we had never dreamed we should hear; and now we heard them"). Craig erfährt an Duncans Tanz die ästhetische Macht der reinen Bewegung; bündig formu-

19 "Memories of Isadora Duncan", in: The Listener, vol. XLVII, no. 1214, June 5, 1952; hier zit. nach Arnold Rood (ed.): Gordon Craig on Movement and Dance, New York 1977, p. 248 sq.
20 cf. Max Niehaus: Isadora Duncan. Leben. Werk. Wirkung, Wilhelmshaven 1981, p. 131 sq.
21 "Memories of Isadora Duncan", hier zit. nach Rood, p. 250
22 "Über die Pantomime" (1911), in: Reden und Aufsätze I, p. 503
23 "Die unvergleichliche Tänzerin" (1906), in: Reden und Aufsätze I, p. 499

liert Craigs Sohn Edward Craig in der Biographie seines Vaters: "Isadora helped him to understand the secrets of "Movement"".[24] Auf diese 'Geheimnisse', auf die Prinzipien von Bewegung richtet sich Craigs Aufmerksamkeit auch im Zusammenhang seiner theaterästhetischen Reflexion.

In seiner ersten Buchveröffentlichung zu theaterästhetischen Problemen: The Art of the Theatre, 1905 (im selben Jahr erscheint noch vor der englischen die deutsche Ausgabe), erörtert Craig in der Form eines Dialoges zwischen 'playgoer' und 'stage-director' die Frage, worin die Kunst des Theaters bestehe, genauer: worin sie gegenüber dem, was auf den Bühnen der Zeit geboten wird, bestehen könne und solle. Deutlich ist die Tendenz zur Emanzipation des Theaters von der Literatur, vom schriftlich fixierten Dramentext: "the theatre must not forever rely upon having a play to perform, but must in time perform pieces of its own art."[25] Dies bedeutet nicht, daß im Theater der Zukunft nicht gesprochen oder gesungen würde; Craigs Bemerkung richtet sich gegen eine Theaterpraxis, die das *Wortkunstwerk* - "A play is a work of literature"[26] - zur Grundlage der Aufführung nimmt. In einer für Craigs Denken charakteristischen, hier bis zum Paradox getriebenen Zuspitzung illustriert der stage-director am Beispiel der Stücke Shakespeares: Die Vollkommenheit ihrer Form enthüllt sich in der Lektüre, nicht auf der Bühne. Kennzeichen eines "piece for the theatre" dagegen ist dessen Unvollkommenheit, "when printed in a book or recited".[27]

Stücke der eigentlich theatralischen Kunst aufzuführen, sie auf der Bühne zur Vollkommenheit zu bringen, ist die Aufgabe des Theaters der Zukunft. Wohl nennt Craig historische Anknüpfungspunkte wie die Maskenspiele der Shakespeare-Zeit; doch gilt es die "pieces" und mit ihnen die Kunst des Theaters erst zu entwickeln. Der Dialog endet mit einer Bestimmung des Materials, aus dem ein Künstler des Theaters der Zukunft seine Meisterwerke schaffen wird:

> "Out of ACTION, SCENE and VOICE. Is it not very simple?
>
> And when I say *action*, I mean both gesture and dancing, the prose and poetry of action.

---

24 Edward Craig: Gordon Craig. The Story of his Life, London 1968, p. 192

25 The Art of the Theatre, Edinburgh and London 1905; hier zit. nach: Edward Gordon Craig: On the Art of the Theatre, London 1911, p. 144 (Den Text des Buches von 1905 nimmt Craig in den Sammelband von 1911 unter dem Titel "The Art of the Theatre. The First Dialogue", p. 137-181, auf. Das Buch von 1905 und der Sammelband von 1911 werden in der Forschung vielfach miteinander verwechselt.)

26 "The Art of the Theatre. The First Dialogue", in: On the Art of the Theatre, p. 138

27 ibid., p. 144

When I say *scene*, I mean all which comes before the eye, such as the lighting, costume, as well as the scenery.

When I say *voice*, I mean the spoken word or the word which is sung, in contradiction to the word which is read, for the word written to be spoken and the word written to be read are two entirely different things."[28]

ACTION, SCENE und VOICE sind, so heißt es ausdrücklich, "material" des zukünftigen Theaterkünstlers.[29] Nicht Künste sollen einander hier befruchten oder in einem neu zu schaffenden Gesamtkunstwerk aufgehen - das Material, mit dem der Künstler arbeiten wird, besteht gerade nicht für sich, es besitzt keine ästhetische Autonomie. Der Gedanke einer "fusion des arts" liegt Craig fern, wie Denis Bablet 1962 festgestellt hat.[30] Craig selbst wird sich im Jahr 1908 entschieden gegen das Projekt eines Gesamtkunstwerkes wenden.[31]

Die zeitgenössische Rezeption Craigs ist aufmerksam auf den Stellenwert körperlicher Bewegung - "gesture and dancing" - im Entwurf der zukünftigen theatralischen Kunst. Ein Beispiel hierfür liefert Harry Graf Kesslers Vorwort zur deutschen Ausgabe der "Kunst des Theaters" von 1905 (das Vorwort leitete ursprünglich einen Katalog zur Ausstellung von Zeichnungen und Bühnenbildentwürfen Craigs im Dezember 1904 in Berlin ein). Kessler betont, daß Craigs Bühnenkünstler "Gefühl für Rhythmus haben und die Gesetze der Bewegung kennen" müsse.

"Craig meint, ein Bühnenwerk brauche nicht immer wieder nach dem alten Rezept geschaffen zu werden aus drei Teilen Dichtung und einem Teil Malerei und Musik. Im Gegenteil: wenn irgend ein einzelnes Element auf der Bühne wichtiger sei als alle anderen, so sei es nicht das Wort, sondern die Bewegung, die Gebärde."[32]

Im zuletzt zitierten Satz geht Kessler über jene Bestimmungen hinaus, mit denen Craig seinen Dialog abschließt: Zwar nennt Craig "gesture and dancing" an erster Stelle, gewichtet hier aber nicht im Sinn Kesslers zwischen ACTION, SCENE und VOICE. Kessler spricht im übrigen davon, daß auf

---

28 ibid., p. 180 sq. Arnold Rood teilt 1977 mit ("Introduction", in: Rood (ed.), p. XVI), daß Craig in einem Exemplar des 1953 erschienenen Buches "Gordon Craig" von Catharine Valogne, in dem dieser Passus zitiert wird, notiert habe, "that "Voice" related to Yvette Guilbert, "Scene" to Adolphe Appia, and "Action" to Isadora Duncan." (Yvette Guilbert, 1867-1944, Sängerin des café-concert.)

29 "The Art of the Theatre. The First Dialogue", in: On the Art of the Theatre, p. 180

30 Denis Bablet: Edward Gordon Craig, Paris 1962, p. 100

31 dies in "The Actor and the Über-Marionette": "How can all arts combine and make one art? It can only make one joke (...) You cannot co-mingle them and cry out that you have created a new art." In: The Mask, vol. I, no. 2, April 1908, p. 8

32 Harry Graf Kessler: "Vorwort" zu Edward Gordon Craig: Die Kunst des Theaters, Berlin u. Leipzig 1905, p. 5 sq.

Craigs Anregungen hin das Gesamtkunstwerk Wagners vielleicht aufs neue verwirklicht werde[33] - ein Mißverständnis der zeitgenössischen Rezeption.

In der Einschätzung des Verhältnisses zwischen Sprache und nichtverbalen Bühnenmitteln verfährt Hofmannsthal in der eingangs zitierten Vorrede zur geplanten deutschen Neuausgabe von Craigs Werk (1906) differenzierter als Kessler 1905. Er versucht, die Aufgabe zu bestimmen, die der "Poesie" in Craigs Entwurf zukäme. Anknüpfend an Craigs Bühnenbildentwürfe, seine architektonischen "Phantasien" - dies heißt: den Anteil der SCENE an der Inszenierung -, und an seine Studien zu Bewegung und Choreographie von Bühnenfiguren - den Anteil der ACTION -, sagt Hofmannsthal:

> "seinem Kopf entsteigen Phantasien, mächtige Treppen, wuchtige Verliese, Turmgemach, Terrasse, Hafen, Zelt und Loggia: die menschliche Gestalt bringt er dazu in herrliche Verhältnisse (...): ein bloßes Dastehen der einzelnen Gestalt, ein schöngewendeter feierlich schreitender Zug, eine dunkle Gruppe, im Dunkel lauernd, ist schon ein nahezu vollendetes Gedicht. Bezögen sich mehrere solcher aufeinander, versuchte die Poesie, die Musik diese Situationen ohne Ängstlichkeit zu verbinden und überließe es der aufnehmenden Phantasie, allfällige Lücken sich selber auszufüllen: wer könnte ein solches Schauspiel abweisen (...)?"[34]

Gleichgeordnet der Musik, wäre es Aufgabe der Poesie, die vom Bühnenkünstler gestalteten "Situationen" zu verbinden - die Poesie träte zu den Erfindungen des Bühnenkünstlers hinzu, um sie "ohne Ängstlichkeit" zu einem Ganzen zu organisieren.[35]

Hofmannsthal deutet in der Vorrede zu Craigs Werk eine Konzeption von Theaterarbeit an, die ihn einige Jahre zuvor bereits beschäftigt hatte. Im Oktober 1903 wendet er sich anläßlich eines Projekts, für das er den "stage-designer" Craig gewinnen möchte, in einem Brief an Kessler. Der stage-designer träume, so meint Hofmannsthal, "von trucs, die anzuwenden kein vorhandenes Drama phantastisch genug ist", und "rast, daß kein

---

33 ibid., p. 6

34 Hugo von Hofmannsthal: "Vorrede für das Werk E. Gordon Craigs", in: Reden und Aufsätze I, p. 494 sq.

35 Oswalt von Nostitz meint 1975 ("Hugo von Hofmannsthal und Edward Gordon Craig. Zu einem unbekannten Hofmannsthal-Text", in: Jahrbuch des Freien deutschen Hochstifts 1975), Hofmannsthal sehe "im Text von 1906 Craig mit allen seinen Fähigkeiten als *Helfer* des Dichters" (von Nostitz, p. 427). Für den oben zitierten Passus kann dies nicht gelten. Im weiteren Verlauf der Vorrede allerdings spricht Hofmannsthal von Goethe und meint: "wie erfreulich wäre ein solcher Helfer (wie Craig; G.G.) ihm (Goethe; G.G.) gewesen (...)" (Reden und Aufsätze I, p. 495). Craig könnte in Hofmannsthals Perspektive also *auch* Helfer eines Dichters sein.

Dichter ihm das armselige Netzwerk von Worten liefern will, diese Wunderdinge die unverbunden sind, einzufangen und die Magie eines Ganzen daraus zu machen. Und ich wäre vielleicht sein Dichter."[36] Im Zusammenhang der theaterpraktischen Arbeit ist der Bühnenkünstler mit seinen Entwürfen angewiesen auf die Hilfe des Dichters und der 'Worte', die ein ästhetisch befriedigendes Ganzes herstellen. Der Beitrag des Dichters aber bleibt abhängig von den Vorstellungen des stage-designers, richtet sich nach diesen: "mein Szenarium", so schreibt Hofmannsthal, "die amplitude der äußeren Vorgänge, bis zu denen ich das Pendel schwingen lassen darf, das möchte ich gerade von ihm erfahren, von dem stage-designer."[37]

Eindeutig den Anteil zu bestimmen, der den 'Worten' in Craigs eigener Perspektive an einer Inszenierung zukommt, ist auf der Grundlage der 1905 mitgeteilten Überlegungen wohl kaum möglich. Die Aussagen des Dialoges changieren: Craig meint, daß jenes *Etwas* ("that *something*"), das im Theater der Zukunft zur Aufführung gelangen werde, nicht notwendig aus Worten bestehen müsse[38], daß also Sprache im theatralischen Schauspiel entbehrlich sei - doch gehören das gesprochene oder gesungene Wort durchaus zum Material des zukünftigen Theaterkünstlers, wie Craig am Ende des Dialoges betont. Man kann sagen: Craig erwägt im Jahr 1905 die Möglichkeit eines theatralischen Schauspiels ohne Worte, doch erscheint der Verzicht auf Sprache nicht zwingend. In seiner Ablehnung eines Theaters, das einen schriftlich fixierten Dramentext szenisch realisieren will, ist Craig dagegen eindeutig: Die zukünftige Theaterkunst wird die "assistance of the playwright" entbehren können.[39] Die Tendenz zur Emanzipation des Theaters von der Literatur, zur "Retheatralisierung des Theaters"[40] verbindet Craigs Überlegungen mit den wegweisenden theaterästhetischen Entwürfen der Zeit.

Die Rolle der tänzerischen Bewegung im Theater der Zukunft läßt sich leicht bestimmen. Craig spricht am Ende seines Dialoges von "dancing", nicht von 'dance' als einer Kunst; sein Ziel ist nicht, die ästhetisch gelungenen, autonomen Darbietungen einer Tänzerin, die wie ein "play" für sich existieren können, in das theatralische Schauspiel zu integrieren. Die Kunst des Theaters besteht, so heißt es zu Beginn des Dialoges, aus ver-

---

36 Brief an Harry Graf Kessler vom 8. Oktober 1903, in: Hugo von Hofmannsthal / Harry Graf Kessler: Briefwechsel 1898-1929, ed. Hilde Burger, Frankfurt/M. 1968, p. 56 sq.

37 ibid., p. 56

38 "The Art of the Theatre. The First Dialogue", in: On the Art of the Theatre, p. 179

39 ibid., p. 148

40 Christopher Balme: "Einleitung: Zur Ästhetik und Ideologie der Theatermoderne", in: Balme (ed.): Das Theater von Morgen. Texte zur deutschen Theaterreform (1870-1920), Würzburg 1988, p. 12

schiedenen "elements", unter ihnen: "rhythm, which is the very essence of dance"[41]: Die rhythmisch organisierte Bewegung des menschlichen Körpers geht als Ingrediens in das theatralische Schauspiel der Zukunft ein. Im Dialog bleibt offen, an welche Ästhetik des Rhythmus Craig näherhin dachte; leitend dürften für ihn zu dieser Zeit Isadora Duncans Tanz und die Reflexionen der Tänzerin gewesen sein.[42]

Im Jahr 1906, gegen Ende der Beziehung Craigs zu Isadora Duncan[43], ereignet sich etwas Erstaunliches. Craigs Sohn Edward Craig berichtet: "Once again chance led him on, this time to one of Isadora Duncan's recitals, and as he watched her improvising the movements that she called her "dance", he began to realize that it might be possible for an audience to derive an emotional experience from the movement of plastic forms as well ... from three-dimensional structures ...".[44]

Craig wird in den folgenden Jahren weiterhin auf die Bewegung des menschlichen Körpers aufmerksam sein und sich zu Fragen der Tanzästhetik äußern; im Zusammenhang der theaterästhetischen Reflexion jedoch verschiebt sich sein Interesse. Im Jahr 1906 beginnt er, *mit* dem Freien Tanz *über* den Freien Tanz hinauszugehen: Dieser leitet ihn an, ganz neue 'Medien' der Bewegung zu erproben. Craig gelangt schließlich zu der Überzeugung, daß der menschliche Körper als Instrument zur Veranschaulichung von Bewegung anderen Instrumenten *unterlegen* ist, daß selbst der ideale Tänzer nicht als vollkommenes Instrument gelten darf, mit dem all das sich ausdrücken ließe, was an der Bewegung vollkommen ist (wie er 1908 formuliert[45]).

Auf seine Experimente mit einem neuen "instrument" zur Veranschaulichung von Bewegung[46] - sie fallen in das Jahr 1907 - spielt Craig in einem Essay mit dem Titel "The Artists of the Theatre of the Future" (1908) an. Craig veröffentlicht den Essay in den Nummern 1 und 3-4 der von ihm gegründeten und unter einem Pseudonym herausgegebenen Theaterzeitschrift "The Mask" (die Zeitschrift besteht, mit Unterbrechungen, bis

---

41 "The Art of the Theatre. The First Dialogue", in: On the Art of the Theatre, p. 138

42 Probleme des Rhythmus beschäftigen Isadora Duncan immer wieder. Hier nur ein Beispiel aus der Zeit vor 1905: Am akademischen Tanz kritisiert Duncan in einer Vorlesung von 1903, daß "no (...) rythm (sic) is successive or can be made to evolve succeeding action" - gerade dies wird sie zur Forderung für den Freien Tanz erheben; cf. Isadora Duncan: Der Tanz der Zukunft. Eine Vorlesung, Leipzig 1903, p. 14

43 cf. Rood: "Introduction", in: Rood (ed.), p. XVIII

44 Edward Craig, p. 234

45 cf. "The Artists of the Theatre of the Future", in: The Mask, vol. I, nos. 3-4, May-June 1908, p. 69

46 ibid.

1929; Craig veröffentlicht in ihr unter seinem eigenen Namen und unter - etwa 60 bis 70 - verschiedenen Pseudonymen[47]). Der Essay gehört, vor allem in Hinsicht auf die bewegungsästhetischen Überlegungen, zu den nicht eben leicht verständlichen Texten Craigs; das Verständnis wird zusätzlich dadurch erschwert, daß Craig im zweiten Teil des Aufsatzes auf seine wohl bekannteste Schrift "The Actor and the Über-Marionette" verweist, mit deren Begrifflichkeit er auch im Essay über die "Artists of the Theatre of the Future" arbeitet. "The Actor and the Über-Marionette", geschrieben im März 1907 in Florenz, war in Nummer 2 der Zeitschrift "The Mask" veröffentlicht worden, zwischen dem ersten und dem zweiten Teil des "Artists"-Essays.

Zwei Argumentationslinien kennzeichnen diesen Essay in seiner Gesamtheit - zum einen die Hinwendung auf das Problem der Inszenierung eines bereits geschriebenen "play", zum andern die Reflexion auf "Movement" und die "movements" des Bühnengeschehens. Gegenläufig zu der Tendenz der 1905 vorgebrachten Überlegungen meint Craig: "We are to accept it that the play still retains some value for us".[48] Diese Aussage freilich gilt hier für die gegenwärtige Situation des Theaters; im Jahr 1911 wird Craig seinen Essay in einen Sammelband aufnehmen und ihm einen neuen Schluß geben, in dem er deutlich zwischen dem Heute, dem Morgen und der fernen Zukunft des Theaters unterscheidet und seine Hoffnung auf ein Theater "without the use of the written play"[49] bekräftigt. - Im selben Zusammenhang, in dem Craig auf das Problem der Inszenierung eines "play" zu sprechen kommt, geht er auf "scene and the movement of the figures" ein; sie lassen einen Eindruck entstehen, der das wertvollste Mittel des Bühnenkünstlers sei.[50] Craig führt dies im Fortgang des Essays an einigen Beispielen vor - gegen Ende jedoch, in Hinsicht auf ein Theater der Zukunft, wird die Bewegung des menschlichen Körpers, des Körpers des Schauspielers gänzlich entwertet. Zwei Momente kommen hier zusammen: Im Theater der Zukunft wird es keinen Schauspieler im gängigen Sinn des Wortes mehr geben (wie Craig in "The Actor and the Über-Marionette" postuliert); gleichzeitig ist ein neues Instrument zur Veranschaulichung von Bewegung zu entwickeln. Im Sammelband von 1911 sind jene bewegungsästhetischen Überlegungen des Essays, die das Theater der Zukunft betreffen, von den voraus-

---

47 cf. Bablet, p. 127
48 "The Artists of the Theatre of the Future", in: The Mask, vol. I, nos. 3-4, May-June 1908, p. 61
49 "The Artists of the Theatre of the Future", in: On the Art of the Theatre, p. 53
50 "The Artists of the Theatre of the Future", in: The Mask, vol. I, nos. 3-4, May-June 1908, p. 61

gehenden deutlich abgesetzt durch eine hinzugefügte Kapitelüberschrift: "The Future. A Hope".[51]

Für das Theater der Gegenwart, für die Gestaltung der Bewegungen des Schauspielers stellt Craig verschiedene Leitsätze auf, die hier summarisch wiedergegeben seien. Es gilt, die Bewegungen des Schauspielers einerseits isoliert, anderseits im Zusammenspiel mit den übrigen Bühnenmitteln (Kostüm, Bühnenbild, Licht) zu betrachten. Durch das Mittel der "suggestion in movement"[52] werde es dem Schauspieler erleichtert, Gedanken und Gefühle des darzustellenden Charakters auszudrücken; ebenso lassen sich die Gedanken und Leidenschaften einer Masse vermitteln. Auf Fragen der Massenregie richtet Craig sein besonderes Augenmerk: Die Detailbesessenheit in der Massenführung des Meininger Hoftheaters kritisierend - sie galt noch zu Craigs Zeit vielfach als vorbildlich -, empfiehlt er: "Avoid the so-called 'naturalistic' in movement".[53] Craig erinnert daran, daß es eine "*noble* artificiality"[54] auch der Bewegung gebe.

In diesem letzten Punkt sind Craigs Bemerkungen nicht nur von theaterpraktischem Interesse. Edle Künstlichkeit wird der naturalistischen 'Lebenstreue' der Bewegung entgegengesetzt. Dies bedeutet nicht, daß der Schauspieler sich un-natürlich bewegen dürfe; Artifizialität meint für Craig die strenge Beschränkung auf "necessary action"[55], eine Konzentration auf das Wesentliche der Bewegung. Den Gedanken, daß diese 'Idealisierung' der Bewegung zu einer *Stilisierung* führen könnte, formuliert Craig hier nicht - mit ihm hätte die Argumentation jene Ebene erreicht, auf der er (in "The Actor and the Über-Marionette") seine Postulate für das Theater der Zukunft aufstellt: die Schauspieler müssen "create for themselves a new form of acting, consisting for the main part of symbolical gesture."[56]

In dieser neuen Form des Spiels wird es einen Schauspieler im gängigen Sinn des Wortes nicht mehr geben, wie Craig zu Beginn des zweiten Teiles seines Essays über die "Artists of the Theatre of the Future" deutlich macht: "the actor as he is today, must ultimately disappear and be merged in something else if works of art are to be seen in our kingdom of the Theatre".[57] Der Schauspieler wird aufgehen müssen in eben jener

51 "The Artists of the Theatre of the Future", in: On the Art of the Theatre, p. 43
52 "The Artists of the Theatre of the Future", in: The Mask, vol. I, nos. 3-4, May-June 1908, p. 62
53 ibid., p. 65
54 ibid.
55 ibid.
56 "The Actor and the Über-Marionette", in: The Mask, vol. I, no. 2, April 1908, p. 5
57 "The Artists of the Theatre of the Future", in: The Mask, vol. I, nos. 3-4, May-June 1908, p. 58

Figur, die Craig die "Über-Marionette" nennt; an die Theorie und Ästhetik dieser Figur knüpft er gegen Ende seines "Artists"-Essays an.

"The Actor and the Über-Marionette" ist die wohl am häufigsten interpretierte - und vielleicht am häufigsten mißverstandene - Schrift Craigs.[58] Auch in ihr arbeitet Craig mit Zuspitzungen, die sich relativieren lassen, werden sie im Zusammenhang seines Denkens gesehen. Der Schauspieler müsse, so heißt es im Essay, verschwinden, und an seine Stelle werde die "inanimate figure" der Über-Marionette treten[59]; im "Artists"-Essay formuliert Craig, wie oben zitiert, vorsichtiger: "the actor as he is today, must (...) be merged in something else". - Im Zusammenhang der bewegungsästhetischen Überlegungen Craigs ist "The Actor and the Über-Marionette" von mittelbarem Interesse; die Thesen und Postulate des Aufsatzes sollen hier in Hinsicht auf den "Artists"-Essay zusammengefaßt dargestellt werden.

"Acting is not an art."[60] Um Kunst zu schaffen, muß ein Künstler sein Material beherrschen; gerade dies gelingt dem Schauspieler nicht. Es kann ihm nicht gelingen: Sein Material ist der menschliche Körper mit Bewegung, Gestik, Mimik und Stimme; diese aber sind nicht gänzlich kalkulierbar, weil die Natur des Menschen stets nach Freiheit strebt. Dem Spiel haftet ein Rest von Zufälligkeit an; die Gedanken und Gefühle, die der Schauspieler auszudrücken hat, ergreifen ihn selbst und reißen ihn mit sich fort. "But with the actor, emotion *posesses* him; it seizes upon his limbs moving them whither it will."[61]

Der Schauspieler ist, im strengen Sinn, unfähig, die Gedanken und Gefühle einer Bühnenfigur zu vermitteln - er drückt nur sich selbst aus, sein eigenes Gebanntsein durch 'anerlebte' Gemütsbewegungen, zu denen er sich nicht mehr in die gehörige Distanz setzen kann, um Kunst zu schaffen. Craig kritisiert eine schauspielerische Praxis, die *verkörpern*, die personifizieren will ("*impersonate*"[62]) - vorläufiges Ziel dagegen muß sein, eine Bühnenfigur *darzustellen*, zu repräsentieren ("*represent*"[63]), d. h., ihre Gedanken und Gefühle kontrolliert vorzuzeigen. (In einer Interpretation des Essays deutet Denis Bablet 1962 die Verbindungslinien an, die von Craigs Postulat zu den Konzeptionen Tairows, Schlemmers, zu

58 eine eindringliche Analyse, die auf Mißverständnisse aufmerksam macht und sie ausräumt, bei Bablet, p. 132-140
59 "The Actor and the Über-Marionette", in: The Mask, vol. I, no. 2, April 1908, p. 11
60 ibid., p. 3
61 ibid.
62 ibid., p. 5
63 ibid.

expressionistischen Inszenierungsformen und zum Theater Brechts führen.[64])

Craig macht keine Aussagen darüber, wie die 'Repräsentation' von Gedanken und Gemütsbewegungen praktisch zu leisten wäre. Sie bildet für ihn eine Zwischenstufe auf dem Weg zum Theater der Zukunft: "To-day they (die Schauspieler; Anm. G.G.) *impersonate* and interpret; to-morrow they must *represent* and interpret; and the third day they must create. By this means style may returu (sic; richtig: return)."[65] "Style", "design"[66], "art" bedeuten die strikte Abkehr von der Nachahmung des Lebens, der Natur. Craig bezieht in seinem Essay eine forciert anti-realistische, anti-naturalistische Position: Das wahnsinnige Verlangen nach "*life*" kann das Theater nur in die ästhetische Unzulänglichkeit führen.[67] Craigs Gedankengang gipfelt in der Vision einer "divine and happy intercession made to Death."[68]

Radikale Stilisierung auch der Bewegung, ein nur mehr symbolisches, zeichenhaft-andeutendes Gebärdenspiel verwirklicht die Über-Marionette, die im Theater der Zukunft den Schauspieler der Gegenwart ersetzen wird. Masken verhindern Mimik, die ästhetisch stets unbefriedigend (nicht gänzlich kalkulierbar) bliebe. Die Über-Marionette kann nicht selbst nachahmen, nicht reproduzieren, ihre Maske ist, wie Denis Bablet resümiert, "une assurance contre le réalisme naturaliste, une garantie contre les émotions."[69]

Craig unterscheidet in seinem Essay deutlich zwischen Marionette und Über-Marionette: Diese ist keine an Drähten aufgehängte, aus Holz gefertigte Puppe, vielmehr feiern in ihr die Idole antiker Tempel, vor allem des asiatischen Raumes, ihre Auferstehung. Nicht Fleisch und Blut sei das Musterbild ("ideal") der Über-Marionette, sondern der "body in Trance"[70], der, unbewußt der eigenen Bewegung, die ästhetisch vollkommene Bewegung ausführen kann. Bezogen auf Craigs Formulierung im Essay über die "Artists of the Theatre of the Future" heißt dies: Die Arbeit des zukünftigen Schauspielers, der in der Über-Marionette aufgeht oder mit ihr verschmilzt, wird darin bestehen, durch die *bewußte* Stilisierung der Bewegungen sich dem Ideal des Körpers *in Trance* anzunähern.

Die hier zusammengefaßten Thesen und Postulate Craigs haben in der zeitgenössischen Diskussion oft Anlaß zu Mißverständnissen gegeben.

---

64 cf. Bablet, p. 140-142
65 "The Actor and the Über-Marionette", in: The Mask, vol. I, no. 2, April 1908, p. 5
66 ibid., p. 3
67 ibid., p. 9
68 ibid., p. 15
69 Bablet, p. 139
70 "The Actor and the Über-Marionette", in: The Mask, vol. I, no. 2, April 1908, p. 12

Wohl nicht nur mit Blick auf "The Actor and the Über-Marionette" erkannte und formulierte Vsevolod E. Meyerhold als einer der ersten Theoretiker, daß Craig nicht gegen den Schauspieler schlechthin und für eine Marionette Partei ergreift.[71] Craig selbst nimmt im Jahr 1924 noch einmal Stellung zum Problem des Schauspielers und der Über-Marionette: "the Übermarionette is the actor plus fire, minus egoism: the fire of the gods and demons, without the smoke and steam of mortality."[72]

Gegen Ende seines Essays über die "Artists of the Theatre of the Future" knüpft Craig an den Gedankengang und einige Formulierungen des Aufsatzes über die Über-Marionette an. Die Anknüpfung vollzieht sich im wesentlichen in zwei Schritten; schon mit dem ersten dieser Schritte aber führt Craig die bewegungsästhetische Reflexion des "Artists"-Essays über die des Aufsatzes "The Actor and the Über-Marionette" hinaus.

Ein gänzlich neues Moment tritt hier hinzu. Sich an einen lernwilligen Bühnenkünstler wendend, sagt Craig: "In the beginning with you it was Impersonation; you passed on to Representation, and now you advance into Revelation. (...) You now will reveal by means of movement the Invisible things, ... those seen through the eye and not with the eye, by the wonderful and divine power of Movement."[73]

Von einer Offenbarung unsichtbarer Dinge durch Bewegung ist im Essay "The Actor and the Über-Marionette" nicht die Rede. In deutlich religiös gefärbter Sprache - ein Duktus, der bis zum Ende des "Artists"-Essays beibehalten wird - lenkt Craig die Aufmerksamkeit auf die Hauptaufgabe des Theaters der Zukunft: Durch Bewegung sichtbar zu machen, was sich - nur dies kann man sagen - auf keine andere Weise enthüllen läßt. Im Fortgang des Essays bleiben die "Invisible things" unbestimmt; Craig umschreibt mit dem Ausdruck wohl eine Vorstellung, die er schon 1907 in einem Prosagedicht näher zu fassen versuchte: "the Immortal Beauty of Change Eternal".[74] Die weiteren Überlegungen richten sich nicht auf das, was durch Bewegung zu offenbaren wäre, sondern auf

---

71 cf. Vsevolod E. Meyerhold: "Edward Gordon Craig" (1909), in: Schriften. Erster Band, p. 161 sqq.

72 Aufsatz, geschrieben 1924 in Rapallo, konzipiert als Vorwort zu einer Neuausgabe des Sammelbandes "On the Art of the Theatre"; hier zit. nach Rood: "Introduction", in: Rood (ed.), p. XVI. Rood allerdings meint, Craig habe 1924 seine frühere Forderung abgemildert ("softened"); ibid.

73 "The Artists of the Theatre of the Future", in: The Mask, vol. I, nos. 3-4, May-June 1908, p. 68

74 "Motion. Being the Preface to the Portfolio of Etchings by Gordon Craig", in: The Mask, vol. I, no. 10, December 1908, p. 185; zuvor veröffentlicht (nach Rood (ed.), p. 59 Fußnote) "as a four-page folder, Nizza - Firenze, 1907". Zur Frage der Anschauungsgehalte des theatralischen Schauspiels der Zukunft cf. unten p. 203 sq.

die Art und Weise, Bewegung selbst anschaulich zu machen - auf das Problem eines Instruments zur Veranschaulichung von Bewegung.

Der menschliche Körper ist hierzu ungeeignet. In einem zweiten Schritt an "The Actor and the Über-Marionette" und die dort mitgeteilten Überlegungen zum Material des Schauspielers anknüpfend, meint Craig: "the human body refuses to be an instrument (...) / So we have to banish from our mind all thought of the use of a human form as the instrument which we are to use to translate what we call *Movement*."[75] Neben das stilisierte Gebärdenspiel der Über-Marionette (auch sie ist keine "human form") wird im Theater der Zukunft ein neues Instrument treten müssen, das in der Lage ist, Bewegung selbst zu veranschaulichen.

Craig spielt im folgenden auf seine Versuche mit diesem Instrument nur an; sie fallen in das Jahr 1907, zu dessen Beginn er sich von Isadora Duncan trennt. Die Hinweise, die er auf seine Experimente gibt, machen en détail deutlich, daß er die Ästhetik des Freien Tanzes - wie schon gesagt - hinter sich gelassen hat, daß Isadora Duncans Darbietungen ihm einen Weg eröffneten, auf dem er über den Freien Tanz hinausgelangte. Ein Beispiel kann dies zeigen.

Duncan versucht in ihrem Tanz, Naturbewegungen körperlich zu realisieren. Die Kontemplation der im Wind zitternden Blätter einer Palme etwa (cf. oben p. 30) leitet die Tänzerin zu einer bestimmten Bewegung der Arme, Hände und Finger an. Nicht um bloße Reproduktion der Naturbewegung geht es Duncan, sondern um innere Aneignung und Umsetzung. So stellt eine Bewegung sich her, die selbst 'natürlich' erscheint und den Betrachter unmittelbar anspricht. - Craig formuliert im "Artists"-Essay einen Verzicht auf das Paradigma 'Naturbewegung'. Die Schönheit der Naturbewegung wird nicht zurückgewiesen; doch gilt es, mit einfacheren Bewegungen als den in der Natur beobachteten zu arbeiten:

> "The subtleties and the complicated beauties contained in movement as it is seen in nature, these I dare not consider; I do not think I shall ever be able to hope to approach these. Yet that does not discourage me from attempting some of the plainest, barest and simplest movements, .... (...) the great movements will not yet be captured, .... no, not for thousands of years. But when they come, great health comes with them, for we shall be nearer balance than we have ever been before."[76]

Mit Bewegungen von größter Einfachheit zu arbeiten - einer Einfachheit, die Craig im Jahr 1904 noch an Isadora Duncans Tanz wahrgenommen

75 "The Artists of the Theatre of the Future", in: The Mask, vol. I, nos. 3-4, May-June 1908, p. 69

76 ibid., p. 69 sq.

hatte -, bleibt weiterhin das Ziel; dieses Ziel jedoch zu erreichen, ist mit Duncans Tanz und Tanzästhetik nun nicht länger möglich.

Daß Arbeit mit Bewegung auf das Paradigma 'Naturbewegung' - vielleicht nur vorläufig - zu verzichten hat, daß der menschliche Körper ungeeignet ist, einfachste Bewegung zu veranschaulichen, daß "style" und "design" auch in bewegungsästhetischer Hinsicht der Reproduktion von Natur und 'Leben' - oder dem Versuch ihrer Aneignung und Umsetzung, wie im Freien Tanz - überlegen erscheinen - dies sind keineswegs theoretische Prämissen jener Experimente, auf die Craig in seinem Essay über die "Artists of the Theatre of the Future" anspielt. Vielmehr ergeben sich die Leitsätze während seiner Arbeit im Jahr 1907; in diesem Jahr richtet Craig seine Aufmerksamkeit auf artifizielle (nicht vorgefundene, sondern erst herzustellende) bewegliche plastische Formen, mit denen die Utopie einer "art of movement"[77] sich verwirklichen ließe. Die Experimente leiten Craig, wie Bablet formuliert, auf "les sources mêmes de ce qu'on appelle aujourd'hui la "cinétique scénique"."[78]

Grundlage zur Verwirklichung der "art of movement" ist ein Modell beweglicher Bühnenarchitektur. Craig entwickelt dieses Modell im Jahr 1907 schrittweise; die komplexe (und in der Forschung nicht gänzlich geklärte) Entwicklungsgeschichte soll hier nicht verfolgt werden.[79] Um einen Bühnenraum plastisch zu gliedern und um größtmögliche Variabilität in der räumlichen Gestaltung zu erreichen, entwickelt Craig die beweglichen *screens* (Wandschirme). Die screens bestehen aus hölzernen Rahmen, über die Segeltuch gespannt ist; sie sind auf einziehbare Laufrollen montiert.[80] Durch ihre Stellung zueinander ergeben sich auf der Bühne plastische Formen, die der Betrachter - unterstützt durch die Lichtregie - als architektonische Struktur wahrnimmt: Wände, Gänge, Pfeiler, Innen- wie Außenräume. Die Konstruktion einer variablen Bühnenarchitektur ist für Craig jedoch nicht das Entscheidende - es geht ihm um deren Beweglichkeit. Durch geschickte bühnentechnische Manipulation sollen die screens - ohne Umbaupause - ihre Stellung zueinander wechseln können und so, in fließendem Übergang, Form auf Form entstehen lassen. Craig notiert im Jahr 1907: "We pass from one scene to another without a break of any kind, and when the change has

---

77 Notiz aus dem Jahr 1907; hier zit. nach Edward Craig, p. 236

78 Bablet, p. 151

79 cf. die Darstellungen bei Bablet, vor allem p. 148-153, bei Edward Craig, p. 234-239, bei Christopher Innes: Edward Gordon Craig, Cambridge 1983, p. 140-143 (In Anm. 16, p. 232, geht Innes kritisch auf Edward Craigs Darstellung und auf einen Irrtum Bablets ein.)

80 nach Innes, p. 142

come we are not conscious of any disharmony between the new scene and that which is past."[81]

Um seine Konzeption einer Kunst der Bewegung zu veranschaulichen, erarbeitet Craig in den Jahren 1907 und 1908 eine Serie von fünfzehn Bewegungsstudien, die er als Radierungen festhält. Die Radierungen werden 1908 in Florenz ausgestellt; den Katalog zur Ausstellung versieht Craig mit einem Vorwort, in dem er - deutlicher als an anderen Stellen - seine Konzeption erläutert[82]:

> "La chose la plus importante est que ce mouvement, qui est à la base de cet art de révélation, doit être traduit par des formes inanimées.
>
> Je parle ici du mouvement au sens réel, non pas imaginaire. (...)
>
> Le mouvement sera là pour lui-même, à la poursuite de l'équilibre parfait, de même qu'en musique le son est là pour lui-même, à la poursuite de l'harmonie parfaite.
>
> L'imitation de la nature n'a pas de place dans cet art. L'esprit et la pensée de l'artiste passant à travers cet instrument doivent susciter des formes successives, transformables et éphémères; qui changent sans cesse, même imperceptiblement; qui arrivent enfin à la précision de leur état dernier, pour disparaître, pour se reformer encore et encore, en une progression infinie".[83]

Der Bezug zu den bewegungsästhetischen Reflexionen des Essays über die "Artists of the Theatre of the Future" tritt an einigen Punkten deutlich hervor (eine Kunst der Offenbarung; die Bewegung wird durch unbelebte Formen vermittelt); an anderen Punkten läßt er sich erschließen: Daß die Formen sich "même imperceptiblement" wandeln, daß ihr Wandel für das Auge des Betrachters (nahezu) nicht wahrnehmbar ist, kann auf die Bestimmung des Essays deuten, es seien jene Dinge zu offenbaren, die "through the eye and not with the eye" gesehen werden.[84] Auch vom "équilibre" (balance) spricht Craig im Vorwort zum Ausstellungskatalog und im Essay; dort heißt es u. a.: "our art is based upon the idea of perfect balance, the result of movement."[85]

In einem bedeutsamen Punkt allerdings gehen Craigs Bemerkungen im Vorwort über die Bestimmungen des "Artists"-Essays hinaus. Eine

---

81 MS Book 12, 1907; hier zit. nach Innes, p. 141

82 Der "Catalogue of Etchings being Designs for Motions by Gordon Craig", Florenz 1908, war mir nicht zugänglich und wird hier nach Denis Bablet zitiert.

83 Bablet, p. 151 sq.

84 im übrigen ein kryptisches Blake-Zitat, cf. hierzu: "The Russian Ballet", in: The Mask, vol. VI, no. 1, July 1913, p. 8 note 1

85 "The Artists of the Theatre of the Future", in: The Mask, vol. I, nos. 3-4, May-June 1908, p. 68

bewegungsästhetische Konzeption des Theaters der Zukunft wird dort entworfen; im Vorwort zum Ausstellungskatalog aber heißt es:

> "je sais maintenant que cet art à propos duquel j'écris et auquel j'ai voué ma vie transcende le théâtre. Je ne m'en suis rendu compte que très récemment. Mon but, mon travail, mon plaisir demeurent les mêmes malgré cela, seule une chose a changé: ce qui auparavant était impossible devient maintenant possible".[86]

Die Realisation des bisher Unmöglichen hat ihre Grundlage in einer bühnentechnischen Innovation; doch wird die nun mögliche "art of movement" das Theater - das von Craig kritisierte Theater der Zeit, vielleicht all das, was bisher als Theater gelten durfte - hinter sich lassen. - In Hinsicht auf die theaterpraktische Seite der Konzeption Craigs kann man feststellen: Die beweglichen screens, mit denen nach Craig auch andere arbeiten[87], ermöglichen eine experimentelle Inszenierungspraxis, eine Praxis, die freilich nicht in der Lage ist, Craigs Vorstellungen auch nur annähernd zu realisieren (hierzu später). In Hinsicht auf eine Geschichte der Kunstformen hingegen kann man fragen, ob Craigs Entwurf - "a new art", wie es in Notizen aus dem Jahr 1907 heißt[88] - sich an andere ästhetische Phänomene der Zeit anschließen, ob er sich zu ihnen in Beziehung setzen läßt.

Dies Letzte ist in der Forschung versucht worden. So hat Dietrich Kreidt 1968 unter Hinweis auf Walter Benjamins bekanntes Diktum: "Die Geschichte jeder Kunstform hat kritische Zeiten, in denen diese Form auf Effekte hindrängt, die sich zwanglos erst bei einem veränderten technischen Standard, d. h. in einer neuen Kunstform ergeben können" (in: "Das Kunstwerk im Zeitalter seiner technischen Reproduzierbarkeit")[89], die Meinung vertreten, in Craigs Utopie werde "als äußerste, ja als letzte Möglichkeit des Theaters etwas ausgegeben, das bereits der Realität des Films angehört, so daß (...) die traditionelle Kunst (...) in der neuen Kunst sich aufzuheben scheint."[90] Benjamin selbst konnte, wie es im "Kunstwerk"-Aufsatz heißt, "keinen entschiedeneren Gegensatz" als den zwischen filmischem Kunstwerk und dem Kunstwerk der Schaubühne

---

86 Bablet, p. 152

87 so William Butler Yeats seit 1910, cf. hierzu unten p. 123.

88 zit. nach Edward Craig, p. 236

89 Walter Benjamin: "Das Kunstwerk im Zeitalter seiner technischen Reproduzierbarkeit" (Zweite Fassung), in: Gesammelte Schriften Bd. I.2, ed. Rolf Tiedemann/Hermann Schweppenhäuser, Frankfurt/M. $^{2}$1978, p. 500 sq.

90 Dietrich Kreidt: Kunsttheorie der Inszenierung. Zur Kritik der ästhetischen Konzeptionen Adolphe Appias und Edward Gordon Craigs, Diss. phil. Freie Universität Berlin 1968, p. 131

erblicken[91] - an Craigs Entwurf versucht nun Kreidt zu erweisen, daß dieser Gegensatz nicht, wie bei Benjamin, unvermittelt bleiben müsse. Dabei bezieht sich Kreidt auf Craigs Theatertheorie überhaupt; zu den "Übereinstimmungen (...) struktureller Natur"[92] zwischen Craigs *bewegungs*ästhetischer Konzeption und den Verfahren der Filmkunst bemerkt er lediglich: "Wie in der Utopie Craigs, so spielt im Film das formale Medium der Bewegung die entscheidende Rolle."[93] Der Hinweis auf die Funktion der Bewegung - was heißt näherhin: "im Film"? - bleibt hier pauschal.

Fruchtbarer als mit bzw. gegen Benjamin eine Beziehung zwischen Craigs Entwurf und dem Film sehen zu wollen, erscheint es, die "art of movement" gleichsam auf der Bühne zu belassen und sie auf solche Bühnenexperimente und -projekte zu beziehen, in denen sich wesentliche Momente der Konzeption wiederfinden. Die deutliche Tendenz zur Mechanisierung des Bühnengeschehens, die Arbeit mit bloßen Formen unter Verzicht auf die "human form" weisen hier die Richtung.

In einem seiner bekanntesten Aufsätze: "Mensch und Kunstfigur", erläutert Oskar Schlemmer 1925 die Prinzipien der absoluten Schaubühne:

> "Die Bühne als Stätte zeitlichen Geschehens bietet (...) die *Bewegung von Form und Farbe;* zunächst in ihrer primären Gestalt als bewegliche, farbige oder unfarbige, lineare, flächige oder plastische Einzelformen, desgleichen veränderlicher beweglicher Raum und verwandelbare architektonische Gebilde. Solches kaleidoskopisches Spiel, unendlich variabel, geordnet in gesetzmäßigem Verlauf, wäre - in der Theorie - die *absolute* Schaubühne. Der Mensch, der Beseelte, wäre aus dem Gesichtsfeld dieses Organismus der Mechanik verbannt. Er stünde als "der vollkommene Maschinist" am Schaltbrett der Zentrale, von wo aus er das Fest des Auges regiert."[94]

Ein "Fest des Auges" als mechanisch gelenktes Bühnengeschehen reiner Formen zu realisieren, ist das Ziel unterschiedlicher Projekte der Bauhausbühne. Nach Experimenten mit bloß vorgetäuschter mechanischer Bewegung - auf der Bühne bewegen sich flächige Formen, die von unsichtbar bleibenden Akteuren getragen werden - entstehen gegen Ende der zwanziger Jahre im Dessauer Bauhaus Entwürfe, die im hier interessierenden Zusammenhang besondere Aufmerksamkeit verdienen: Die "Abstrakte Revue", 1926, und die "Revue - Mechanische Bühne",

---

91 "Das Kunstwerk im Zeitalter seiner technischen Reproduzierbarkeit", in: Gesammelte Schriften Bd. I.2, p. 489 sq.
92 Kreidt, p. 131
93 ibid., p. 132
94 Oskar Schlemmer: "Mensch und Kunstfigur", in: Bauhausbücher, red. Walter Gropius / Laszlo Moholy-Nagy, Bd. 4: Die Bühne im Bauhaus, München 1925, p. 12

1926/27, von Andor Weininger (1899-1986) und das "Spiel aus Form, Farbe, Licht und Ton", 1929, von Roman Clemens (geb. 1910).

Weiningers "Revue" arbeitet mit der Bewegung farbiger Streifen (wohl aus Papier oder Karton), die mechanisch über die Bühne gezogen werden, mit der Bewegung der Seitenkulissen der Bühne und anderer Elemente (z. B. Laufteppichen). Bewegen sich in der ersten Phase der "Revue" nur die Streifen: "Horizontale von rechts nach hinten und umgekehrt / Vertikale von oben nach unten und umgekehrt"[95], so treten bis zur dritten Phase die weiteren Elemente hinzu, steigert sich - durch die Lichtregie unterstützt - die Bewegtheit des Bühnengeschehens. Im Entwurf "Abstrakte Revue", 1926, arbeitet Weininger auch mit drehenden Kreisen, Drehkulissen und Marionetten. - Roman Clemens' "Spiel aus Form, Farbe, Licht und Ton" ist in fünf Teile gegliedert, die mit Musikbegleitung vorgeführt werden. Neben bewegte Streifen treten andere Elemente, im ersten Teil ("Fortissimo") eine Kreisscheibe und eine Wand:

> "1. Bewegung
> Vertikale Streifen von links herein
> 2. Bewegung
> Überschneiden der Streifen in sich
> 3. Bewegung
> Blaue Streifen von oben nach unten
> 4. Bewegung
> Rote Kreisscheibe von unten
> 5. Bewegung
> Rosa Wand rechts herein / Schluß".[96]

In Weiningers wie in Clemens' Entwürfen gliedern bewegliche flächige Formen die Tiefe des Bühnenraumes auf: Die Formen können einander teilweise oder ganz verdecken, sie können den Blick auf Ausschnitte des Raumes freigeben oder verstellen, Fronten bilden oder Durchsicht ermöglichen. Durch ihre Bewegungen zur Seite, nach oben und unten, vorne und hinten lenken sie den Blick des Betrachters in verschiedene Richtungen. In der steten Bewegung wechseln die Formen ihre Positionen unablässig; dadurch ergibt sich eine Folge unterschiedlicher Raumaufgliederungen. Den Betrachter können sowohl diese Gliederungen als auch das Spiel der Formen selbst fesseln. Im "Finale" von Clemens' "Spiel" gelangen vier Elemente nacheinander auf die Bühne, halten in ihrer Bewe-

95 Andor Weininger: Entwurf zur "Revue - Mechanische Bühne", Abbildung und Transkription des von Weininger handgeschriebenen Textes bei Dirk Scheper: Oskar Schlemmer. Das Triadische Ballett und die Bauhausbühne, Berlin 1988, p. 153 (Abb. 170)

96 Roman Clemens: "Spiel aus Form, Farbe, Licht und Ton", Abbildung und Manuskript bei Scheper, p. 214 (Abb. 237-241)

gung inne und treten so zu einer abschließenden Konstellation zusammen; sind die Formen hingegen in steter Bewegung begriffen, richtet sich die Aufmerksamkeit des Betrachters auf das - mitunter verwickelte - Zusammenspiel selbst. (In einer 1986 erstaufgeführten elektromechanischen Realisation der Arbeiten Weiningers, die dieser selbst nicht mehr erlebte, vollzog sich das Formenspiel mit unterschiedlicher Geschwindigkeit: Das Tempo der Bewegungen konnte abnehmen oder zunehmen und sich bis zum Furioso steigern.[97])

Ein Vergleich der Bühnenprojekte Weiningers und Clemens' mit Craigs "art of movement" läßt Gemeinsamkeiten und Differenzen der Konzeptionen hervortreten. Die Bewegtheit des Bühnengeschehens ist Gegenstand der Reflexion Craigs wie der Versuche der Bauhauskünstler; auf der Bühne agieren unbelebte Formen, keine Menschen; durch das bewegte, unendlich variable Zusammenspiel der Elemente ergeben sich in steter Folge immer neue Konstellationen im Raum. - Anders als Craig geht es Weininger und Clemens nicht darum, durch bestimmte Stellungen der Elemente zueinander *plastische* Formen zu erzeugen, sie experimentieren nicht mit bewegter architektonischer Struktur. Oskar Schlemmer freilich hat an diesem Aspekt festgehalten; 1928 notiert er:

> "Um zunächst beim Raum selbst zu bleiben ohne Verbindung mit dem Menschen als Akteur, so ist dieser durch Kulissen, die durch Schieben, Heben, Versenken den Raum verändern, als wandelnde Formorganisation oder belebte Architektur zu gestalten. Diese Kulissen mögen Wand sein, Raumteile oder kleinere Form- oder Figurenorganismen, jedenfalls ließe sich auch hieraus, zumal in Verbindung mit Licht, ein Schauspiel ohne Mensch aufführen."[98]

Eine weitere Differenz kommt hinzu: Die Projekte der Bauhausbühne radikalisieren die schon bei Craig deutliche Tendenz zur Mechanisierung des Bühnengeschehens. Mit geschärfter Sensibilität für maschinelle Bewegungsverläufe erproben sie die Möglichkeit, diese auf einer Bühne anschaulich zu machen. Anders jedoch als bestimmte Vertreter etwa des russischen Konstruktivismus - Nikolai Foreggers "Maschinentanz" (1923)

---

97 Erstaufführung unter dem Titel "Blaugrau bleibt Blaugrau" am 8. November 1986 in Kassel (über die Prinzipien der Realisation cf. Reinhard Wanzke: "Mutmaßungen über Andor Weiningers "Abstrakte Revue" gibt es nicht", in: Wechselwirkungen. Ungarische Avantgarde in der Weimarer Republik. Ausstellungskatalog Neue Galerie Kassel und Museum Bochum, ed. Hubertus Gaßner, Marburg 1986, p. 432). Ich hatte später Gelegenheit, eine Aufführung in Berlin zu sehen.

98 Oskar Schlemmer: "Neue Formen der Bühne" (1928), Entwurf zu dem gleichnamigen Dialog, hier zit. nach Scheper, p. 259 (Datierung nach Scheper, p. 374 Nr. 61)

sei hier nur erwähnt[99] - lassen Weininger und Clemens in ihren Projekten die *Bühnentechnik* thematisch werden, führen sie die Möglichkeiten einer entwickelten Bühnenmechanik vor. In dieser Selbst-Reflexion der Schaubühne hat - worin wiederum eine Analogie zu Craigs "art of movement" liegt - das nicht-mechanische, unkontrollierbare Element keinen Platz; doch leitet Mechanisierung, wie Schlemmer in "Mensch und Kunstfigur" feststellt, zur Erkenntnis gerade dieses Elements: "Alles Mechanisierbare wird mechanisiert. Resultat: die Erkenntnis des Unmechanisierbaren."[100]

Craigs Utopie einer Kunst der Bewegung als "new art", als eigener Kunstform, hat sich nie erfüllt. Doch wirkte der bewegungsästhetische Entwurf inspirierend: Er half einen Bühnenrealismus zu überwinden, der - schon im Bewußtsein der eigenen Krise - in vielen europäischen Theatern noch immer Triumphe feierte.

Max Reinhardt erinnert sich im Jahr 1912 an die Gastspiele des Moskauer Künstler-Theaters unter Konstantin Stanislavksy (das Theater gastierte 1906 zum ersten Mal in Berlin):

> "Damals dachte ich wahrhaftig: Stanislawski hat den *Realismus auf der Bühne bis zum non plus ultra verkörpert.* Weiter kann man in dieser Richtung nicht mehr gehen: die Grillen zirpen, und das Läuten der (Pferde)Glöckchen klingt fast *natürlicher* als auf der Landstraße. (...) In den Stücken von Tschechow (...) gab es auch etwas anderes - etwas, was an verhaltene Musik, an reine Sehnsucht, an etwas Liebenswertes erinnerte.
>
> Und gleichzeitig dachte ich, und war fest überzeugt davon, daß man andere Wege suchen müsse. Zur gleichen Schlußfolgerung gelangte jetzt auch Stanislawski, wovon seine Verbindung mit Craig zeugt."[101]

Reinhardt spielt auf eine mehrjährige Zusammenarbeit Stanislavskys und Craigs, auf deren gemeinsame Inszenierung des "Hamlet" an, die im Januar 1912 in Moskau Premiere hat. Isadora Duncan, deren Tanz Stanislavsky bewunderte, hatte zu Beginn des Jahres 1908 einen Kontakt zwischen Craig und Stanislavsky hergestellt und dem russischen Regisseur ein Exemplar der "Kunst des Theaters" zu lesen gegeben. Stanislavsky lädt Craig im Lauf des Jahres 1908 nach Moskau ein; in seiner

---

99 cf. Mel Gordon: "Foregger and The Dance of the Machines", in: The Drama Review, vol. 19, no. 1, March 1975, p. 68-73

100 "Mensch und Kunstfigur", in: Bauhausbücher Bd. 4: Die Bühne im Bauhaus, p. 7

101 "Aus einem Gespräch mit Max Reinhardt. Von Johannes Kordes" (1912), hier zit. nach Max Reinhardt: Ich bin nichts als ein Theatermann. Briefe, Reden, Aufsätze, Interviews, Gespräche, Auszüge aus Regiebüchern. Ed. Hugo Fetting, Berlin 1989, p. 449 sq.

Autobiographie berichtet er über ein Gespräch mit Craig: "Voller Glut erläuterte er mir seine Grundprinzipien und die Suche nach einer neuen "Kunst der Bewegung"."[102]

Daß Craigs Utopie sich in der Arbeit an einem "written play" nicht würde erfüllen können, daß es hier vor allem um ein bühnentechnisches Experiment mit jener Innovation gehen würde, die die Grundlage der "art of movement" bildete: um ein Experiment mit den beweglichen screens, ist Craig wie Stanislavsky von vornherein klar. Craigs Hamlet-Projekt jedoch bleibt, wie Stanislavsky berichtet, ehrgeizig genug:

> "Craig träumte davon, die ganze Vorstellung ohne Pausen und ohne Vorhang spielen zu lassen. Das Publikum sollte den Zuschauerraum betreten und keine Bühne wahrnehmen. Die Trennwände sollten eine architektonische Fortsetzung des Zuschauerraums sein und sich mit ihm harmonisch vereinigen. Beim Beginn der Vorstellung kamen die Trennwände langsam und feierlich in Bewegung, und alle Linien und Gruppen gerieten durcheinander, bis die Trennwände in einer neuen Kombination stehenblieben."[103]

Der Vorführung bewegter Architektur, dem Wandel plastischer Formen auf einer Bühne gilt Craigs Interesse auch im Zusammenhang der "Hamlet"-Inszenierung. Das Experiment scheitert an den begrenzten bühnentechnischen Möglichkeiten des Moskauer Künstler-Theaters: Umbaupausen und Vorhänge werden erforderlich - die Bewegung plastischer Formen läßt sich gerade *nicht* zeigen. Stanislavsky beklagt den Verlust an Geschlossenheit, den die Inszenierung - angelegt auf bewegte szenische Übergänge - auf Grund der praktischen Hindernisse erfährt.[104] Das "unfinished product" (wie Laurence Senelick rückblickend, 1982, die Erstaufführung nennt[105]) setzt gleichwohl Maßstäbe, nicht allein durch Craigs streng stilisierte, keinerlei Realismus verpflichtete Bühnenarchitektur, sondern auch durch Kostüme, Lichteffekte, musikalische Einrichtung - etwa "a women's choir singing a wordless hymn, mingled with sound effects of raging wind and roaring sea"[106] -, schließlich durch manche schauspielerische Leistung. Mit Craigs und Stanislavskys "Hamlet" vollzieht sich am bis dahin erklärt realistischen Moskauer Künstler-Theater eine Abkehr von Prinzipien des Bühnenrealismus, die bald enthusiastisch gefeiert, bald heftig kritisiert wird; Stanislavsky

102 Konstantin S. Stanislawski: Mein Leben in der Kunst, Westberlin 1987, p. 405
103 ibid., p. 408
104 cf. ibid., p. 416
105 Laurence Senelick: Gordon Craig's Moscow *Hamlet*. A Reconstruction, Westport 1982, p. 154
106 ibid., p. 155

schreibt: "alle waren aufgewühlt und betroffen, stritten sich, hielten Vorträge, schrieben Artikel. Einige Theater eigneten sich heimlich die Idee Craigs an und deklarierten sie als ihre eigene."[107]

Das Scheitern von Projekten, das Fehlschlagen sorgsam ausgearbeiteter Pläne und genau bedachter Versuche bildet ein Grundmotiv, ein wiederkehrendes Muster in Craigs Leben. Ihm zur Seite steht die Beharrlichkeit eines Denkens, das, wenig beeindruckt durch Erfahrungen in der Praxis, auf dem als richtig Erkannten insistiert.

Craigs häufige Selbstzitate, versteckt oder offen vorgebracht, dabei stets an argumentativ bedeutsamen Punkten eingesetzt, lassen diesen Zusammenhang deutlich werden. Ihn mag ein Beispiel aus dem Bereich der bewegungsästhetischen Reflexion abschließend illustrieren.

In einer Auseinandersetzung mit Emile Jaques-Dalcrozes System der Rhythmischen Gymnastik (in "The Mask", Juli 1912, unter dem Pseudonym John Balance veröffentlicht) zitiert Craig einige jener Leitsätze, zu denen er während seiner Arbeit im Jahr 1907 gelangt war und die er 1908 im Essay "The Actor and the Über-Marionette" vorgestellt hatte. Einer der Einwände gegen die Rhythmische Gymnastik, das System körperlicher Visualisierung musikalischer Strukturen durch Bewegung im Raum (cf. oben p. 26), lautet bei John Balance: "and therefore as "Art only arrives by design", to make use of the bodies of men and women can only end in creating something accidental."[108] In der Konsequenz gerade dieses Gedankens liegen jene Postulate, die Craig, gleichfalls 1908, im Essay über die "Artists of the Theatre of the Future" aufstellt: Verzicht auf die "human form", die ungeeignet ist, "to translate what we call *Movement*"; dagegen Entwicklung eines unbelebten Instruments zur ästhetisch befriedigenden Veranschaulichung von Bewegung. - Noch in der Argumentation gegen den Musik- und Bewegungspädagogen Jaques-Dalcroze also, im Jahr 1912, hält Craig einer Idee die Treue - unbekümmert um die Frage, was in der Praxis sich überhaupt realisieren läßt oder was fruchtbar ist auf jenem Feld, auf dem Jaques-Dalcroze arbeitet. Als "master of gymnastics" läßt Craig Jaques-Dalcroze immerhin gelten; weitaus gewichtiger aber ist das Urteil: "As a teacher of art we consider him (...) bringing false counsel of a very dangerous kind (...)".[109]

Craigs hartes Urteil über Jaques-Dalcroze tritt in seiner Schärfe noch deutlicher hervor, wird es in historischer Perspektive, im Vergleich mit

---

107 Stanislawski, p. 418

108 John Balance (i.e. Edward Gordon Craig): "Jaques Dalcroze (sic) and his School", in: The Mask, vol. V, no. 1, July 1912, p. 34

109 ibid., p. 35

anderen Einschätzungen der Rhythmischen Gymnastik gesehen. An Jaques-Dalcroze scheiden sich die Geister, gerade die Geister der europäischen Theater-Moderne. Vsevolod E. Meyerhold steht dem Bewegungspädagogen zumindest nicht ablehnend gegenüber (cf. oben p. 83); Adolphe Appia aber gewinnt im Jahr 1911 aus der Beobachtung der Rhythmischen Gymnastik die Erkenntnis, daß im Theater "eine resolute Umkehr" nötig werde: "Die Umkehr besteht (...) darin, den *menschlichen Körper* und nur diesen Körper als Ausgangspunkt zu nehmen (...) für die Konzeption selbst des Dramas, und man muß alle Konsequenzen auf sich nehmen, die dieser Entschluß mit sich führen wird."[110] - Eine Umkehr, wie Appia sie verlangt, würde Craig perhorreszieren. Für ihn läßt sich von Jaques-Dalcroze nichts lernen; er hält fest an den Visionen, die das Jahr 1907 ihm brachte. Im "Index to the Story of My Days", 1957, sagt Craig lakonisch: "All came along this year - 1907: Screens, (...) the 'Ubermarionnette', (...) *The Mask*."[111]

---

110 Adolphe Appia: "Die rhythmische Gymnastik und das Theater", in: Der Rhythmus. Ein Jahrbuch, herausgegeben von der Bildungsanstalt Jaques-Dalcroze Dresden-Hellerau, I. Bd., Jena 1911, p. 60

111 Index to the Story of My Days. Some memoirs of Edward Gordon Craig. 1872-1907, London 1957 (repr. Cambridge 1981), p. 297

# 4. LITERARISCHE KONZEPTIONEN: YEATS' "AT THE HAWK'S WELL" UND HOFMANNSTHALS "AMOR UND PSYCHE"

Im April 1910 gelangt unter der Leitung Max Reinhardts in den Kammerspielen des Deutschen Theaters Berlin die Pantomime "Sumurûn" zur Uraufführung. Das Experiment, bei dem "zum ersten Mal eine moderne Pantomime in größerem Stil" auf die Bühne kommt - wie Grete Wiesenthal, selbst Mitwirkende, über "Sumurûn" sagt[1] -, weckt großes Aufsehen; der wohl einflußreichste Berliner Theaterkritiker der Zeit, Alfred Kerr, widmet der Aufführung eine Kritik in Gedichtform, deren erste Strophe lautet:

> "Vorwärts geht es, großer Vater;
>     Pantomimisch kommt man jetzt;
> Langsam wird das Wort-Theater
>     Durch den Außenreiz ersetzt.
> Offenherzige Seelen brechen
>     Mit dem Vorurteil: zu sprechen."[2]

Durchaus ironisch distanziert, beobachtet Kerr am Beispiel der Pantomime "Sumurûn" eine Tendenz des Theaters seiner Zeit: die allmähliche Abkehr vom "Wort-Theater", den Versuch, an die Stelle der Worte den bloßen "Außenreiz" zu setzen. Zunächst sehr allgemein gefaßt, läßt sich die von Kerr registrierte Tendenz beschreiben als verstärkte Aufmerksamkeit der Theaterregisseure, der Theatertheoretiker und Schriftsteller der Zeit auf die nicht-verbalen, vor allem die visuell wirkenden Bühnenmittel: auf die architektonische Gestaltung von Außen- und Innenräumen, auf die Ausstattung der Szene, Licht, Kostüm und Maske, schließlich auf die Bewegung der handelnden Personen, auf mimische und pantomimische, gestische und tänzerische Aktion. Dabei geht die theaterästhetische Reflexion auf die Leistung der nicht-verbalen Bühnenmittel oft einher mit dem Versuch, den Anteil der Sprache am theatralischen Geschehen neu zu bestimmen:

---

1 Grete Wiesenthal: "Tanz und Pantomime" (1910), in: Hofmannsthal-Blätter, Heft 34, 1986, p. 39

2 Alfred Kerr: "Freksa: Sumurûn" (1910), in: Gesammelte Schriften in zwei Reihen. Erste Reihe: Die Welt im Drama. 5. Bd.: Das Mimenreich. Lenker. Schauspieler. Tänzer. Dramaturgen, Berlin 1917, p. 208

Edward Gordon Craig erwägt im Jahr 1905 die Möglichkeit eines theatralischen Schauspiels, das auf Worte verzichtet; doch erhebt er den Verzicht auf Rede und Gegenrede oder auf Gesang zu dieser Zeit noch nicht zur Forderung.[3] Hugo von Hofmannsthal weist 1906 in seinem Vorwort zur geplanten Neuausgabe von Craigs "Kunst des Theaters" der "Poesie" eine spezifische Aufgabe zu, er bestimmt ihren Stellenwert: Die Poesie tritt zu den Erfindungen des Bühnenkünstlers - architektonischen Entwürfen, Studien zu Bewegung und Choreographie der Figuren - als ein verbindendes Moment hinzu, sie stiftet Beziehungen zwischen den vorgängig gestalteten "Situationen".[4] Eine vergleichbare Konzeption von Theaterarbeit formuliert Oskar Schlemmer zwanzig Jahre später in seinem Aufsatz "Mensch und Kunstfigur" (1925): Vom "Bildgestalter" könne "das optische Phänomen" - etwa "Wunderfiguren (...), ausgeführt in edelstem Material" - gegeben sein, "und gesucht ist der Dichter der Wort- und Tonideen, der ihnen die adäquate Sprache leiht."[5]

Oskar Schlemmer deutet in seinem Aufsatz die Möglichkeit an, daß sich das konventionell verfestigte Verhältnis zwischen Dichter und Bildgestalter "umkehrt"[6]: Das nicht-verbale Bühnenmittel kann zum Ausgangspunkt der Gestaltung des theatralischen Schauspiels werden, die Entwürfe des Bühnenkünstlers (des Bühnenarchitekten, Kostümbildners, des Choreographen und anderer) können dem Schriftsteller die Grundlage für den literarischen Entwurf liefern. Gerade die Umkehrung des Verhältnisses zwischen schriftstellerischer und bühnenkünstlerischer Arbeit wird in der zeitgenössischen theaterästhetischen Literatur oft erwogen; so meint William Butler Yeats im Jahr 1921: "Perhaps in the end one would write plays for certain masks."[7] Ist bei der Gestaltung des theatralischen Schauspiels die Arbeit an einem literarischen Text der Arbeit an bildnerischen Bühnenmitteln nachgeordnet, so verschieben sich die Probleme der Inszenierung; es gilt nun nicht mehr, eine dramatische Vorlage, einen zuvor fixierten Handlungsablauf szenisch umzusetzen (und die Realisation am Vorwurf zu messen), vielmehr muß die literarische Komposition die Entwürfe des Bühnenkünstlers ästhetisch wirkungsvoll

---

3 cf. oben p. 90 sq.
4 cf. oben p. 89
5 Oskar Schlemmer: "Mensch und Kunstfigur", in: Bauhausbücher, red. Walter Gropius / Laszlo Moholy-Nagy, Bd. 4: Die Bühne im Bauhaus, München 1925, p. 19
6 ibid.
7 William Butler Yeats: "Preface" zu "Four Plays for Dancers" (1921), in: The Variorum Edition of the Plays of W. B. Yeats, ed. Russell K. Alspach, London, Melbourne and Toronto 1966, p. 1305. (Yeats' Bühnenstücke und Vorworte zu Veröffentlichungen von Bühnenstücken werden im folgenden nach dieser Ausgabe, abgekürzt: Variorum, zitiert, die im Apparat über einzelne Varianten der Drucke unterrichtet.)

'in Szene setzen' (und sich daran messen lassen, inwieweit dies ihr gelingt).

Die allmähliche Abkehr vom "Wort-Theater" vollzieht sich auf ganz unterschiedliche Weisen. Einen avancierten Versuch, mit Hilfe nicht-verbaler Bühnenmittel ein theatralisches Schauspiel zu gestalten, dabei jedoch auch der Sprache Raum zu geben und gleichzeitig gegen sie zu arbeiten, unternimmt Wassily Kandinsky mit seiner Bühnenkomposition "Der gelbe Klang" (entstanden 1909[8], zuerst veröffentlicht im "Blauen Reiter", der von Kandinsky und Franz Marc 1912 herausgegebenen Sammlung programmatischer Texte). Im "Gelben Klang" arbeitet Kandinsky vor allem mit den Gestaltungsmitteln Musik, Tanz und Farbe; über den Anteil der Sprache, den Anteil des gesprochenen und gesungenen Wortes am Bühnengeschehen äußert er sich in dem 1911 entstandenen Aufsatz "Über Bühnenkomposition"[9]: "Das Wort als solches oder in Sätze gebunden wurde angewendet, um eine gewisse "Stimmung" zu bilden, die den Seelenboden befreit und empfänglich macht. Der Klang der menschlichen Stimme wurde auch rein angewendet, d. h. ohne Verdunkelung desselben durch das Wort, durch den Sinn des Wortes."[10] Neben das gesprochene und gesungene Wort treten hier stimmliche Hervorbringungen, die auf verbale Artikulation verzichten, die selbst zum nicht-verbalen Bühnenmittel werden. Kandinskys Gedanke, daß der Sinn des Wortes den Klang der menschlichen Stimme verdunkele, daß die Materialität der Stimme auf einer Bühne freizusetzen sei, darf als bemerkenswert frühe Sprachkritik in theaterästhetischer Perspektive gelten, formuliert in den Jahren *vor* den dadaistischen Experimenten des "Cabaret Voltaire" (1916).

Im folgenden sollen Beispiele einer Theaterpraxis untersucht werden, für die - mit dem Ausdruck Alfred Kerrs - die besondere Aufmerksamkeit auf den "Außenreiz", und näherhin: auf tänzerische Gestaltungsformen kennzeichnend ist. Im Jahr 1916 gelangt William Butler Yeats' Werk "At the Hawk's Well" zur Uraufführung, das der Autor 1921 in den Band "Four Plays for Dancers" aufnimmt. Das Stück ist "Wort-Theater", ein "written play" im Sinn Edward Gordon Craigs[11]: Rede und Gegenrede wechseln ab, die dramatische Komposition liegt schriftlich fixiert vor und wird in geläufiger Form dargeboten (Verzeichnis der dramatis personae, Angaben zu Zeit und Bühnenbild, mit Bühnenanweisungen versehene Sprech- und Gesangspartien). Seine Entstehung verdankt das Werk unter

---

8 Datierung nach Will Grohmann: Wassily Kandinsky. Leben und Werk, Köln 1958, p. 98

9 Datierung nach Grohmann, p. 99

10 Wassily Kandinsky: "Über Bühnenkomposition", in: Wassily Kandinsky / Franz Marc (eds.): Der Blaue Reiter (1912), hier zit. nach der zweiten Auflage München 1914, p. 113

11 cf. oben p. 92

anderem dem "genius of movement" eines Tänzers[12], Yeats schreibt: "My play is made possible by a (...) dancer".[13] Zu bedeutenden Teilen im Hinblick auf spezifisch tänzerische Gestaltungsformen konzipiert, soll das Werk, Yeats zufolge, eine eigene, neue Form des theatralischen Schauspiels begründen. - Anders als Yeats' 'play for dancers' sind die aus der Zusammenarbeit Hugo von Hofmannsthals und Grete Wiesenthals hervorgegangenen Tanzpantomimen *stumme* Spiele. Exemplarisch untersucht wird "Amor und Psyche" (1911); Hofmannsthals Szenarium zu diesem Werk, ein erzählender Text, soll auf seine Funktion hin befragt werden. Die Arbeit des Autors beschränkt sich nicht auf die Produktion des Szenariums - Hofmannsthal hat, wie zu zeigen sein wird, Anteil an der Ausarbeitung auch der tänzerischen Seite des Spiels.

Die Konzeptionen Yeats' und Hofmannsthals illustrieren die Bandbreite schriftstellerischer Beschäftigung mit dem Tanz. Der dramatischen, dialogisch sich entwickelnden Komposition des Tanzspiels steht die stumme, auf das gesprochene oder gesungene Wort verzichtende Form der Tanzpantomime gegenüber. Yeats' Konzeption bietet sich im Zusammenhang der vorliegenden Arbeit zu näherer Analyse an, weil sie Momente der Theaterästhetik Edward Gordon Craigs reflektiert; am Beitrag Hofmannsthals zum Werkganzen der Tanzpantomime "Amor und Psyche" aber wird die Verankerung einiger im Essay "Über die Pantomime" formulierter tanzästhetischer Reflexionen in theaterpraktischer Arbeit deutlich.

In einem Londoner Salon wird William Butler Yeats' Tanzspiel "At the Hawk's Well" am 2. April 1916 vor geladenen Gästen uraufgeführt. Das Programm der zweiten Aufführung des Stückes am 4. April desselben Jahres, wiederum vor geladenem Publikum und unter Ausschluß der Presse, gibt als Titel "*The Hawk's Well,* or *The Waters of Immortality*" an.[14] Yeats veröffentlicht sein Werk zum ersten Mal in "Harper's Bazaar" im März 1917; zahlreiche weitere Veröffentlichungen folgen.

Das Stück spielt im "Heroic Age" Irlands[15]; Yeats gestaltet in ihm Motive aus der keltischen Sagenwelt, doch gibt es keine direkte Vorlage

12 "Introduction By William Butler Yeats To *Certain Noble Plays of Japan* By Pound & Fenollosa" (1916), in: Ernest Fenollosa / Ezra Pound: The Classic Noh Theatre of Japan, Westport Conn. 1977, p. 161 (Nachdruck eines Reprints, New York 1959, des Bandes: Ernest Fenollosa / Ezra Pound: 'Noh' or Accomplishment. A Study of the Classical Stage of Japan, London 1916; der Nachdruck ist vermehrt um Yeats' "Introduction". Zur Bibliographie cf. unten Fn. 35.)

13 ibid., p. 153

14 cf. A. Norman Jeffares / A. S. Knowland: A Commentary on the Collected Plays of W. B. Yeats, London and Basingstoke 1975, p. 88

15 "At the Hawk's Well", in: Variorum, p. 398

für die Handlung des Werkes.[16] Nicht alle im Spiel erwähnten Personen oder geisterhaften Wesen lassen sich aus dem Kontext des Stückes, des Gesamtwerkes Yeats' oder im Rückgriff auf das Figureninventar der keltischen Sagen zweifelsfrei identifizieren.[17]

Die Personen des Spiels sind, in der Reihenfolge ihres Auftretens: Drei Musiker - Die Hüterin der Quelle des Wassers der Unsterblichkeit - Ein alter Mann - Ein junger Mann (Cuchulain, ein sagenhafter Held, dessen Schicksal Yeats mehrfach dramatisch gestaltet hat). Die beiden letztgenannten Spieler tragen Masken; die Gesichter der Musiker und der Hüterin der Quelle sind so geschminkt, daß der Eindruck entsteht, als trügen sie Masken.

Der Gang der Handlung des Stückes sei kurz referiert:

In einer felsigen Gegend nahe dem Meer liegt die mit dürrem Laub gefüllte, ausgetrocknete Quelle des Wassers der Unsterblichkeit. Es ist ein unheilvoller, verfluchter Ort: "I am afraid of this place", spricht einer der Musikanten.[18] Zur Hüterin der Quelle ist ein dämonisches Wesen bestellt, eine Frau, die die Gestalt eines Falken annehmen kann. Das umliegende Felsengebirge bevölkern, wie der Zuschauer aus dem Dialog zwischen Altem Mann und Jungem Mann erfährt, tanzende Schatten und eine Schar kriegerischer Frauen, "the fierce women of the hills".[19]

Seit fünfzig Jahren hat der Alte Mann darauf gewartet, daß die Quelle sich mit dem Wasser der Unsterblichkeit fülle. Dreimal sei dies geschehen, dreimal jedoch habe er nicht vom Wasser trinken können, weil die tanzenden Schatten ihn täuschten und in Schlaf versenkten; als er erwachte, war die Quelle wieder versiegt. - Aus der Ferne, nach einer Fahrt über das Meer, gelangt der Junge Mann zur Quelle. Auch er will vom Wasser trinken und vertraut auf sein Glück: "My luck is strong, / It will not leave me waiting, nor will they / That dance among the stones put me asleep".[20]

Die Hüterin der Quelle, die während des Dialoges zwischen dem Alten und dem Jungen Mann stumm geblieben ist, stößt einen Falkenschrei aus. Der Alte Mann drängt den wagemutigen Jungen Mann, den verfluchten Ort zu verlassen. Zum zweiten Mal ertönt der Falkenschrei; Zeichen kündigen an, daß die Quelle sich mit Wasser füllen wird.

Die Hüterin der Quelle wendet ihre Augen den Männern zu. Da er ihren Blick nicht erträgt, verhüllt der Alte Mann sein Haupt und fällt in

16 cf. Jeffares / Knowland, p. 87
17 cf. ibid., p. 90, Kommentar zu "Pallor of an ivory face"; p. 92, Kommentar zu "The Women of the Sidhe"
18 "At the Hawk's Well", in: Variorum, p. 401
19 ibid., p. 407
20 ibid., p. 406

Schlaf, während der Junge Mann standzuhalten versucht: "Why do you fix those eyes of a hawk upon me? / I am not afraid of you, bird, woman, or witch. / (...) Do what you will, I shall not leave this place / Till I have grown immortal like yourself."[21] Das Wasser der Quelle beginnt zu fließen; den Widerstand des Jungen Mannes aber bricht ein Tanz der Hüterin ("moving like a hawk"[22]). Wie im Traum verläßt der Junge Mann, der falkenhaft sich bewegenden Hüterin folgend, den Ort der Quelle, ohne getrunken zu haben.

Der Alte Mann erwacht, findet die Steine der Quelle noch dunkel vom inzwischen versiegten Wasser und begreift, wiederum nicht ans Ziel gelangt zu sein. Zur Quelle zurückgekehrt, vernimmt der Junge Mann von den felsigen Hängen der Berge das Waffengeklirr und Schlachtgeschrei der "fierce women of the hills".[23] Der Alte Mann erklärt: Von der Hüterin der Quelle seien die kriegerischen Frauen aufgestört worden, um den Jungen Mann zu töten. Aus seinem traumhaften Zustand nun gänzlich erwacht, beschließt der Junge Mann, sich dem Kampf zu stellen.

Am Beginn und am Ende des Stückes stehen, gleichsam einen Rahmen um die sparsame Handlung legend, Gesang und Aktion der drei Musiker. Mit ihrem Eintritt beginnt das Spiel; ihre Instrumente - Gong, Trommel und Zither - liegen bereits zu Füßen eines Wandschirmes oder werden vom ersten Musiker hereingetragen, nachdem das Publikum Platz genommen hat. Den Spielort selbst bildet ein "bare space before a wall".[24]

Der erste Musiker trägt ein zusammengefaltetes schwarzes Tuch, das unter Gesang der beiden anderen Musiker langsam entfaltet und später wieder zusammengelegt wird; es zeigt "a gold pattern suggesting a hawk."[25] Die beim Entfalten des Tuchs vorgetragenen Gesangsverse evozieren den Schauplatz des Spiels und stimmen die Zuschauer auf das Spielgeschehen ein:

"I call to the eye of the mind
A well long choked up and dry
And boughs long stripped by the wind,
And I call to the mind's eye
Pallor of an ivory face,
Its lofty dissolute air,

---

21 ibid., p. 409
22 ibid.
23 ibid., p. 411
24 ibid., p. 398
25 ibid., p. 399

A man climbing up to a place
The salt sea wind has swept bare."[26]

Die einleitenden Verse des Gesanges leiten das Publikum dazu an, den Schauplatz des Spiels zu imaginieren. Die Dekoration der Szene beschränkt sich auf einen gemusterten Wandschirm und ein rechteckiges, auf dem Boden liegendes blaues Stück Tuch, das die Quelle symbolisiert. Im Fortgang des Spiels werden die Kommentare der Musiker immer wieder an das Vorstellungsvermögen der Zuschauer appellieren, so in den Versen: "Night falls; / The mountain-side grows dark"[27], die *nicht* durch entsprechende Beleuchtungseffekte unterstützt werden.

Bezeichnend für Yeats' Technik der evozierenden Andeutungen, die atmosphärische Dichte schaffen, sind die vier letzten Verse des Gesanges: "Pallor of an ivory face, / Its lofty dissolute air, / A man climbing up to a place / The salt sea wind has swept bare." Unter den Interpreten des Stükkes herrscht Uneinigkeit über die Deutung der ersten beiden dieser Verse, ja sogar über die Frage, von wessen Gesicht hier die Rede sei[28]; gemeint sein dürfte das Gesicht jenes Mannes, von dem der vorletzte Vers spricht. Den Gesang abschließend, nehmen dieser und der letzte Vers einen Teil des Spielgeschehens vorweg: den Weg des Jungen Mannes zur Quelle nahe dem Meer; dabei ist für das Publikum die räumliche Zuordnung von versiegter Quelle und meernahem, verwehtem Ort hier noch keineswegs eindeutig.

Während die Musiker singen und das Falken-Bild auf dem Grund des schwarzen entfalteten Tuchs vorweisen, betritt die Hüterin der Quelle die Szene und läßt sich neben dem blauen, die Quelle symbolisierenden Stück Tuch nieder. Wiederum unter Gesang legen die Musiker nun das schwarze Tuch zusammen und begeben sich zu ihren Instrumenten; im weiteren Verlauf des Stückes wird ihre Aufgabe darin bestehen, die Bewegungen der übrigen Spieler instrumental zu begleiten und das Spielgeschehen zu kommentieren.

Der rituell wirkenden Eröffnungsszene korrespondiert das Ende des Stückes: neuerliches Entfalten und Zusammenlegen des schwarzen Tuchs unter Gesang der Musiker. Die hier vorgetragenen Verse bilden, wie Jeffares und Knowland 1975 formulieren, "a summing up, in equivocal terms, of the equivocal themes of the play"[29]: Vergeblichkeit geduldigen Wartens (Alter Mann), Vergeblichkeit aber auch des Wagemuts (Junger Mann),

26 ibid.
27 ibid., p. 400
28 cf. Jeffares / Knowland, p. 90
29 ibid., p. 93

Getäuschtwerden, Scheitern im Bann einer übermenschlichen Macht, die vage Möglichkeit heroischer Bewährung in einem Kampf auf Leben und Tod (der Junge Mann stellt sich den "fierce women of the hills"). Die das Stück abschließenden Gesangsverse führen unterschiedliche Perspektiven auf das Spielgeschehen vor, sie liefern eine Einschätzung und Wertung der Handlungsweisen der Spieler, die allerdings in sich höchst ambivalent bleibt. So heißt es:

"'The man that I praise',
Cries out the empty well,
'Lives all his days
Where a hand on the bell
Can call the milch cows
To the comfortable door of his house.
Who but an idiot would praise
Dry stones in a well?'"[30]

Das Streben des Alten wie des Jungen Mannes erscheint in dieser Perspektive - in der Perspektive der höheren Macht: wiedergegeben wird eine Rede der Quelle - nur als töricht. Doch kann der Mensch, anders als die Protagonisten des Spiels, im Wissen um seine Vergänglichkeit und im Einverständnis mit seinem Schicksal die Torheit als sein Teil erwählen; die Musiker singen:

"Folly alone I cherish,
I choose it for my share;
Being a mouthful of air,
I am content to perish;
I am but a mouthful of sweet air."[31]

Die Bühnenanweisungen in den Drucken des Stückes geben Hinweise auf Bewegung und Tanz der Darsteller, Hinweise freilich, aus denen die Choreographie des Spielgeschehens sich nur in groben Umrissen erschließen läßt. Sie seien hier zusammengestellt; eine teilweise Deutung wird später, unter Zuhilfenahme anderer Quellen, möglich sein.

Die Stellung und Bewegung der Musiker während ihrer szenischen Aktion zu Beginn des Spiels ist verhältnismäßig genau beschrieben. Der erste Musiker hält das zusammengelegte schwarze Tuch, das vom zweiten und dritten Musiker entfaltet wird: "As they unfold the cloth, they go backward a little so that the stretched cloth and the wall make a triangle with the First Musician at the apex supporting the centre of the cloth."[32]

30 "At the Hawk's Well", in: Variorum, p. 413
31 ibid.
32 ibid., p. 399

Beim Zusammenlegen des Tuches schreiten der zweite und dritte Musiker mit rhythmischen Armbewegungen auf den ersten zu.

Der Auftritt des Alten Mannes erfolgt (wie auch später der des Jungen Mannes) durch den Zuschauerraum. Neben dem Spielort angelangt, verharrt der Alte Mann einen Augenblick bewegungslos, mit gesenktem Kopf; beim Klang eines Trommelschlages hebt er den Kopf und beginnt, zum vorderen Teil der Szene zu gehen, seine Schritte nach den Trommelschlägen richtend. Pantomimisch stellt er das Entzünden eines kleinen Feuers dar. "His movements, like those of the other persons in the play, suggest a marionette."[33]

Über einzelne Bewegungen des Jungen Mannes und den Falkentanz der Hüterin der Quelle unterrichten die Bühnenanweisungen nicht. Vor Beginn des Tanzes wirft die Hüterin einen schwarzen Umhang ab - ihr Kostüm unter dem Umhang "suggests a hawk"[34] - und erhebt sich. Ihren Tanz beobachtet der Junge Mann im Sitzen. Bevor er, der Hüterin folgend, hinausgeht, läßt er wie im Traum seinen Speer fallen.

Im Jahr der Uraufführung von "At the Hawk's Well", 1916, erläutert Yeats in einem Essay, auf welche Tradition er sich bei der 'Erfindung' der neuen dramatischen Form seines Tanzspiels bezogen hat. Der Essay bildet die Einleitung zu einer von Ezra Pound zusammengestellten und überarbeiteten Sammlung japanischer Nô-Spiele, die der Amerikaner Ernest Fenollosa (1853-1908), Dozent an der Kunstakademie in Tokio und Direktor des Kaiserlichen Hof-Museums, ins Englische übertragen hatte. Yeats schreibt: "In fact with the help of these plays 'translated by Ernest Fenollosa and finished by Ezra Pound' I have invented a form of drama, distinguished, indirect and symbolic, and having no need of mob or press to pay its way - an aristocratic form."[35] Pounds Edition der nachgelassenen Übertragungen

---

33 ibid., p. 401

34 ibid., p. 409

35 "Introduction By William Butler Yeats To *Certain Noble Plays of Japan* By Pound & Fenollosa", in: Ernest Fenollosa / Ezra Pound: The Classic Noh Theatre of Japan, Westport Conn. 1977, p. 151. Der volle Titel des Bandes, in dem Yeats' Einleitung erstmals erscheint, lautet: Certain Noble Plays of Japan: From the Manuscripts of Ernest Fenollosa, Chosen and finished by Ezra Pound, with an Introduction by William Butler Yeats, Dundrum 1916. Spätere Drucke bringen den Essay in leicht veränderter Form unter dem Titel "Certain Noble Plays of Japan"; in dieser Form ist er heute am leichtesten zugänglich in: W. B. Yeats: Essays and Introductions, London 1961, p. 221-237. - Kurze Zeit nach Pounds und Fenollosas Band, für den Yeats die Einleitung schreibt, erscheint eine weitere Sammlung: Ernest Fenollosa / Ezra Pound: 'Noh' or Accomplishment. A Study of the Classical Stage of Japan, London 1916. Ein Reprint dieser Sammlung erscheint 1959 in New York; es wird nachgedruckt unter dem Titel "The Classic Noh Theatre of Japan" in Westport Conn. 1977, vermehrt um die ursprüngliche Fassung der "Introduction" Yeats', die jedoch nicht für diese Sammlung, sondern für "Certain Noble Plays of Japan", Dundrum 1916, geschrieben war. - Yeats' Essay wird im folgenden nach dem Nachdruck Westport Conn. 1977 zitiert, abgekürzt: "Introduction", repr. 1977.

Fenollosas erscheint, versehen mit Yeats' Einleitung, unter dem Titel "Certain Noble Plays of Japan" in dem von Yeats' Schwester geleiteten Verlag Cuala Press; Pound und Yeats sind einander überdies persönlich verbunden: während dreier Winter leben beide Autoren in einem Landhaus in Sussex; hier ist Pound als Yeats' Privatsekretär tätig.

Pounds Edition, Yeats' Mitarbeit an dem Band und seine Bezugnahme auf das Nô-Spiel sind bezeichnend für die Aufmerksamkeit, die viele Autoren der Zeit dem japanischen Theater widmen. Europäische Gastspiele japanischer Schauspielerensembles und einzelner Künstlerinnen haben seit der Jahrhundertwende ein breites Publikum mit der traditionellen Darstellungskunst Japans bekannt gemacht[36]; die anti-naturalistisch eingestellten Theatertheoretiker und theaterästhetisch interessierten Schritsteller aber finden in der stilisierten Aufführungspraxis des japanischen Theaters Anregungen für ihre eigenen Bühnenreformversuche. Nicht nur die Darstellungsart, auch die Bühnentechnik der japanischen Spieltradition wird für das europäische Theater fruchtbar gemacht; das bekannteste Beispiel in Deutschland ist wohl Max Reinhardts Adaption des 'Blumensteges' in der Aufführung der schon genannten Pantomime "Sumurûn" im Jahr 1910[37] (im japanischen Kabuki-Theater und in Reinhardts Inszenierung führt der 'Blumensteg' vom hinteren Teil des Zuschauerraumes zur Bühne und stellt so räumliche Nähe zwischen Schauspielern und Publikum her).

Yeats kennzeichnet in seiner Einleitung zu Pounds und Fenollosas Band die von ihm entwickelte Form des Dramas mit den Ausdrücken "distinguished, indirect and symbolic, (...) an aristocratic form" - Bestimmungen, die nicht nur das Tanzspiel "At the Hawk's Well" charakterisieren, sondern in gleicher Weise für das japanische Nô-Theater selbst gelten können. Das seit dem 14. Jahrhundert überlieferte Nô ist, wie Sang-Kyong Lee 1983 sagt, die "erlesene" Theaterform des japanischen Adels[38], das Theater der ehemaligen Kriegerkaste der Samurai. Der Aufbau des Spielortes und die Gestaltung des Bühnenbildes, die Verwendung von Requisiten, Gewändern und Masken sind im Nô nach überlieferten Regeln festgelegt wie die Figurenkonstellation der Spiele und die Gliederung des Spielgeschehens in musikalisch begleitete Sprechgesänge und Bewe-

---

36 neben der bereits erwähnten Sada Yacco - cf. oben p. 65 Fn. 61 - und ihrem Mann Kawakami - cf. Sang-Kyong Lee: Nô und europäisches Theater. Eine Untersuchung der Auswirkungen des Nô auf Gestaltung und Inszenierung des zeitgenössischen europäischen Dramas, Frankfurt/M., Bern, New York 1983, p. 17 sq. - ist vor allem die Tänzerin Hanako - cf. Lee, p. 158 sq. - zu nennen.

37 cf. Leonhard M. Fiedler: "Hofmannsthals Ballettpantomime "Die grüne Flöte". Zu verschiedenen Fassungen des Librettos", in: Hofmannsthal-Blätter, Folge II, Heft 8/9, 1972, p. 139 Anm. 6, und Lee, p. 22 u. p. 219

38 Lee, p. 14

gungen. Dabei wahrt das klassische Nô - seit dem Wirken des Nô-Meisters Zeami (1363-1443) - den Charakter eines nicht-realistischen Theaters zeichenhafter Andeutungen: Sparsamste Gesten etwa reichen aus, um Zustände der Empörung, der Wut oder des Schmerzes auszudrücken ("Um einen übergroßen Schmerz darzustellen, der einen drängt, sich weinend zu Boden zu werfen, hebt der Nô-Darsteller beide Hände vor die Stirn", Lee 1983[39]). Als Theater der Andeutungen, das nur einem kleinen Kreis von Kennern zugänglich ist, wird das Nô für Yeats zum Paradigma einer neuen Form des theatralischen Schauspiels.

Yeats begründet in der Einleitung zu Pounds und Fenollosas Buch sein Interesse am Nô in mehrfacher Hinsicht: Neben Reflexionen auf das Verhältnis von Publikum und Darstellern, den Inhalt und Aufbau der Spiele stehen Überlegungen zur Aufführungstechnik, Ausstattung und Bewegungsästhetik. Sie sollen hier zusammenfassend dargestellt werden.

Die europäische Inszenierungspraxis zerstört, so Yeats, die Intimität zwischen Schauspielern und Publikum: "The stage-opening, the powerful light and shade, the number of feet between myself and the players have destroyed intimacy"[40]; anknüpfend an kammerspielartige Inszenierungsformen des japanischen Theaters (nicht nur des Nô) gilt es, diese Intimität wiederherzustellen. Der Bezug zur Aufführungspraxis von "At the Hawk's Well" ist augenfällig: Bei der Uraufführung in einem Londoner Salon sind sich Darsteller und Zuschauer räumlich nahe, das Stück wird nicht auf einer Bühnenplattform, sondern auf dem Fußboden gespielt, unter Lichtverhältnissen, wie sie in einem größeren Innenraum der damaligen Zeit üblich sind (beim Licht eines "large chandelier"[41]).

Yeats erstrebt ein 'leises' Theater[42], dessen Aufführungen sich an die persönlichen Freunde des Autors und an "a few score people of good taste" wenden[43], an eine Gemeinschaft von Liebhabern der Poesie[44], die dem Kreis verständnisvoller Zuschauer eines Nô-Spiels korrespondiert. Vierzig bis fünfzig geladene Gäste reichen aus, um eine Aufführung zu finanzieren. Der hier formulierte Exklusivitätsanspruch gilt freilich nicht unbedingt; Yeats macht deutlich, daß er seine Arbeit an der neuen 'aristokratischen' Form des Dramas, die Arbeit für eine zahlungswillige kulturelle Elite, als ein zeitlich begrenztes Experiment versteht: Nachdem

---

39 ibid., p. 79
40 "Introduction", repr. 1977, p. 152
41 "At the Hawk's Well", in: Variorum, p. 398
42 cf. "Introduction", repr. 1977, p. 154 ("we should distrust bodily distance, mechanism and loud noise")
43 ibid., p. 152
44 cf. Yeats' "Preface" zum Erstdruck von "At the Hawk's Well" in "Harper's Bazaar", March 1917; über die Gäste der Uraufführung heißt es: "only those who cared for poetry were invited", in: Variorum, p. 416

er die möglichen "discoveries of method" gemacht habe, werde er sich mit etwas anderem beschäftigen.[45]

Mit dem Ausschluß des großen Theaterpublikums geht die Ablehnung naturalistischer Inszenierungsformen, ja jeden Realismus einher, da dieser für "the common folk" geschaffen sei.[46] Als Domäne der populären Künste hat der Realismus seine Berechtigung; Yeats geht es jedoch um ein wahres Theater der Schönheit[47], das sein Ziel keineswegs durch Nachbildung der Lebenswirklichkeit erreichen kann. Das Nô-Spiel ist als Vorbild geeignet, weil es niemals einen "'naturalistic' effect" sucht.[48] - Der nicht-realistische Charakter des Nô wird in besonderer Weise an der Funktion deutlich, die Bewegung und Tanz im Spiel erfüllen. Das Nô präsentiert nicht äußerlich dramatische Vorgänge, es liefert nicht Situationsdramatik, sondern stellt das innere Drama der Figuren andeutend dar; den Höhepunkt des Spiels bildet dabei kein 'naturalistischer' Gefühlsausbruch, sondern eine Folge - äußerst sparsamer - tänzerischer Bewegungen: "At the climax instead of the disordered passion of nature there is a dance".[49] Wie im Nô soll auch im neuen Drama zurückhaltende Ausdruckskraft die Bewegung der Spieler prägen. Yeats kritisiert das 'deklamatorische' Moment jener Bewegungen, zu denen die Spieler in einem großen Theater gezwungen sind; im Laufe der Zeit ist auf den europäischen Bühnen auch der körperliche Ausdruck "less intimate"[50] und damit weniger wirkungsvoll geworden.

Sämtliche Bühnenmittel, unter ihnen Bewegung und Tanz, gehorchen im Nô und im Tanzspiel Yeats' zwei Prinzipien: Einfachheit und Stilisierung. Yeats gibt ein Beispiel für die weitestgehende Reduktion der Ausstattung eines Spiels: "I have found myself thinking of players who needed perhaps but to unroll a mat in some Eastern garden."[51] Auch das Prinzip der Stilisierung wird an der Ausstattung der Spiele deutlich: Anknüpfend an das Nô verwendet Yeats in "At the Hawk's Well" Masken. Mimik ist verzichtbar, weil ein tiefes Gefühl durch die Bewegung des *ganzen* Körpers ausgedrückt wird.[52]

In den Stücken des Nô-Theaters tritt ein Chor auf, der, anders als der Chor der griechischen Tragödie, nicht in das Geschehen eingreift. Yeats bezieht sich auf diese Tradition und läßt in seinem Tanzspiel die Musiker als Chor agieren, der Kommentare abgibt und Informationen vermittelt

---

45 "Introduction", repr. 1977, p. 152
46 ibid., p. 155
47 ibid., p. 156, "a true theatre of beauty"
48 ibid., p. 158
49 ibid.
50 ibid., p. 153
51 ibid., p. 152
52 cf. ibid., p. 155

("three musicians (...) can describe place and weather, and at moments action"[53]).

In der japanischen Weltsicht schließlich, wie sie in den Nô-Spielen gestaltet wird, entdeckt Yeats eine Haltung, die derjenigen der gälisch sprechenden Landbevölkerung Irlands verwandt ist: "These Japanese poets too feel for tomb and wood the emotion, the sense of awe that our Gaelic speaking country people will sometimes show when you speak to them of (...) some Holy Well".[54] Das Buch, in dem Yeats' Essay veröffentlicht wird, erscheint laut Druckvermerk "in the year of the Sinn Fein rising"[55] (1916, Sinn Fein ist der Name der irischen Nationalbewegung), "At the Hawk's Well" aber spielt im heroischen Zeitalter Irlands - Yeats' theoretische und praktische Bezugnahme auf das Nô ist auch im Zusammenhang der Bemühungen um die kulturelle Identität und politische Eigenständigkeit Irlands zu sehen.

Die Forschung hat Yeats' Rezeption des Nô sowohl in Hinsicht auf "At the Hawk's Well" als auch mit Blick auf die anderen Tanzspiele und auf das Gesamtwerk des Autors mehrfach kritisch untersucht. Von komparatistischer Seite wurde geprüft, inwieweit Yeats' Tanzspiele und die in der Einleitung zu Pounds und Fenollosas Buch formulierten Grundsätze den Forderungen des Nô-Spiels gerecht werden. Im Vergleich der Konzeption Yeats' mit dem klassischen Nô traten Gemeinsamkeiten und Differenzen hervor: Wie im Nô erfüllt der Chor in "At the Hawk's Well" eine epische Funktion, doch bilden den Chor des Nô nicht Musiker, sondern eigene Darsteller; am Höhepunkt eines Nô-Stückes und des Spiels "At the Hawk's Well" steht ein Tanz; die Art der Auftritte der Spieler im Werk Yeats' ist analog der im Nô; anders als dort sind in Yeats' Stück sämtliche Spieler maskiert oder maskenhaft geschminkt; den für das Nô geltenden Gesetzen der Rollenverteilung der Spieler folgt Yeats nicht (nach Sang-Kyong Lee, 1983; der Vergleich ließe sich fortführen[56]). Eine gewichtige Differenz ist wohl darin zu sehen, daß alle im Nô-Theater verwandten zeichenhaften Elemente innerhalb der japanischen Kulturtradition seit jeher bekannt und daher unmittelbar verständlich sind, während Yeats bisweilen mit Symbolen, Bildern und Zeichen arbeitet, deren Verständnis er im irischen, erst recht im gesamteuropäischen Kontext nicht voraussetzen kann. Lee hat dies festgehalten: In "At the Hawk's Well" sind einige "durch wiederholte Verwendung eindringlich dargestellte Bilder (...) nicht unmittelbar zu ver-

---

53 ibid., p. 151
54 ibid., p. 159
55 cf. Fenollosa / Pound: The Classic Noh Theatre of Japan, Westport Conn. 1977, Anmerkung auf der dem Inhaltsverzeichnis folgenden Seite (unpaginiert)
56 cf. Lee, p. 169 sqq.

stehen."[57] - In Hinsicht auf Yeats' Gesamtwerk konnte die Forschung zeigen, daß die Bezugnahme auf das Nô einen wichtigen Schritt in der Entwicklung des Autors als Dramatiker bildet. Die Konzeption des Stückes "Deirdre" (uraufgeführt 1906) zielt bereits in die Richtung der 1916 entworfenen Form des Dramas; im Essay "The Tragic Theatre" (1910) formuliert Yeats Grundsätze, die er später mit Blick auf das Nô in die Praxis umzusetzen versucht. Bündig beschreibt Yeats im Jahr 1910 eine Verfahrensweise, die er in "At the Hawk's Well" anwenden wird: "If the real world is not altogether rejected, it is but touched here and there, and into the places we have left empty we summon rhythm, balance, pattern, images that remind us of vast passions, the vagueness of past times, all the chimeras that haunt the edge of trance."[58] Die Meinung der Forschung geht dahin, im Nô einen "catalyst" für Yeats' dramatische Experimente zu sehen (Leonard E. Nathan, 1965[59]), "the source of a new point of departure for continued experimentation" (Richard Taylor, 1976[60]).

Die von Ezra Pound zusammengestellten und bearbeiteten Übertragungen Fenollosas dürften Yeats als Hauptquelle bei seiner Beschäftigung mit dem Nô gedient haben; anregend wirkte wohl auch der Gedankenaustausch mit Pound selbst, der seine Kenntnis der japanischen Dichtung in imagistischen und vortizistischen Versuchen fruchtbar machte.[61] In Yeats' 1916 dargelegte und erprobte Konzeption einer neuen Form des Dramas fließen jedoch nicht nur Momente der durch Pound und Fenollosa vermittelten Rezeption des Nô-Theaters ein - die Forschung hat wiederholt (freilich eher beiläufig) auf die Bedeutung hingewiesen, die Edward Gordon Craigs Theaterästhetik für Yeats' Reflexion und seine Arbeit am Tanzspiel "At the Hawk's Well" besitzt.[62] Die Konvergenzen zwischen Craigs Theorie, die selbst eine Affinität zum Nô zeigt, und Yeats' Konzeption sollen im folgenden dargestellt werden; die Analyse kann erhellendes Licht auf Yeats' bewegungsästhetische Überlegungen und auf die Gestaltung von Bewegung und Tanz in "At the Hawk's Well" werfen.

---

57 ibid., p. 176

58 "The Tragic Theatre" (1910), in: W. B. Yeats: Essays and Introductions, London 1961, p. 243

59 Leonard E. Nathan: The Tragic Drama of William Butler Yeats. Figures in a Dance, New York and London 1965, p. 171

60 Richard Taylor: The Drama of W. B. Yeats. Irish Myth and the Japanese Nō, New Haven and London 1976, p. 161

61 cf. auch hierzu Lee, p. 164, der auf Pounds bekanntes Gedicht "In a Station of the Metro" verweist

62 wertvolle Hinweise gibt vor allem James W. Flannery: "W. B. Yeats, Gordon Craig and the Visual Arts of the Theatre", in: Robert O'Driscoll / Lorna Reynolds (eds.): Yeats and the Theatre, London and Basingstoke 1975, p. 98

Seit dem Jahr 1901 verfolgt Yeats mit großem Interesse die Bühnenreformversuche Craigs.[63] Im Dezember 1909 kommt es zu einer Zusammenarbeit: Craig bietet Yeats einen Modellsatz der von ihm entwickelten beweglichen screens zum Experiment an; die "Editorial Notes" der Zeitschrift "The Mask" berichten darüber im Januar 1910.[64] Yeats liefert einen Beitrag zu "The Mask" im Oktober desselben Jahres, den bereits zitierten Essay "The Tragic Theatre", der als Einleitung zu einer Sammlung seiner Stücke gedacht ist, zu einem Band, den Craig mit Bühnenbildentwürfen versehen will.[65] Im selben Heft der Zeitschrift erscheint die Besprechung eines Buches über "The Japanese Dance"[66], die im hier interessierenden Zusammenhang besondere Aufmerksamkeit verdient. Die unsignierte Buchbesprechung darf wohl Craig zugeschrieben werden; Arnold Rood, ein Kenner der Arbeiten Craigs, hat sie 1977 in seine Textsammlung "Gordon Craig on Movement and Dance" aufgenommen.[67]

Der japanische Tanz und das japanische Theater werden in der Buchbesprechung von 1910 ganz in der Perspektive jener bewegungs- und theaterästhetischen Reflexionen gesehen, die Craig in den Jahren 1905 ("The Art of the Theatre") bis 1908 ("The Actor and the Über-Marionette") entwickelt hatte. Die aus der Bewegung erwachsene japanische Darstellungskunst erscheint als Paradigma eines Theaters, das Craig mehrfach als Theater der Zukunft beschrieben hatte - "a theatre born of the actor, not the poet", heißt es 1910 vom "modern Japanese Theatre".[68] Die Bewegungen, die die Grundlage des Spiels bilden, sind *Kunst* im Sinn der Bestimmungen des Essays "The Actor and the Über-Marionette": Die japanischen Spieler beherrschen ihr Material, ihren Körper, vollkommen; sie zeigen eine "perfect control of movement".[69] Gegen die Gefahr, einem 'naturalistischen' Gefühlsausbruch zu erliegen, sind sie von vornherein gefeit, da sie lediglich "formalised gesture, rigidly prescribed postures" ausführen.[70] So kennzeichnet gerade das Nô-Spiel, wie es im Text von 1910 heißt, die "freedom from violent passion or play of emotion".[71] - Ohne daß in der Buchbesprechung von der "Über-Marionette" die Rede wäre, wird

---

63 cf. Flannery, p. 85 sqq.
64 cf. The Mask, vol. II, nos. 7-9, January 1910, p. 148
65 cf. The Mask, vol. III, nos. 4-6, October 1910, p. 81
66 Book Review (The Japanese Dance by Marcelle Azra Hinckes), in: The Mask, vol. III, nos. 4-6, October 1910, p. 90-91
67 cf. Arnold Rood (ed.): Gordon Craig on Movement and Dance, New York 1977, p. 187-190
68 Book Review, in: The Mask, vol. III, nos. 4-6, October 1910, p. 91
69 ibid., p. 90; cf. p. 91: "perfect control of (...) material"
70 ibid., p. 90
71 ibid., p. 91

doch deutlich: Das zeichenhafte Gebärdenspiel ("symbolical gesture"[72]) des japanischen Tänzer-Schauspielers verwirklicht Craigs Ideal einer Darstellungskunst der Zukunft zumindest tendenziell, ist doch diese Kunst, wie Craig 1908 in "The Actor and the Über-Marionette" formuliert, als eine "form of acting, consisting for the main part of symbolical gesture" zu denken.[73] Das Gebärdenspiel des japanischen Tänzer-Schauspielers, im besonderen des Nô-Darstellers, weist somit einen gangbar erscheinenden Weg zum Theater der Zukunft.

Die Buchbesprechung von 1910 hebt am japanischen Theater eine Reihe von Momenten hervor, die einige Jahre später auch Yeats in seiner Einleitung zu Pounds und Fenollosas Band am Nô beobachten und im Zusammenhang seiner eigenen Tanzspiel-Konzeption aufgreifen wird: eine höchst artifizielle, strikt formalisierte Weise der Bewegung; ein Spiel der "spiritual suggestion"[74], das auf genaues Einverständnis zwischen Darstellern und Publikum vertraut; ein Theater rituellen Charakters, das an Zeremonien vergangener Zeiten gemahnt. Der Vergleich jener Momente, die der Autor der Buchbesprechung von 1910 und Yeats im Jahr 1916 am japanischen Tanz und Theater wahrnehmen, zeigt eine Gemeinsamkeit der Perspektive; darüber hinaus aber konvergieren Craigs und Yeats' theaterästhetische Überlegungen auch in anderen Punkten. So entwickelt Yeats 1916 ansatzweise eine Theorie der Maske, die mit Bestimmungen Craigs übereinkommt: Gefordert ist eine ästhetisch letztgültige Fixierung des Ausdrucks, nicht aber realistische "'vitality'".[75] Endet Craigs Essay "The Actor and the Über-Marionette" mit der Vision einer an den Tod - das heißt auch: an die Starrnis der Maske - gerichteten Fürbitte[76], so meint Yeats im Zusammenhang seiner Überlegungen zum Wert der Masken: "It is even possible that being is only possessed completely by the dead".[77]

In das Zentrum der bewegungsästhetischen Reflexion Yeats' führt eine Beobachtung, die schon die Buchbesprechung von 1910 festhält: die formalisierten Bewegungen der japanischen Spieler haben eine bestimmte *Bedeutung*. In der Buchbesprechung heißt es, daß der japanische Tanz durch symbolisches Gebärdenspiel und "regulated movement"[78] Gefühlen und Ideen sichtbaren Ausdruck gebe; der Autor zitiert aus der rezensierten Schrift, "that "every movement, every turn or twist of the hand, the arm or the body has some significance as clear to the Japanese as spoken

72 ibid., p. 90
73 "The Actor and the Über-Marionette", in: The Mask, vol. I, no. 2, April 1908, p. 5
74 Book Review, in: The Mask, vol. III, nos. 4-6, October 1910, p. 91
75 "Introduction", repr. 1977, p. 155
76 cf. oben p. 95
77 "Introduction", repr. 1977, p. 155
78 Book Review, in: The Mask, vol. III, nos. 4-6, October 1910, p. 90

words"".[79] Etwas vorsichtiger formuliert Yeats 1916: die japanischen Tänzer "seem to associate with every gesture or pose some definite thought."[80] - Haben die einzelnen tänzerischen Bewegungen eine festgelegte, genau umschriebene Bedeutung, sind sie unverwechselbare Zeichen für Gedanken und innere Zustände, für Sachverhalte und Vorgänge, so läßt aus einer Folge von Bewegungen ein komplexes Verweisungsgefüge sich aufbauen, das - bei Kenntnis der einzelnen bewegungssprachlichen Elemente - unmittelbar verständlich ist. Yeats führt aus, daß eine Serie von Positionen und Bewegungen eine Schlacht, eine Heirat, den Schmerz eines Geistes im buddhistischen Purgatorium darstellen könne.[81] Die formalisierten Bewegungen zwingen die Tänzer zur *Repräsentation* im Sinne Craigs[82], zum kontrollierten Vorzeigen von Gefühlen und Gedanken; sie geben dem Zufall keinen Raum und lassen unbeabsichtigte Nuancen nicht zu.

Craigs und Yeats' bewegungsästhetische Überlegungen verlangen ein nach allen Seiten hin *bestimmtes* Gebärdenspiel. Die Forderung nach größtmöglicher Bestimmtheit erklärt wohl Yeats' Vorschrift in den Bühnenanweisungen zu "At the Hawk's Well": die Bewegungen der Spieler "suggest a marionette".[83] Die Marionette führt nur jene Bewegungen aus, die gewünscht werden, die in der gegebenen Spielsituation sinnvoll sind. So scheint sich die marionettenhafte Bewegung der Spieler in "At the Hawk's Well" gegen jeden unkontrollierbaren Verlauf zu sperren; sie präsentiert sich als Moment eines ästhetischen Kalküls, dessen Ziel Yeats im Vorwort zu den "Four Plays for Dancers" 1921 bestimmt: "All may be as artificial as possible."[84]

Den Versuch, im Tanzspiel mit einer Weise der Bewegung zu arbeiten, die analog dem formalisierten Gebärdenspiel des japanischen Theaters Träger bestimmter Bedeutungen sein kann, unternimmt Yeats gemeinsam mit einem japanischen Tänzer, Michio Ito (1892-1961). Es ist dieser Tänzer, von dem Yeats in der Einleitung zu Pounds und Fenollosas Buch sagt: "My play is made possible by a (...) dancer".[85] Das gemeinsame Vorhaben birgt ein grundsätzliches Problem: Zwischen dem Publikum und den Darstellern des Tanzspiels besteht nicht (wie im Nô) von vornherein Einver-

---

79 ibid.
80 "Introduction", repr. 1977, p. 158
81 cf. ibid.
82 cf. oben p. 94
83 "At the Hawk's Well", in: Variorum, p. 401; im "Preface" zu den "Four Plays for Dancers" (1921) schreibt Yeats entsprechend: "the players must move a little stiffly and gravely like marionettes", in: Variorum, p. 1304
84 "Preface" zu den "Four Plays for Dancers", in: Variorum, p. 1305
85 "Introduction", repr. 1977, p. 153

ständnis über den genauen Sinn der tänzerischen Zeichen; dennoch müssen die Zuschauer während des Spiels ebenso deutlich wie ein Nô-Publikum erfassen können, was mit einzelnen Bewegungsfolgen 'gemeint' ist. Gerade dies soll die *Stilisierung* der Bewegung leisten, eine Reduktion und Konzentration, eine Idealisierung der Bewegung auf ihr wesentliches Ausdrucksmoment. Ungetrübt durch individuelle Eigentümlichkeiten, durch alles störend Zufällige, soll die stilisierte Geste oder Haltung klar und deutlich zum Publikum sprechen. - Ob das Prinzip der Stilisierung bei der Uraufführung von "At the Hawk's Well" ästhetisch befriedigend realisiert worden ist, läßt sich heute wohl kaum mehr entscheiden; allein die Verfahrensweise soll hier interessieren.

Michio Ito besaß, wie die Forschung mehrfach festgestellt hat, nur geringe Kenntnis des Nô.[86] Ezra Pound gegenüber, der den Tänzer um Hilfe bei der Überarbeitung der nachgelassenen Texte Fenollosas bat, meinte Ito: "Noh is the damnedest thing in this world."[87] Itos Ablehnung des Nô erwies sich jedoch bei der choreographischen Ausarbeitung von "At the Hawk's Well" - Ito tanzte die Rolle der Hüterin der Quelle und studierte die Bewegungen der übrigen Spieler ein - keineswegs als Mangel: Der vielleicht naheliegende Versuch, Nô-Bewegungen nachzuahmen, wäre wohl nicht nur künstlerisch mißlungen, sondern vor allem unverständlich geblieben. Nicht Imitation, nur schöpferische Umsetzung einer bewegungsästhetischen Konzeption konnte Itos Ziel sein.

Im Jahr 1911 hatte Ito Japan verlassen, um in Paris Gesang zu studieren. Schon bald begann er, sich für den neueren europäischen Tanz zu interessieren; eine Begegnung mit Isadora Duncan in Berlin verstärkt sein Interesse. Den Plan, die Tanzschule der Schwester Isadora Duncans, Elisabeth Duncans, zu besuchen, verwirklicht Ito nicht; von 1912 bis 1914 studiert er an Emile Jaques-Dalcrozes Rhythmischer Bildungsanstalt in Hellerau bei Dresden. Von dort gelangt er im Jahr 1914 nach London.[88] - Während seiner Londoner Zeit erarbeitet Ito mehrere Tänze, von denen der "Fox Dance" besonders bekannt wird. Die Entstehung dieses Tanzes hat Ito im Jahr 1917 rückblickend beschrieben: "I studied a fox and his ways with a biscuit long before I worked out my dance. Then I went to a great hill in Hampstead and I made my soul into the soul of a fox, and so I evolved my fox dance."[89] Die Nähe zu Isadora Duncans Äußerungen über den tänzerischen Schaffensprozeß ist auffällig - Ito und Duncan geht es nicht allein

86 cf. z. B. Taylor, p. 112
87 zit. nach Helen Caldwell: Michio Ito. The Dancer and His Dances, Berkely, Los Angeles and London 1977, p. 44
88 zur Biographie cf. Caldwell, p. 38 sqq.
89 zit. nach Caldwell, p. 42 (Quellenangabe bei Caldwell, p. 161 Anm. 22)

um genaue Kenntnis, sondern um eine innere Aneignung der in der Natur beobachteten Bewegungen (diese sind, wie Duncan sagt, "to receive (...) inwardly before giving them outwardly"[90]).

Anders als Duncan, die in ihren Versuchen auf das Bewegungsvokabular der griechischen Antike zurückgreifen will[91], entdeckt Ito eine Quelle der Inspiration in der alten ägyptischen Kunst. Angeregt durch die ägyptischen Sammlungen des Louvre, führt ihn eine mehrmonatige Studienreise nach Alexandria. Itos Schülerin Helen Caldwell resümiert 1977: "Egyptian art had a strong influence on Ito."[92] Wie andere Tänzer und Tänzerinnen der Zeit - in Deutschland ist vor allem Sent M'ahesa (gest. 1970) zu nennen[93] - versucht auch Ito, die aus bildlichen Darstellungen der ägyptischen Antike erschließbaren Körperhaltungen und Bewegungsfolgen choreographisch fruchtbar zu machen (beispielhaft gelang dies Vaclav Nijinsky in seiner Choreographie zu "L'Après-midi d'un Faune", 1912: Nijinsky "used the attitudes of Egyptian paintings and reliefs, in which the head, arms and legs are shown in profile, the torso full on", wie der Tanzhistoriker Richard Buckle 1979 schreibt[94]).

Der Einfluß ägyptischer Kunst auf Itos tänzerische Arbeit tritt an der Choreographie zu "At the Hawk's Well" deutlich zutage. Yeats' Tanzspiel nimmt damit Anregungen aus einem dritten Kulturkreis in sich auf: Neben der keltischen Sagenwelt, die Motive zum sujet des Stückes liefert, und dem japanischen Nô, das als theaterästhetisches Paradigma wirkt, steht der an ägyptischen Formelementen orientierte tänzerische Gestus des Spiels (den in der Forschung, soweit ich sehe, einzig die Ito-Schülerin Helen Caldwell beschrieben hat[95]). Dabei spielen die Einflußsphären vielfältig ineinander: Caldwell macht etwa darauf aufmerksam, daß der Falke - der nicht zum Figureninventar jener Sagen gehört, denen Yeats Motive zu seinem Stück entnahm[96] - in der ägyptischen Mythologie das himmli-

---

90 cf. oben p. 30

91 cf. oben p. 29 sq.

92 Caldwell, p. 48

93 cf. über sie z. B. Hans Brandenburg: Der moderne Tanz, München o. J., p. 39-44

94 Richard Buckle: Diaghilev, London 1979, p. 185. Im Fall Nijinskys ist die - ästhetisch geglückte - Bezugnahme auf ägyptische Kunst möglicherweise die Folge eines Irrtums des Tänzers: "to make a ballet on a Greek subject", habe Nijinsky im Louvre die griechischen Sammlungen betrachten wollen, sich dabei jedoch versehentlich in die falsche, nämlich in die ägyptische Abteilung begeben, wie Sergei Diaghilev berichtet (cf. Buckle, ibid.).

95 Caldwell versucht im übrigen zu zeigen, daß sich Itos Choreographie mitunter der Bewegungsästhetik des Nô nähere, und nennt den Tanz der Hüterin der Quelle geradezu "a modified Noh dance" (p. 45) - eine Kennzeichnung, die problematisch erscheint. So betont in jüngster Zeit Augustine Martin: Itos "posture, flexed, demonstrative and athletic, is in the sharpest contrast to that of a Noh dancer" (Augustine Martin: "Introduction. Yeats's Noh: The Dancer and the Dance", in: Christopher Murray / Masaru Sekine (eds.): Yeats and the Noh: A Comparative Study, Gerrards Cross 1990, p. XIII).

96 cf. Jeffares / Knowland, p. 87

sche Prinzip symbolisiert, "representing not only the sungod Horus but also Osiris "the guarantor of *immortality*"" (Osiris ist der ägyptische Totengott, Vater des Lichtgottes Horus).[97]

In seiner Choreographie zu "At the Hawk's Well" versucht Ito auf unterschiedliche Weise, mit Hilfe ägyptischer Formelemente eine Stilisierung der tänzerischen Bewegung zu erreichen. Caldwell interpretiert 1977 eine Zeichnung Edmund Dulacs, des Kostüm- und Maskenbildners der Uraufführung, die eine Pose des Alten Mannes zeigt: "the Old Man's pose in the Dulac costume sketch, with the hand at the knee, is the ancient Egyptian gesture of greeting described by Herodotus, a gesture retained in Egyptian Muslim worship today".[98] Die formalisierte Haltung hat eine festgelegte, genau umschriebene Bedeutung; sie läßt sich analog den Stellungen und Gebärden eines Nô-Spiels einsetzen. Ob freilich das Publikum der Uraufführung in der Lage war, den Sinn der Pose zu erfassen, muß hier offen bleiben. - Die eigentliche Leistung der Stilisierung als einer Konzentration von Bewegungen auf ihr wesentliches Ausdrucksmoment wird an Itos Gestaltung des Falkentanzes, des Tanzes der Hüterin der Quelle, deutlich. Der Tanz bildet das Zentrum der Komposition Yeats'; im Zusammenhang des dramatischen Geschehens besteht seine Funktion darin, den Jungen Mann zu bannen, in einen traumhaften Zustand zu versetzen und ihn dadurch scheitern zu lassen. Itos Choreographie bedient sich hier nicht formalisierter Haltungen und Gebärden mit genauer Bedeutung, sondern beschränkt sich auf Evokation: "the arm movement was broad and smoothly dramatic, recalling Egyptian representations of the hawk with spread wings and giving a feeling of a great bird's gliding and wheeling."[99] Caldwell betont die 'Dichte' der tänzerischen Bewegung, ihre subtil variierte Monotonie, "inducing a trancelike state in both personages and audience".[100] Dabei entfaltet gerade die ägyptische Stilisierung der Bewegung - bildliche Darstellungen etwa des falkengestaltigen Osiris-Sohnes Horus waren dem Publikum der Uraufführung von "At the Hawk's Well" gewiß bekannt - eine suggestive Kraft: Als Ausdruck gesammelter Macht eines natürlich-übernatürlichen Wesens, das *alle* Zuschauer in seinen Bann zieht,

97 Caldwell, p. 48. (Dem Schrei des Falken wiederum, den die Hüterin der Quelle zweimal auszustoßen hat, unterlegte Ito bei der Uraufführung von "At the Hawk's Well" das japanische Wort für 'Falke', nach Caldwell, p. 164 Anm. 50: "taka". Von anekdotischem Interesse ist die von Caldwell hier referierte Mitteilung Itos aus dem Jahr 1936: "The trouble was no one knew what "the cry of the hawk" was, not even Yeats.")

98 Caldwell, p. 48; eine Reproduktion der Zeichnung ibid., p. 46

99 ibid., p. 45

100 ibid. ("tense, continuous movement with suble (sic; richtig: subtle, G.G.) variations on its monotony"; gerade hier sieht Caldwell Itos Nähe zur Bewegungsästhetik des Nô, cf. oben Fn. 95.)

enthüllt sich die 'Bedeutung' des stilisierten Falkentanzes unmittelbar und eindringlich.

Der Tanz der Hüterin der Quelle ist keine stumme Szene: Einer der Musiker kommentiert die Wirkung des Falkentanzes. Seine Kommentare dienen dazu, die Wirkung des Tanzes auf das Publikum noch zu verstärken. Der Musiker singt zunächst von sich selbst:

"*First Musician (singing or half-singing).*

O God, protect me
From a horrible deathless body
Sliding through the veins of a sudden.

*(The dance goes on for some time. The Young Man rises slowly.*"[101]

Wohl greift der Musiker nicht - wie der Chor der griechischen Tragödie - in den dramatischen Handlungszusammenhang ein, doch macht er seine innere Beteiligung am Spielgeschehen deutlich: Wie das Publikum (und wie der Junge Mann) ist er Zuschauer eines Tanzes, vor dessen suggestiver Kraft er sich durch Anflehung Gottes zu bewahren versucht. In einem zweiten, direkt folgenden Kommentar spricht er von der Wirkung des Tanzes auf den Jungen Mann:

"*First Musician (speaking).* The madness has laid hold upon him now,
For he grows pale and staggers to his feet.

*(The dance goes on.*"[102]

Der Hinweis auf das Erblassen des Jungen Mannes wendet sich - der Darsteller trägt eine Maske - an die Imagination der Zuschauer; indem der Musiker jedoch die Bewegungen des Jungen Mannes kommentiert, also etwas, was das Publikum ohnehin *sieht,* verstärkt er die Wirkung des Kontrastes zwischen den beherrschten, streng abgewogenen Bewegungen der Hüterin der Quelle und dem halb bewußtlosen Taumeln des Jungen Mannes (wodurch wiederum der Tanz der Hüterin in der Eigenart seiner Stilisierung überaus deutlich herausgestellt wird). In Kommentar und körperlichem Ausdruck erscheint der Junge Mann gleichsam als Marionette in der Gewalt einer übermenschlichen Macht.[103]

Yeats' und Itos Gestaltung der Falkentanzszene illustriert beispielhaft die Möglichkeiten einer dramatischen Verschränkung von Wort und Bewegung. Dabei dient der Tanz als primäres Gestaltungsmittel der Szene;

---

101 "At the Hawk's Well", in: Variorum, p. 409 sq.

102 ibid., p. 410

103 eine Anmerkung in tanzhistorischer Perspektive: Das Taumeln des Jungen Mannes, wie in einem Traum oder in Trance, läßt sich als reduzierte Form jener scène de folie auffassen, die ein integrales Element vieler romantischer Ballette bildet.

das gesprochene oder gesungene Wort ist ihm nur beigeordnet. Gesang und Rede halten genau das fest, was an einem Tanz - neben der technischen Seite - sich beschreiben läßt: seine Wirkung. Die Szene führt die Wirkmächtigkeit eines Tanzes vor und kommentiert sie; insofern reflektiert sie das Vermögen tänzerischer Bewegung und den Versuch sprachlicher Annäherung an das Phänomen des Tanzes. Gerade in dieser Reflexion aber wird deutlich, daß die Bewegung für sich selbst sprechen kann - das Schicksal des Jungen Mannes zeigt dies im Spiel.

Während der Proben zur Uraufführung von "At the Hawk's Well" entschloß Yeats sich zur Streichung einiger Textpassagen des Stückes. Eine dieser Passagen beschrieb den Falkentanz näher; Curtis B. Bradford, der die Entstehungsgeschichte des Spiels im Jahr 1965 ausführlich dokumentiert hat, meint zu Yeats' Überarbeitung: "no doubt the dance itself made the words seem inaccurate or redundant. (...) Taken together the revisions indicate a fuller dependence on the dance as an expressive means."[104] Gemeint ist hier freilich nicht Tanz schlechthin, sondern gerade jene Form körperlichen Ausdrucks, die der "genius of movement"[105] Michio Itos zu realisieren imstande war, eine Form tänzerischer Bewegung, die noch die Textgestalt des Stückes in wesentlichen Teilen bestimmte.

Yeats war sich im klaren darüber, daß Erfolg oder Mißerfolg seines Stückes entscheidend von dessen Choreographie und tänzerischer Realisation abhingen. Einige Monate nach der Uraufführung von "At the Hawk's Well" reiste Ito nach Amerika und stand für weitere Inszenierungen nicht mehr zur Verfügung. Im Vorwort zu den "Four Plays for Dancers" (1921), in die Yeats auch "At the Hawk's Well" aufnimmt, äußert er sich über die Schwierigkeit künftiger Aufführungen: "Should I make a serious attempt, which I may not, being rather tired of the theatre, to arrange and supervise performances, the dancing will give me most trouble"; und weiter: "I do not want any existing form of stage dancing".[106] Die tänzerische Grundlage des Spiels also müßte, da eine Arbeit mit Ito nicht länger möglich ist, neu entwickelt werden - die neue Form des Dramas, die Yeats mit "At the Hawk's Well" schaffen wollte - "I have invented a form of drama"[107] - bleibt offen für immer neue Erfindungen.

*

Yeats' Konzeption eines theatralischen Schauspiels, das tänzerische Gestaltungsformen in den kompositorischen Zusammenhang des Werkes nicht

---

104 Curtis B. Bradford: Yeats at Work, Carbondale and Edwardsville 1965, p. 211
105 "Introduction", repr. 1977, p. 161
106 "Preface" zu den "Four Plays for Dancers" (1921), in: Variorum, p. 1304
107 "Introduction", repr. 1977, p. 151

nur integriert, sondern die Komposition selbst zu wesentlichen Teilen im Hinblick auf die spezifischen Leistungen tänzerischer Bewegung entwirft, bildet *eine* Möglichkeit literarischer Arbeit mit dem Tanz. Kann sich im Fall des Tanzspiels die Aufmerksamkeit von Rede und Gegenrede als tragenden Momenten der dramatischen Komposition hin zur tänzerischen Bewegung verschieben, so bleibt das Werk doch "Wort-Theater" - Dialog und Monolog, Einzelkommentar und chorische Stellungnahme führen in das Geschehen ein, deuten eine Vorgeschichte an, reflektieren die Handlungen der Personen und schließen das Werk, seine Themen resümierend, epilogisch ab.

Eine radikale Lösung vom "Wort-Theater" hat Yeats nie vollzogen. Der Versuch, eine stumme, ganz auf die körperliche Bewegung gegründete Form des theatralischen Schauspiels zu entwickeln, unternehmen einige Jahre vor Yeats - in den Jahren 1910 und 1911, doch in später Realisierung eines weit früher entworfenen Modells theaterpraktischer Zusammenarbeit - Hugo von Hofmannsthal und Grete Wiesenthal mit ihrem Experiment der Tanzpantomime.

Im Jahr 1903 versucht Hofmannsthal, den "stage-designer" Craig für ein Projekt zu gewinnen; das Szenarium des geplanten Werkes möchte er, wie es in einem Brief an Harry Graf Kessler heißt (cf. oben p. 90), "gerade von ihm erfahren, von dem stage-designer."[108] Dessen bühnenkünstlerische Entwürfe und Visionen will der Autor - da diese "Wunderdinge" noch "unverbunden" sind[109] - in eine Ordnung, in einen ästhetisch befriedigenden Zusammenhang bringen. Sich an den Vorstellungen des Bühnenkünstlers orientierend, ist es Aufgabe des Schriftstellers, aus den einzelnen Elementen die "Magie eines Ganzen" zu schaffen.[110] - Hofmannsthals Projekt wird nicht realisiert; das Modell theaterpraktischer Zusammenarbeit jedoch, das der Autor im Brief an Kessler andeutet, kann er einige Jahre später mit Grete Wiesenthal erproben. Die Tänzerin berichtet 1911 über die Entstehung der Tanzpantomime "Das fremde Mädchen", zu der Hofmannsthal das Szenarium liefert:

> "Wie der Dichter dazu kam, diese Szenen zu schreiben? Man glaube ja nicht, daß sie am Schreibtisch entstanden sind. In einem stillen Garten im schönen Aussee wurden alle diese Szenen von mir *zunächst in allen Gebärden und Gesten*, in Schritt und Gang *versucht*. Hofmannsthals große Liebe für den Tanz, sein tiefer Sinn für den Rhythmus schufen in ihm das feinste Gefühl für den Aufbau des wortlosen Spiels. Bis ganz all-

108 Brief an Harry Graf Kessler vom 8. Oktober 1903, in: Hugo von Hofmannsthal / Harry Graf Kessler: Briefwechsel 1898-1929, ed. Hilde Burger, Frankfurt/M. 1968, p. 56
109 ibid., p. 56 sq.
110 ibid.

mählich, von Versuch zu Versuch schreitend, der Dichter die Szenen voneinander schied und sie bis zur geringsten Bewegung mit Rhythmus durchdringen konnte."[111]

Nicht um die tänzerische Realisation eines zuvor fixierten Handlungsablaufs geht es hier - die Struktur des Spiels, Aufbau und Gliederung in Szenen, ergibt sich erst im Hinblick des Autors auf die Hervorbringungen der Tänzerin. Während der gemeinsamen Arbeit gewinnt auch das Tanzpantomimenszenarium seine Gestalt; es zeichnet den Handlungszusammenhang des Spiels nach, der in seiner gültigen Form aus dem Prozeß künstlerischer Zusammenarbeit von Tänzerin und Autor hervorgegangen ist.[112]

Hofmannsthals Anteil am Werkganzen der mit Wiesenthal erarbeiteten Tanzpantomimen besteht nicht allein in der Erstellung eines Szenariums. Besonders deutlich belegen dies Zeugnisse aus der Entstehungszeit der Tanzpantomime "Amor und Psyche", die gemeinsam mit "Das fremde Mädchen" am 15. September 1911 im Theater in der Königgrätzer Straße in Berlin (dem heutigen Hebbel-Theater) uraufgeführt wird (Dekorationen von Grete Wiesenthals Mann Erwin Lang, Musik von Hans Ruch). Die Zusammenarbeit mit Wiesenthal betrifft auch die tänzerische Seite dieses Spiels; Hofmannsthal entwickelt Überlegungen, die er im Essay "Über die Pantomime" bündig formulieren wird (gemeinsam mit den Szenarien zu "Amor und Psyche" und "Das fremde Mädchen" erscheint der Essay in dem bereits oben, p. 63, genannten Band).

Anders als im Fall der Tanzpantomime "Das fremde Mädchen" gibt es für "Amor und Psyche", wie Wiesenthal 1911 schreibt, eine "feste Grundlage" der Handlung[113], die seit Apuleius (geb. um 125 n. Chr.) vielfach erzählte und abgewandelte, auch in Balletten verarbeitete Geschichte der Liebe zwischen dem Gott Amor und der Königstochter Psyche:

Aus Neid auf Psyches Schönheit sendet Venus ihren Sohn Amor zur Bestrafung der Königstochter aus, doch verliebt sich dieser in Psyche. Da ein Orakel Psyches Vater die Ehe seiner Tochter mit einem Ungeheuer verkündet hat, wird Psyche auf einem Felsen ausgesetzt; von dort trägt Zephir sie in den Palast Amors. Während der Nacht sind die Liebenden vereint, doch darf Psyche Amor nie sehen. Neidisch auf Psyche, raten ihr ihre Schwestern, das 'Ungeheuer' (Amor) im Schlaf umzubringen. Beim Schein einer Lampe erkennt Psyche den Gott; ein Tropfen heißen Öls aber

---

111 Grete Wiesenthal: "Pantomime" (1911), in: Hofmannsthal-Blätter, Heft 34, 1986, p. 44

112 zur Entstehungsgeschichte des Tanzpantomimenszenariums zu "Das fremde Mädchen" cf. Gisela Bärbel Schmid: ""Das unheimliche Erlebnis eines jungen Elegants in einer merkwürdigen visionären Nacht". Zu Hofmannsthals Pantomime 'Das fremde Mädchen'", in: Hofmannsthal-Blätter, Heft 34, 1986, p. 46-57

113 Wiesenthal 1911, p. 44

weckt ihn, der Psyche nun, da sie das Verbot mißachtet und ihn erkannt hat, verläßt. Voller Verzweiflung will Psyche sich das Leben nehmen, tritt jedoch schließlich in den Dienst der Venus, um deren Vergebung zu erlangen. Sie hat drei gefährliche Aufträge auszuführen; beim letzten, einem Gang in die Unterwelt, eilt Amor ihr zu Hilfe. Der Gott gewinnt den Beistand Jupiters; Psyche wird aufgenommen in den Kreis der Götter, und die Liebenden sind für immer vereint.[114]

In einem Brief an Wiesenthal vom 18. Juni 1910 äußert sich Hofmannsthal über den "Amor und Psyche"-Stoff. Von vornherein interessieren ihn an der überlieferten Geschichte nicht die Verwicklungen der Handlung, sondern die Möglichkeit einer Konzentration auf "drei ganz reine tänzerische Hauptsituationen".[115] Den Inhalt dieser drei Szenen teilt Hofmannsthal der Tänzerin in seinem Brief mit; dabei wahrt er eine Zurückhaltung, die für seine Auffassung künstlerischer Zusammenarbeit mit Wiesenthal charakteristisch ist: "Den pantomimischen Inhalt der drei Bilder deute ich nun viel sparsamer an, als er mir schon vorschwebt. Sie werfen mir, wenn der Stoff Sie fesselt, den Ball dann wieder zu, dann wieder ich Ihnen, so kann schließlich ein erstaunlicher Reichtum zum Vorschein kommen."[116]

Die drei "bedeutenden, symbolischen Situationen" des "Amor und Psyche"-Stoffs bezeichnet Hofmannsthal in seinem Brief mit den Titeln: "I. Die Liebesnacht mit der Lampe, II. Psyche in der Unterwelt (Strafe, Läuterung, Leiden), III. Vereinigung und Seligkeit."[117] Das Tanzpantomimenszenarium, das rechtzeitig zur Uraufführung des Stückes im September 1911 erscheint, behält die Einteilung in diese drei Szenen bei, deren Inhalt hier, dem Szenarium folgend, kurz vorgestellt sei:

I. Im Palast des Amor. Psyche erwartet ihren Geliebten und schmückt sich. Amor nähert sich ihr, doch sieht Psyche ihn nicht; sie fühlt nur seine Gegenwart. (Der besondere tänzerische Reiz der Situation liegt, wie Horst Thiemer 1957 bemerkt hat, darin, "dass die Tänzerin, die die Psyche zu verkörpern hat, derart mit ihrem Partner tanzen muss, dass die überzeugende Illusion entsteht, sie selbst sehe ihn nicht."[118]) Amor umkreist die Geliebte, "spielt an ihr hin"[119], entzieht sich ihr immer wieder. Psyche will

---

114 cf. Elisabeth Frenzel: Stoffe der Weltliteratur, Stuttgart [6]1983, p. 40

115 Brief an Grete Wiesenthal vom 18. Juni 1910, in: Die neue Rundschau, 59. Jg. 1948, p. 215

116 ibid., p. 216

117 ibid., p. 215

118 Horst Thiemer: Hugo von Hofmannsthals Ballettdichtungen, Diss. phil. Universität Greifswald 1957 (Maschinenschrift), p. 98

119 Hugo von Hofmannsthal: "Amor und Psyche", in: Gesammelte Werke in zehn Einzelbänden, ed. Bernd Schoeller, Frankfurt/M. 1979. Dramen VI, p. 82

nach der Lampe greifen, doch fällt Amor ihr in den Arm und vollführt eine warnende Gebärde, die seine Geliebte gleichfalls nur spürt. Angst und Traurigkeit erfüllen Psyche. Ihr Geliebter gleitet nun hinter sie, Psyche dreht sich um und wirft sich in seine Arme - die Liebenden "küssen, sinken hin, schlummern."[120]

Psyche erwacht. Halb unbewußt wendet sie sich der Lampe zu; schließlich stürzt sie, "wie eine Mänade"[121], zu ihr hin, küßt die Lampe und läßt das Licht auf ihren Geliebten fallen. Amor erwacht, erhebt sich und blickt Psyche noch einmal lange an - "die Flamme loht auf, der Gott ist verschwunden".[122] Psyche bricht wie tot zusammen.

II. In der Unterwelt. Psyche steht aufrecht und starr unter den Schatten. Ein Tanz, in dem sie gegen die andrängenden Schatten sich zur Wehr setzt, drückt ihre "unbedingte Verzweiflung" aus.[123] Am Ende des Tanzes sinkt Psyche gekrümmt zu Boden, während die Schatten wachsen und steigen; ihre verkrampften Glieder lösen sich, "sie liegt friedlich: wie eine Erlöste, nicht wie eine Besiegte."[124]

III. An den Stufen zum Reich der Götter. Psyche "liegt und glänzt, als wäre sie von Glas".[125] Amor erscheint, entdeckt den erstarrten Körper seiner Geliebten und wendet sich voller Schrecken ab; schließlich kämpft er seine Scheu nieder, neigt sich zu ihr und betrachtet sie. Schaudernd vor der Starrnis des Körpers bäumt Amor sich auf und klagt die Götter an, "wie ein verwöhntes Kind."[126] Er beginnt, zunächst zögernd, Psyches Körper zu beleben; nach und nach erwacht sie, richtet sich langsam auf und sieht Amor an. Allmählich kehrt das Leben ganz in ihren Körper zurück, und sie erhebt sich: "Amor (...) breitet die Arme wie Flügel, sie zu empfangen; sie geht - beflügelt auch sie -, legt sich an ihn, sie wiegen sich hinaus in die Ewigkeit, verschwinden."[127]

Von Hofmannsthals Notizen im Juni 1910 ist es ein weiter Weg zum fertigen Szenarium im September 1911: Die erste Szene der Tanzpantomime etwa skizziert Hofmannsthal in seinem Brief mit wenigen Zeilen, ohne dabei auf mögliche Bewegungen der Figuren näher einzugehen; in der Erstveröffentlichung des Szenariums umfaßt die Szene mehr als drei Druckseiten, auf denen Hofmannsthal auch Bewegungsfolgen be-

120 ibid.
121 ibid.
122 ibid.
123 ibid., p. 83
124 ibid.
125 ibid., p. 84
126 ibid.
127 ibid.

schreibt.[128] Den Ausgangspunkt der Arbeit bildet die "Zusammendrängung des Stoffes auf das Wesentliche, in diese drei Situationen" (Brief an Wiesenthal vom 5. und 11. Juli 1910[129]), die Hofmannsthal der Tänzerin als Vorschlag mitteilt; der Autor erläutert Wiesenthal die Richtlinien, nach denen er verfahren möchte: "alles Beiwerk, alles novellistisch Märchenhafte, auch alle Nebenfiguren müssen meines Erachtens wegbleiben."[130] Die Schauplätze des Spiels denkt Hofmannsthal sich "einfachst", nur durch unterschiedliche Lichtregie bestimmt; in strengem Sinn erscheint dem Autor ein ""Schauplatz" (...), wo es sich um Tanz handelt", als "Nebenwerk aus pseudo-pantomimischer Region."[131]

Hofmannsthals Ziel: die Befreiung des Werkes von kompositorischem und inszenatorischem Ballast, steht in engem Zusammenhang mit seinem Verständnis der tänzerischen Seite des Spiels. Die Form der Tanzpantomime gilt es erst zu entwickeln; ausdrücklich möchte Hofmannsthal über die pantomimischen Experimente Max Reinhardts ("Sumurûn" aus dem Jahr 1910; cf. oben p. 109) hinausgelangen. Gerade an diesem Punkt, in der Abgrenzung von Reinhardts ""vermischter" Form", wie Hofmannsthal im Brief an Wiesenthal vom 5. und 11. Juli 1910 formuliert[132], setzt die tanzästhetische Reflexion des Autors ein, die ihn zu einer Reihe der später, im Essay "Über die Pantomime" festgehaltenen Bestimmungen führt.

Im Inhaltlichen arbeitet Reinhardts Pantomime, so Hofmannsthal in seiner Kritik, mit Elementen einer "dramatischen Vorstellungskette"[133], die in "Amor und Psyche" - so weit als möglich - wegfallen sollen. Hofmannsthals Spiel beginnt unvermittelt, es verzichtet auf eine Exposition; seine drei Situationen sind eher lose miteinander verknüpft; es kennt keinerlei Intrige, die die Handlung vorantreiben würde. Das Spiel illustriert in diesem Sinn Hofmannsthals Diktum im Pantomimen-Essay: Was hier - in der Form von Tanzpantomimen - zu geben versucht werde, seien "keine Dramen."[134] - Dem Abrücken von einer "dramatischen Vorstellungskette" korrespondiert in tanzästhetischer Hinsicht Hofmannsthals Forderung nach Emanzipation der Gebärde vom Schauspielerischen. Die Gebärden näm-

128 cf. Hofmannsthals Brief an Wiesenthal vom 18. Juni 1910 (in: Die neue Rundschau, 59. Jg. 1948, p. 216) und den Band "Grete Wiesenthal in Amor und Psyche und Das fremde Mädchen. Szenen von Hugo von Hofmannsthal", Berlin 1911, p. 7-10

129 in: Agathon. Almanach auf das Jahr 47 des zwanzigsten Jahrhunderts, Wien 1947, p. 302. (Der Datierung des Briefes im Almanach auf "wahrscheinlich 1910", ibid., folgen Leonhard M. Fiedler und Martin Lang (eds.) bei ihrem Wiederabdruck in dem Band "Grete Wiesenthal. Die Schönheit der Sprache des Körpers im Tanz", Salzburg u. Wien 1985, p. 96 sq.)

130 Brief vom 18. Juni 1910, in: Die neue Rundschau, 59. Jg. 1948, p. 215

131 ibid., p. 216

132 in: Agathon, p. 302

133 Brief vom 18. Juni 1910, in: Die neue Rundschau, 59. Jg. 1948, p. 215

134 "Über die Pantomime", in: Reden und Aufsätze I, p. 504

lich, "die das Schauspielerische begleiten, sind alle unrein, weil vermischt; sie gehen ineinander über; auch ihrer Natur nach sind sie unrein, zum geringen Teil wahrhaft ausgebildete mimische Geberde, zum großen Teil bloße conventionelle Zeichen" (Brief vom 5. und 11. Juli 1910[135]). Die 'Unreinheit' des schauspielerischen Gebärdenspiels besteht also in zweierlei: Die einzelne Gebärde ist zwar ein durch Konvention verständliches Zeichen, bleibt jedoch in ihrer Ausformung gleichsam im Ansatz stecken, entfaltet sich nicht zu einem eigenwertigen mimisch-gestischen Gebilde; überdies aber verwirren die Gebärden sich in ihrer Ausdruckskraft, weil sie nicht klar entwickelt werden - Hofmannsthal warnt Wiesenthal vor einer solchen Praxis auch mit Blick auf die Motive der Tanzpantomime, die sich, vor allem in der ersten Szene, "leicht mischen, verwirren und trüben" könnten.[136] Daß die Tänzerin mit einer Folge "*reiner*"[137] Stellungen und Gebärden arbeite, bedeutet für Hofmannsthal, daß sie die Bewegung in ihrer Phasenhaftigkeit ausspielt, ihre innere Spannung freisetzt, die Gebärde "in ihrem An- und Abschwellen, ihrem inneren Rhythmus"[138] zur Erscheinung bringt. Besondere Aufmerksamkeit ist dabei den "reinen Übergängen"[139] von einer Gebärde zur anderen zu widmen; was Hofmannsthal im Pantomimen-Essay als "Folge", im Aufsatz über Ruth St. Denis als "Verkettung" der Gebärden im tänzerischen Bewegungsfluß beschreibt[140], ist eine - gegenüber der schauspielerischen Verfahrensweise - klar ausgearbeitete Organisation einzelner Gebärden zu einem Ganzen.

Die reine, die entfaltete Gebärde kennzeichnet Hofmannsthal im Brief vom 5. und 11. Juli 1910 als "reich": "Eine reine Geberde (...) ist ja so reich, daß aus ihrer wenigen sich eine ganze Ceremonie, ein ganzer "Act" zusammensetzt."[141] Der im Pantomimen-Essay formulierte Gedanke, daß das tänzerische Gebärdenspiel an Fülle des Inhalts dem "Wortgedicht" vergleichbar sei, deutet sich hier bereits an - freilich wird die "Sprache des Körpers" noch nicht explizit als privilegiert gegenüber der Sprache der Worte ausgewiesen (wie im späteren Essay: die einzelne Haltung und Gebärde spricht in ihrer Zusammengefaßtheit "gedrängter", als sich mit Worten sprechen läßt; am tänzerischen Gebärdenspiel kann etwas schlechthin Unsagbares aufscheinen[142]).

135 in: Agathon, p. 303
136 ibid.
137 ibid., Hervorhebung bei Hofmannsthal
138 ibid.
139 ibid.
140 cf. oben p. 70
141 in: Agathon, p. 303
142 cf. oben p. 75

Nicht die bloße Digression, das Schweifen zwischen zeichenhaften Gebärden, das diese selbst in ihrer Ausdruckskraft schwächt, sondern der organisierte Zusammenhang der entfalteten, in sich selbst 'reichen' Gebärden ist Hofmannsthals Ziel. In der Absetzung des tänzerischen Gebärdenspiels gegenüber der schauspielerischen Praxis tritt deutlich eine Divergenz der Perspektiven Hofmannsthals und Yeats' hervor: Versucht Yeats, die Zeichenhaftigkeit von Gebärden im Rahmen seiner bewegungsästhetischen Konzeption fruchtbar zu machen, so spricht sich Hofmannsthal gerade gegen die Arbeit mit derart bestimmten, durch Konvention verständlichen Gebärden aus. Diese begreift er als gleichsam verkürzt, er setzt sie in Analogie zu "Buchstaben, die ja aus wahrhaften Bildern, den Hieroglyphen, entstanden sind"[143]; dagegen entbindet eine tänzerische Gebärde, in Weiterführung dieser Analogie, die Fülle der ursprünglichen Bildlichkeit - eben hierin besteht ihr Reichtum. Die Probleme der Formalisierung und Stilisierung von Gebärden stellen sich Hofmannsthal nicht; eine stilisierte Grußgebärde wie die des Alten Mannes in "At the Hawk's Well" hätte in seiner Konzeption der Tanzpantomime gewiß keinen Platz.

Über Max Reinhardts pantomimische Experimente hinauszugelangen, erscheint Hofmannsthal vor allem in der zweiten Szene von "Amor und Psyche", der Unterwelt-Szene, möglich, wie er Wiesenthal gegenüber im Sommer 1910 andeutet. In einer "Sprache, die nur der Körper der Tänzerin findet", könne hier "alle Qual des Tantalus, Sisyphos und der Danaiden in den Stellungen *eines* Wesens abgewandelt werden, bis zum rasenden verzweifelten Drehen, zur völligen Verdunkelung der Seele" (Brief vom 18. Juni 1910[144]). Die angemessene tänzerische 'Sprache' gerade dieser Szene zu finden, bleibt also Wiesenthals Aufgabe; Hofmannsthals tanzästhetische Reflexion kann wohl um Grundmomente tänzerischen Gestaltens kreisen, nicht aber die Gestaltung einer einzelnen Szene gültig entwickeln: Die Verständigung zwischen Autor und Tänzerin betrifft tanzästhetische Grundfragen, nicht einzelne Bewegungsmotive (wenn Hofmannsthal auch solche vorschlägt: hier etwa das "Drehen").

Verdankt sich die Wirkung der Szene wesentlich den Erfindungen der Tänzerin, so ist doch Hofmannsthals Beitrag zur Komposition, zur künstlerischen Einheit dieses Teiles von "Amor und Psyche" nicht geringzuschätzen. Der Autor gibt der Tänzerin Gelegenheit, sich - wie an keiner anderen Stelle des Werkes - zu exponieren; dies in Bewegungen, die an die Grenzen körperlichen Ausdrucks im Tanz gehen und gleichzeitig die Grenzen dessen berühren, was noch mit Worten zu vermitteln wäre

143 Brief vom 5. und 11. Juli 1910, in: Agathon, p. 303
144 in: Die neue Rundschau, 59. Jg. 1948, p. 216

(entsprechend heißt es im Text des Szenariums: "Alles ist hier die Kraft der Tänzerin, ein unermeßliches Leiden zu malen"[145]). Die "Zusammendrängung des Stoffes auf das Wesentliche" erreicht hier ihren äußersten Punkt: eine einzige Situation des Erlebens, ein einziges Thema - "zeitloses und maßloses Leiden", wie Hofmannsthal an Wiesenthal schreibt[146] - werden hier gestaltet. Bemerkenswert ist, daß in der zeitgenössischen Kritik gerade dieser Teil von "Amor und Psyche" Beifall findet; dabei problematisiert die Kritik auch die Eigenart der Tanzpantomime als Bühnenkunstwerk.

Einige Tage nach der Uraufführung von "Amor und Psyche" und "Das fremde Mädchen" erscheint in der "Schaubühne" ein kurzer Aufsatz Herbert Jherings (1888-1977), in dem der Kritiker zunächst, Bezug nehmend unter anderem auf Hofmannsthals Pantomimen-Essay, die tanzästhetische Reflexion des Autors würdigt. Im regelgebenden Teil seiner Kritik erörtert Jhering die Aufgabe eines Verfassers von Pantomimen und die Frage, wodurch die Pantomime sich als Kunstform rechtfertige. Der Schriftsteller müsse, so führt Jhering aus,

> "seine Handlung so konzentrieren und immer wieder zusammendrängen, bis sie den Extrakt eines langwierigen Geschehens in der Knappheit einer einzigen Situation enthält. In dieser Situation ist dann alles so mit Spannungen geladen, sind die Gefühle schon so an die Oberfläche gestiegen, daß sie sich direkt dem Körper mitteilen und sich mit der elementaren Kraft eindeutiger Gebärden befreien. Nur wenn die Pantomime in sich wirklich den Zwang zu körperlichem Ausdruck trägt, hat sie ihre Berechtigung neben dem Wortdrama."[147]

Jherings Überlegungen kommen denen Hofmannsthals hier sehr nahe; der Kritiker folgt Hofmannsthal auf dessen theoretischem Weg. Was er mit Hofmannsthal von der Tanzpantomime als Kunstform verlangt, findet er jedoch im Fall von "Amor und Psyche" und "Das fremde Mädchen" *nicht* erfüllt. Bezogen auf "Amor und Psyche" kann in Jherings Perspektive nur eine Szene des Werkes bestehen: "Psyche will sich von den Schatten der Unterwelt lösen"[148]; einzig in dieser Szene sei der Tanz "als dramatisches Ausdrucksmittel empfunden"[149]:

> "Grete Wiesenthal steht da, ihr Kopf neigt sich zurück, ihre Lider sind geschlossen, der Mund halb geöffnet, und plötzlich hebt sie ihren

---

145 "Amor und Psyche", in: Dramen VI, p. 83

146 Brief vom 5. und 11. Juli 1910, in: Agathon, p. 305

147 Herbert Jhering: "Grete Wiesenthal", in: Die Schaubühne, 7. Jg. 1911, 2. Bd., Nr. 39 (28.9.1911), p. 274

148 ibid.

149 ibid.

> Körper und wächst über sich selbst und wiegt ihn und biegt ihn und entfernt die Arme von sich, schlank, weit, als wehre sie etwas ab. Das alles ist wie im Traum, nachtwandlerisch, fern. Und wenn sie mit langen Schritten nach vorn taumelt und auf ihnen lastend ruht, als ob ihre Glieder schwer wären, die doch leicht sind, dann glauben wir etwas Abgeschiedenes zu sehen, das sich gespenstisch regt, einen Schatten, der noch Körper ist, und doch von seinem Körper nichts weiß."[150]

Nur jener Teil der Tanzpantomime überzeugt den Kritiker, der im Zusammenhang des Werkes eine integrale, für sich bestehende Einheit bildet. Die Einschätzung liefert Gründe für zwei Behauptungen, mit denen Jhering seine Kritik - überschrieben "Grete Wiesenthal" - eröffnete: "Von ihr, nicht von Hofmannsthals Pantomimen muß gesprochen werden. Denn die Tänzerin hat gegen ihren Dichter gesiegt."[151] Die tänzerische Leistung also hat sich durchgesetzt gegen den, nach Meinung des Kritikers: eher hemmenden[152], Beitrag des Schriftstellers zum Werkganzen der Tanzpantomime. Jherings Kritik der kompositorischen und inszenatorischen Arbeit Hofmannsthals bezeichnet, wie auch immer sie zu werten sei, deutlich einen Punkt, an dem die Problematik der Tanzpantomime als Kunstform (und im übrigen die Problematik jeden Handlungsballetts) zutage tritt. Machen sich am Spiel zwei Seiten bemerkbar, die nicht völlig zur Deckung gebracht sind: tänzerisches Geschehen und Handlungsverlauf, erscheinen beide Seiten abgelöst voneinander oder befinden sie sich geradezu im Widerstreit, so mißlingt das Unternehmen. Die Verdichtung einer Handlung zur bühnenwirksamen tänzerischen Situation ist nur dann geglückt, wenn die Bewegtheit des Handelns selbst - im Sinn einer *Aktion* - freigesetzt und damit die bewegte Körperlichkeit des Handelnden herausgestellt wird (wenn das Spiel, wie Jhering sagt, "in sich wirklich den Zwang zu körperlichem Ausdruck trägt"). Bezeichnend ist, daß Jhering in der zweiten Szene von "Amor und Psyche" gerade die Körperlichkeit Psyches wahrnimmt und in seiner Schilderung thematisiert: ein Schatten, "der noch Körper ist, und doch von seinem Körper nichts weiß." (In ähnlicher Weise wie hier, doch weit verhaltener in der Aktion, tritt Psyches bewegte Körperlichkeit in der dritten Szene, der Belebung durch Amor, hervor, die Jhering allerdings nicht als gelungen erwähnt.)

Hofmannsthal selbst war sich im klaren über den Stellenwert, den die Unterwelt-Szene im Aufführungszusammenhang des Werkes haben würde; an Wiesenthal schreibt er: "Hier ist der Punkt, wo das Ganze sich zu einer wirklichen Bedeutung erheben, oder auch diese Erhebung schul-

---

150 ibid.
151 ibid.
152 "Hofmannsthal (...) hat (...) Grete Wiesenthal eher gehemmt als erlöst", ibid.

dig bleiben kann."[153] Für sich betrachtet, scheint die Szene (soweit dies im Rückblick auszumachen ist) die kompositorische Problematik der Tanzpantomime zu einer ästhetisch befriedigenden Lösung gebracht zu haben. Als repräsentativ für das Ganze des Spiels kann sie freilich nicht gelten - sie weist nur den Weg, den die Tanzpantomime als Kunstform einzuschlagen hätte.

Das Szenarium, das Hofmannsthal zur Uraufführung von "Amor und Psyche" im September 1911 veröffentlicht, ist ein erzählender Text. Auf gesonderte Angabe der Personen, des Ortes und der Zeit des Spiels wird verzichtet; Hinweise auf die Ausstattung der Szene, auf Lichtverhältnisse und Bewegungen der Spieler sind in den laufenden Text integriert. Das Szenarium gliedert sich in die drei Situationen des Werkes, die, titellos, nur mit Ziffern bezeichnet werden.

Auf Eigentümlichkeiten der Sprache des Szenariums hat Horst Thiemer in seiner Dissertation "Hugo von Hofmannsthals Ballettdichtungen" 1957 aufmerksam gemacht. Den gehobenen Stil kennzeichnet ein "edles Pathos"[154]; einige Sätze treten in der Art von Sentenzen aus dem Zusammenhang des Textes hervor: "Niemals gewöhnt ein Sterbliches gänzlich die Wunder"[155], oder: "Götter sind geborene Herrscher, niemals gewaltiger, als wenn sie befehlen, wenn sie verbieten."[156] Die Beschreibung einzelner Bewegungen der Spieler ist mitunter im selben Duktus gehalten: "gebieterisch gotthaft geht des Gottes Hand empor in warnender Gebärde".[157]

In seiner Analyse des Szenariums zu "Amor und Psyche" berührt Thiemer die Frage nach der Funktion des Textes. Daß dessen "Zweck", wie Thiemer im Zusammenhang seiner Interpretation der zweiten Szene annimmt, darin bestehe, "einer Tänzerin ihre Aufgabe zu zeigen"[158], erscheint allerdings in mehrerlei Hinsicht nicht plausibel: Bezogen auf Hofmannsthals Zusammenarbeit mit Wiesenthal, auf beider Austausch im Gespräch und in der Korrespondenz, bedurfte es keines stilistisch anspruchsvollen Szenariums, um die Tänzerin über Hofmannsthals Vorstellungen ins Bild zu setzen; auch wäre die Veröffentlichung eines Textes, verfaßt zur Orientierung Wiesenthals, nicht ohne weiteres einsichtig. Einer anderen Tänzerin als Wiesenthal aber könnte das Szenarium allenfalls als

153 Brief vom 5. und 11. Juli 1910, in: Agathon, p. 305
154 Thiemer, p. 37
155 "Amor und Psyche", in: Dramen VI, p. 81
156 ibid., p. 82
157 ibid.
158 Thiemer, p. 103

Inspirationsquelle dienen; eine nützliche Arbeitsgrundlage liefert es nicht: Weder ist es Entwurf oder Aufzeichnung einer Choreographie, noch legt es, wie ein Regiebuch, das szenische Geschehen in theaterpraktisch brauchbarer Form fest.

Hofmannsthal selbst hat die Problematik der Veröffentlichung von Texten reflektiert, die Tanzwerken beigeordnet sind. Über die Publikation eines "Textbuches" zu einem Ballett äußert er sich im Dezember 1912 in einem Brief an Richard Strauss (hier mit Blick auf sein und Harry Graf Kesslers Libretto zum Ballett "Josephslegende", uraufgeführt 1914 von Diaghilevs Ballets russes): "es gibt keinen Text eines Balletts, das Ballett, das eines Textes bedürfte, wäre verfehlt und die Publikation eines solchen Textbuches würde mir *mit Recht* sehr übelgenommen werden".[159] Wenn Hofmannsthal dennoch - wie auch im Fall der "Josephslegende" - Szenarien und Libretti veröffentlicht, so sind diese nicht als Texte aufzufassen, die nötige Hinweise zum Verständnis des stummen Bühnengeschehens gäben. Erst recht unternehmen sie nicht den Versuch einer Überführung dessen, was der Tanz zur Anschauung bringt, in Rede; gemäß den Bestimmungen des Pantomimen-Essays müßte dieser Versuch letztlich scheitern. Umso eindringlicher stellt sich die Frage nach Status und Funktion der Szenarien und Libretti als Texten, die sich an ein Lesepublikum wenden. Dieser Frage sei im folgenden am Beispiel des Szenariums zu "Amor und Psyche" nachgegangen.

Der erste Abschnitt des Textes lautet:

> "Man ist in einer geheimnisvollen Welt, aber in einer freudigen. Das Gemach ist schön, von glänzender Dämmerung erfüllt. Die Geräte sind spärlich, aber edel. So erleuchtet, so zugerichtet möchte wohl der Palast sein, den Amor einer sterblichen Geliebten in die Einöde gezaubert hat, daß er dort sie Nacht für Nacht besuche, ihres Besitzes sich freue, aber freilich immer unsichtbar, immer von Schleiern der Nacht umwoben: diese Schleier nicht zu lüften, gebietet ein strenges, oft wiederholtes Wort. Die verhängnisvolle Lampe steht da, ein schönes, unschuldiges Gerät. Auf Stufen erhebt sich ein Altar, dem Offenen zu, wo die kühle Nachtluft eindringt. Ist es aber ein Altar oder ist es ein hochgebautes Lager der Liebe? Der Liebende ist ein Gott, schwingt sich allnächtlich aus der Luft hernieder; die ihn besitzt, muß ihn zugleich anbeten: so ist es wohl beides in einem."[160]

---

159 Brief an Richard Strauss vom 9. Dezember 1912, in: Richard Strauss / Hugo von Hofmannsthal: Briefwechsel. Gesamtausgabe, ed. Franz und Alice Strauss, Zürich 1955, p. 175

160 "Amor und Psyche", in: Dramen VI, p. 81

An die Imagination des Lesers sich wendend, werden im ersten Abschnitt des Szenariums der Ort einer Handlung, die Lichtverhältnisse und die Ausstattung eines Raumes mit Gegenständen, Elemente seiner Architektur angedeutet; verwoben aber in die sparsame Schilderung sind Reflexionen, die auf die Geschichte von Amor und Psyche Bezug nehmen, die bald von der Schilderung ausgehen ("So erleuchtet, so zugerichtet möchte wohl der Palast sein (...)"), bald diese selbst lenken ("Die verhängnisvolle Lampe steht da (...)").

Gänzlich unvermittelt beginnt der Text: "Man ist in einer geheimnisvollen Welt (...)" - wie nach Heben des Vorhangs im Theater sieht sich der Leser an den Ort eines Geschehens versetzt. In ähnlicher Weise beginnt der zweite Teil des Szenariums: "Hier ist die Unterwelt und fahles Licht (...)".[161] Die Technik, den Leser mit dem ersten Satz einer Szene unvermittelt an einen imaginären Schauplatz zu führen, hat Hofmannsthal mehrfach angewandt; so beginnt etwa die vierte Szene des gemeinsam mit "Amor und Psyche" veröffentlichten Szenariums zur Tanzpantomime "Das fremde Mädchen" mit dem Satz: "Da ist ein häßlicher, böser Winkel einer großen Stadt (...)".[162]

Konfrontieren die ersten Worte des Szenariums zu "Amor und Psyche" den Leser mit einer "geheimnisvollen Welt", die es zu imaginieren gilt, so orientiert der Text im weiteren Verlauf über Charakter und Beschaffenheit dieser Welt. Analog dem Erleben eines Theaterzuschauers, der zunächst die Totalität des Bildes, dann dessen Elemente einzeln wahrnimmt und dadurch zu einer deutlicheren Anschauung des Ortes gelangt, zeichnet der Text den Prozeß des Sich-zurecht-Findens im Fremden nach und leitet den Leser an, das Bild zu differenzieren: "Man ist in einer geheimnisvollen Welt, aber in einer freudigen" (nicht in einer unheimlichen, wie es auch denkbar wäre). Vorzustellen ist ein Innenraum in seiner Schönheit, dämmrig erleuchtet; jeden Gedanken an Ärmlichkeit hält der Text fern: "Die Geräte sind spärlich, aber edel."

Anknüpfend an diese Schilderung berührt der Text nun zum ersten Mal ausdrücklich das sujet des Spiels; er bietet dem Leser eine Deutung des Vorgestellten an und expliziert bestimmte Momente der Geschichte von Amor und Psyche. Den Vorschlag, die geschilderte "Welt" als den Palast des Amor zu identifizieren, unterbreitet der Text mit großer Zurückhaltung: "So (...) möchte wohl der Palast sein (...)". Die Deutung leitet,

---

161 ibid., p. 83

162 "Das fremde Mädchen", in: Dramen VI, p. 75; cf. auch den Beginn von II: "Nun sind sie in einer bösen Spelunke (...)", p. 71, und III: "Nun sind sie zu Hause (...)", p. 73; der Beginn von I thematisiert das Heben des Vorhangs in der Vergangenheit: "Als der Vorhang zum erstenmal aufging (...)", p. 69.

durch bloße Nennung Amors und seiner "sterblichen Geliebten", zwanglos auf die Vergegenwärtigung des narrativen Zusammenhanges: Der Palast ist "in die Einöde gezaubert" worden; Nacht für Nacht besucht Amor dort die Geliebte und bleibt dabei unsichtbar; ihn zu sehen, ist ihr verboten. Spezifische Möglichkeiten des Erzählens nutzend, vergegenwärtigt der Text neben einem weit zurückliegenden Ereignis auch Vorgänge, die sich bis zum Zeitpunkt der Erzählung wiederholen, und einen noch andauernden Zustand (Amors Incognito nicht aufzuheben, "gebietet" das Verbot).

Ging mit den ersten Sätzen des Abschnittes der Blick vom Ganzen zum Detail (Welt - Gemach - Geräte), so weitet sich nun die Perspektive vom einzelnen, bedeutungsvollen Gegenstand, der Lampe, über Elemente der Architektur, Stufen und Altar, bis zum Außenraum hin, "dem Offenen zu". Eine Frage schließt sich an, die Unsicherheit aufkommen läßt: Ist der genannte Altar in der Tat "ein Altar oder ist es ein hochgebautes Lager der Liebe?" Wiederum anknüpfend an den narrativen Zusammenhang der Geschichte von Amor und Psyche findet der Text eine Antwort, die die Entscheidung zwischen beiden Möglichkeiten in der Schwebe hält: es ist "wohl beides in einem."

Durchaus kunstvoll gebaut - eine sparsame, sich perspektivisch verengende Schilderung führt auf die Explikation eines narrativen Kontextes, diese zurück zur Nennung von Gegenständen, deren Erwähnung, den Blick weitend, in die Reflexion auf das Vorgestellte mündet -, kennzeichnet den Text ein Changieren zwischen zwei Haltungen, das auch die übrigen Passagen des Szenariums prägt: Der Text hält den Leser einerseits dazu an, Bilder und (wie sich noch zeigen wird) Bewegungen zu imaginieren; er teilt anderseits Reflexionen auf das bildhaft Vorgestellte mit, die auf den Handlungszusammenhang seines sujets Bezug nehmen. Beide Momente spielen ineinander, wie etwa die Bezeichnung der Lampe als "unschuldiges Gerät" deutlich macht. Insofern der Text erzählerisch reflektiert, kann er *mehr* leisten als das tänzerische Geschehen; dieses verzichtet zum Beispiel auf die Erhellung einer Vorgeschichte (Amors Errichtung des Palastes in der Einöde), die jedoch zum Verständnis des Spiels nicht notwendig ist. Nutzt der Text spezifisch erzählerische Möglichkeiten, etwa im Hinweis auf das oft wiederholte Verbot, so kann der Tanz das Gemeinte *anders* verdeutlichen - in "Amor und Psyche" pars pro toto durch eine einzige Geste des Gottes.[163]

---

163 Der Tanz ist im übrigen durchaus in der Lage, vergangene Ereignisse und Vorgänge durch körperliche Bewegung zu vergegenwärtigen. Beispielhaft gelingt dies John Neumeier in seiner Choreographie zu "Romeo und Julia", uraufgeführt 1971: Im 8. Bild des 3. Teils erfährt Romeo vom vermeintlichen Tod seiner Geliebten; die Nachricht wird ihm von der trauernden Amme Julias pantomimisch überbracht.

Mit Beginn des zweiten Textabschnitts des Szenariums setzt die Spielhandlung ein. Auch hier nimmt der Leser, nun Bewegungen imaginierend, teil an der Reflexion auf das Geschehen:

> "Psyche wartet und schmückt sich; ist schon geschmückt und wartet noch immer. So gehen ihre Tage hin. Ihr Blick haftet auf der Lampe, unwillkürlich, und gleich wieder wendet sie sich ab, gibt sie sich dem süßen Spiel der Erwartung hin, meint, Amor, den Geliebten, schon zu fühlen, schon ihn zu haben. Sie läuft zum Altar, dort spürt sie ihn nahe: aber jähe Angst vor dem Wunder seines Kommens, ein Grausen beinahe, treibt sie wieder fort, nach vorne. Zitternd bleibt sie stehen. Niemals gewöhnt ein Sterbliches gänzlich die Wunder. (...)"[164]

Kommen die Beschreibung von Bewegungen und die spezifisch erzählerische Mitteilung (eines Zustandes: des einförmigen Verlaufs von Psyches Tagen, d. h. vieler Tage) hier zunächst eher unauffällig miteinander ins Spiel, so hebt sich der zuletzt zitierte Satz in sentenzenhafter Verdichtung der Reflexion deutlich vom übrigen Text ab: Er zieht ein allgemeingültiges Resümee aus der Situation und Befindlichkeit Psyches, wie sie in deren Bewegungen zum Ausdruck gelangen.

Von der Struktur des Textes her: dem bald engen, bald losen Wechselspiel zwischen Explikation und Reflexion eines narrativen Kontextes einerseits, der Beschreibung eines zu imaginierenden szenischen Geschehens anderseits, zeichnet sich eine Antwort auf die Frage nach Status und Funktion des Szenariums ab. Der Text sperrt sich dagegen, als Erzählung einer Geschichte *oder* als Referat eines Bühnengeschehens gelesen zu werden; er sucht einen Zwischenbereich auf, der nach beiden Seiten hin offen bleibt. Nur eine Perspektive verfolgend, erscheint sein Status unbestimmt (der Text löst sich von der Erzählung, ohne ganz Referat zu werden und umgekehrt) - erst im Wechselspiel beider Perspektiven, das mitzuvollziehen der Text vom Leser verlangt, gewinnt er die Bestimmtheit eines eigenen Standpunktes. Wie nahe die Imagination eines szenischen Geschehens und die Reflexion auf dieses Geschehen einander kommen können - eine Nähe mit unterschiedlichen Graden -, vermittelt der Text dem Leser als lebendige Erfahrung. Er kann so nicht nur eine, sondern mehrere Funktionen erfüllen, wobei eine gewichtige Differenz darin liegt, ob er in Kenntnis oder Unkenntnis des Bühnengeschehens gelesen wird. Hat der Leser, wie bei der hier unternommenen Lektüre, eine Aufführung nicht oder noch nicht erlebt, so kann der Text wohl orientieren, einstimmen, Erwartungen wecken; seine Hauptaufgabe aber wird darin bestehen, den Leser und möglichen Zuschauer durch eine Lektüreerfahrung: die Er-

---

164 "Amor und Psyche", in: Dramen VI, p. 81

fahrung des Zusammenspiels von Imagination und Reflexion, zu reflektierendem Sehen anzuleiten, einen Prozeß aktiver Wahrnehmung des stummen Bühnengeschehens vorzubereiten. - Hat der Leser dagegen eine Aufführung von "Amor und Psyche" erlebt, so mag die Lektüre des Szenariums dazu dienen, ihm das Bühnengeschehen zu vergegenwärtigen; bedeutsamer aber ist, daß sie ihm eine vertiefende Reflexion des eigenen Erlebens ermöglicht. Indem der Leser das Wechselspiel beider Perspektiven des Textes mitvollzieht, kann er sich den Prozeß seines eigenen Erlebens bewußt machen. Das Szenarium wird in diesem Sinn zum 'Dialogpartner' des Lesers (zum Partner in einem Dialog, der Kontroversen nicht ausschließt - eine Erfahrung, die wohl jeder Theaterbesucher bei nachträglicher Lektüre eines Szenariums gemacht hat).

Die Leistung des Szenariums zu "Amor und Psyche" bleibt, dies ist zu betonen, die spezifische Leistung dieses Textes; die hier entwickelten Überlegungen zu seinem Status und seiner Funktion lassen sich auf die übrigen Szenarien und Libretti Hofmannsthals nicht verallgemeinernd übertragen. Beispielhaft aber zeigt die Analyse, daß die raison d'être des Szenariums als eines Textes, der sich an ein Lesepublikum wendet, von dessen Struktur her bestimmt werden kann. Strukturell höchst verschieden - die, wie Thiemer sagt, "dem Epischen angenäherte Form" von "Amor und Psyche"[165] steht neben der dialogischen Komposition ("Der Schüler", 1901) oder dem nach 'Tanzfiguren' gegliederten Referat (Szenen II-IV und X der "Josephslegende", 1914) -, unterscheiden sich die Texte auch ihrer Leistung nach. Ihre Zusammenfassung zu einer Gruppe oder Gattung bereitet Schwierigkeiten; eine vergleichende Analyse hätte hier, bei aller Verschiedenheit der Texte, gemeinsame Merkmale der durch sie vermittelten Lektüreerfahrungen herauszuarbeiten. Solange eine solche Analyse nicht vorliegt, erscheint größere Vorsicht geboten, als sie in Thiemers Formulierung anklingt: "Als eine Gattung, das heisst hier als eine Gruppe von Dichtungen, die ganz allgemein in entscheidenden Merkmalen übereinstimmt, kann man Hofmannsthals Ballettdichtungen höchstens ihrem *Funktionswert* nach als textliche Grundlage für ein Tanzwerk zusammenfassen."[166] Der Ausdruck "textliche Grundlage für ein Tanzwerk" greift hier zu weit: Zwar werden in allen Szenarien und Libretti Hofmannsthals eine Spielhandlung festgehalten und Bewegungsfolgen skizziert, als Grundlage aber für die choreographische Realisation einer Handlung eig-

165 Thiemer, p. 36
166 ibid., p. 33

nen sie sich kaum, da die Texte nicht mehr als grobe Hinweise liefern[167] (lediglich die Handlung zu notieren, wäre im übrigen eine Inhaltsangabe eher geeignet). Eine Gruppe von Texten bilden die Szenarien und Libretti vorerst nur als literarische Entwürfe im Hinblick auf ein tänzerisches Geschehen, das sie dem Leser nahebringen wollen.

An einem einzigen, dabei deutlich markierten Punkt reflektiert Hofmannsthals Szenarium zu "Amor und Psyche" die Begrenztheit der eigenen Rede über den Tanz. Der Text des zweiten Teils beginnt mit den Worten:

> "Hier ist die Unterwelt und fahles Licht, nicht Nacht, nicht Tag, Schatten gelagert wie Gewürm und Psyche unter ihnen, aufrecht, starr, ein Schatten ihrer selbst. Könnte sie tot sein, dürfte sie verlöschen, ihr wäre wohl, aber sie muß leben, muß leiden, grenzenlos. - Alles ist hier die Kraft der Tänzerin, ein unermeßliches Leiden zu malen, ein rasendes Fortwollen aus sich selber, unbedingte Verzweiflung."[168]

Der Tänzerin und ihrem Tanz wird zugeschrieben, ein unermeßliches, ein alles menschliche Maß übersteigendes Leiden anschaulich machen zu können; den Versuch, dieses Leiden in Worte zu fassen, unternimmt der Text nicht. Was im Tanz zur Anschauung gelangen soll, ist - wie Hofmannsthal im Pantomimen-Essay formuliert - "zu groß (...), um in Worte gefaßt zu werden"[169]: ein schlechthin Unsagbares 'oberhalb' des Bereichs sprachlichen Zugriffs (cf. oben, p. 76). Gerade hier, in Hinsicht auf das Vermögen, das Hofmannsthal dem Tanz implizit oder explizit zuschreibt, berühren sich seine Überlegungen mit der Reflexion Yeats', so verschieden die bewegungsästhetischen Konzeptionen beider Autoren im einzelnen auch sein mögen: Als Ausdruck der Macht eines übermenschlichen Wesens oder als Ausdruck eines inneren Zustandes, der menschliches Maß übersteigt, soll der Tanz an die Grenzen des mit Worten Sagbaren vorstoßen oder gar diese Grenzen transzendieren. Beide Autoren reflektieren das Vermögen des Tanzes literarisch; Yeats läßt die Musiker in "At the Hawk's Well" die Wirkung eines Tanzes kommentieren und führt dabei vor, daß

---

167 Dies gilt auch für die Beschreibung von Bewegungsfolgen in der "Josephslegende", die detaillierter ausgearbeitet ist als in anderen Szenarien und Libretti Hofmannsthals. In choreographischer Perspektive gibt sie wenig her. Hierfür ein Beispiel: In der vierten Tanzfigur der vierten Szene heißt es: "Joseph springt jetzt mit "leichten Füßen". Er scheint zu fliegen. Ohne Anstrengung macht er hohe beschwingte Sprünge (...)", in: Dramen VI, p. 108. Ob es sich hierbei, im Vokabular des akademischen Tanzes, um Sprünge vom Typ des entrechat, grand jeté, cabriole handelt - die sich wiederum näher differenzieren lassen, z. B. entrechat six, sept oder huit -, sagt der Text nicht. Ein Choreograph mag sich von Hofmannsthals Beschreibung inspirieren lassen; eine brauchbare Arbeitsgrundlage bietet der Text kaum.

168 "Amor und Psyche", in: Dramen VI, p. 83

169 "Über die Pantomime", in: Reden und Aufsätze I, p. 502

die Bewegung für sich selbst sprechen kann, Hofmannsthal verweist im Szenarium auf die Ausdrucksqualität eines Tanzes, dessen Gehalt verbal nicht oder nur ungenügend zu vermitteln wäre. Vor jener "Sprache, die nur der Körper der Tänzerin findet"[170], macht die literarische Rede Halt. Daß die schweigende Sprache des Tanzes gerade der literarischen Rede etwas zu sagen habe - weniger mit Blick auf das, *was* sie vermittelt, als vielmehr darauf, *wie* sie spricht -, reflektieren in einer anderen Perspektive als der Hofmannsthals oder Yeats' einige Autoren, deren tanzästhetische und poetologische Konzeptionen Gegenstand der weiteren Analyse sein sollen.

170 Brief vom 18. Juni 1910, in: Die neue Rundschau, 59. Jg. 1948, p. 216

# 5. TANZ UND DICHTUNG IN DER SYMBOLISTISCHEN ÄSTHETIK: MALLARMÉ - GEORGE - EINSTEIN - VALÉRY - RILKE

Mit einer Reflexion auf Möglichkeiten und Grenzen der Rede vom Tanz, einer Reflexion auf die Frage, wie sich überhaupt vom Tanz sprechen lasse, beginnt Carl Einstein (1885-1940) seinen "Brief an die Tänzerin Napierkowska", veröffentlicht im November 1911, einige Wochen nach Erscheinen des Essays "Über die Pantomime" von Hugo von Hofmannsthal. An die heute nahezu unbekannte Tänzerin Stasia Napierkowska (1886-1939) gerichtet[1], teilt der Brief zunächst eine Überlegung mit, die in vielen tanzästhetischen Schriften der Zeit begegnet - Topos eines Problems, das Einstein nicht nur benennt, sondern zu entfalten versucht:

> "Gnädige!
>
> Vielleicht entzieht sich nichts dermaßen dem Wort, wie der Tanz. Gewiß, es ist gerade so lächerlich, ungeschickt und taktlos ein Gemälde zu schildern - und was kann man geben, außer dem Eindruck. Jedoch an diesen Irrtum gewöhnte man sich schon längst. Es ist dem hornäugigen Bürger wohl schmeichelhaft, wenn ein Bild möglichst rasch seinem Dasein der Form zur Allegorie entzogen wird. Aber der Tanz, ein Rhythmus, dessen Sinn nur in der Komposition Ihrer uns so teuren Gesten ruht, der nur körperlich ist.
>
> Ich sehe nur ein Mittel, hier im Richtigen zu bleiben. Eine Sprache, die sich ganz dem Sichtbaren nähert, deren Klang wiederum zum Dank den Körper bewegt; aber dies ist der Dichter, der über seiner inneren Schönheit, über seinen Worten sich unterfinge, Ihren Tanz zu einer neuen - uns hier gleichgültig - umzusingen. Wir aber wollen nicht vom Dichter entzaubert werden, sondern im Kreis Ihrer Bewegungen gefangen bleiben. Und so ist es nichts als ein Enthusiasmus, den wir sagen, aber wir berichten nicht Ihren Tanz. Der gehört nur Ihnen, der Tanzenden."[2]

---

1 cf. über sie Gabriele Brandstetter: "Stasia Napierkowska. Skizze einer Tänzerinnenlaufbahn", in: Tanzdrama, Nr. 6, 1. Quartal 1989, p. 28-30

2 Carl Einstein: "Brief an die Tänzerin Napierkowska", in: Werke Band 1. 1908-1918, ed. Rolf-Peter Baacke, Berlin 1980, p. 57 (der Brief wurde zuerst veröffentlicht in: Die Gegenwart, 80. Bd., Nr. 48, 25. November 1911)

Liegt der "Sinn" jenes Rhythmus, den der Tanz vorführt, "nur in der Komposition" von Gesten, so wird in Einsteins Perspektive jeder Versuch fehlschlagen, der einen Sinn des Tanzes *außerhalb* dieser Komposition finden will. Wie ein Gemälde, so besitzt auch der Tanz ein "Dasein der Form", das die Analyse - mehr noch als im Fall der Malerei - zu respektieren hat; denn während dort die Deutung nur verfrüht ("möglichst rasch", dem "Bürger" zuliebe) von der Form des Bildes zu dessen allegorischem Sinngehalt übergeht, erscheint Einstein ein solcher Schritt im Fall des Tanzes als gänzlich verfehlt: "nur körperlich" gegeben, ist der Tanz allein als rhythmisch bewegte Körperlichkeit zu fassen. Auf sie nun richtet Einstein die Aufmerksamkeit wie kaum ein anderer der tanzästhetisch interessierten Autoren seiner Zeit; von ihr aus zeichnet die Möglichkeit einer adäquaten, ihrem Gegenstand angemessenen Rede vom Tanz sich ab.

Einstein deutet die Möglichkeit einer solchen Rede an, ohne sie im Brief weiter zu verfolgen. Jene Sprache, die sich "ganz dem Sichtbaren nähert", allein auf die wahrnehmbare, rhythmisch bewegte Gestalt des Tanzes gerichtet ist, um diese Gestalt klanglich (im Rhythmus der Dichtung) neu erstehen zu lassen, sie in Worte "umzusingen", bleibt ihm im Brief "gleichgültig". Wohl wäre einzig die Klanggestalt der Dichtung in der Lage, den Rhythmus eines Tanzes einzufangen, ihn wiederzugeben und so "den Körper" zu bewegen; doch bedeutet diese Vermittlung für Einstein eine 'Entzauberung' - notwendig müßte sie sich vom ursprünglichen Erlebnis lösen, um dem Tanz in einem anderen Medium Gestalt zu geben. Im Brief aber will Einstein "gefangen bleiben" im Erlebnis selbst, einen "Enthusiasmus (...) sagen" - mit der Konsequenz, daß der Tanz sich auch den Worten des Briefes so weit entziehen wird wie jeder Rede, die ihn nicht "umzusingen" vermag.

Im Verhältnis zum Unternehmen des Dichters also verfolgt Einsteins Brief ein bescheidenes Ziel. Und doch nähert sein Autor sich "dem Sichtbaren" des Tanzes auf eine Weise, die - in der zeitgenössischen tanzästhetischen Reflexion, zumindest des deutschsprachigen Raumes, nur selten anzutreffen - den Tanz in seinem "Dasein der Form" beläßt. Einstein entwirft eine Phänomenologie der Gesten Napierkowskas, die rein auf deren wahrnehmbare Gestalt abzielt; nach den einleitenden Abschnitten des Briefes heißt es:

> "Gesten, beschlossen von der Klugheit Ihres Körpers, das Wissen Ihrer Glieder. Linien, die den Raum durchschmeicheln, Kurven, die unvergeßlich in dem leeren Theater Nächte lang wirbeln. Es ist Ihnen

alles einheitliche Bewegung voller Form. Wir besannen uns auf den ganzen Körper, nicht auf partielle Eigenschaften."[3]

Der Tanz zeichnet Linien und Kurven in den Raum; seine bewegte Geometrie aber bleibt nicht flächiges Ornament, sondern gestaltet den Raum, vermittelt Raumerlebnisse: "Ihre geschleuderten Hände umspannten eine köstlich ausgeschnittene Kurve - dieses modellierte Stück Raum", heißt es einige Zeilen weiter.[4] In seiner Schilderung des Tanzes konzentriert Einstein sich auf plastische Anschauungsgehalte, auf reine Formen, die Napierkowskas Bewegung im Raum hervorbringt.

Daß die Gesten der Tänzerin nicht auf eine Bedeutung, einen Sinn zu befragen seien, die außerhalb der Komposition, außerhalb des tänzerischen Geschehens selbst lägen, daß nur eine gleichsam strukturale Betrachtung des Tanzes Aufschluß über dessen Sinn geben könne, macht Einstein an mehreren Stellen seines Briefes deutlich. Er bestimmt negativ, welche Inhalte Napierkowskas Tanz *nicht* zur Anschauung bringt, Inhalte also, die keinerlei Relevanz für die Analyse haben: "Nur Ihr Körper zuckte vor unsern Augen, alles was an Gefühltes oder Seelisches - unsichtbare dunkle Regungen - gemahnen konnte, war erloschen."[5] Gerade hier tritt die fundamentale Differenz zutage, die zwischen Einsteins Reflexion und vielen anderen tanzästhetischen Überlegungen der Zeit besteht: Ein schärferer Gegensatz als der zwischen Einsteins radikal anti-psychologischer Auffassung der Geste (eines Anti-Psychologismus freilich, den Einstein mit manchen Autoren der zehner Jahre teilt) und etwa Hofmannsthals Konzeption des tänzerischen Gebärdenspiels - "Enthüllt sich nicht hier die Seele in besonderer Weise? Entlädt sie sich nicht hier wie in den Tönen, aber noch unmittelbarer, noch zusammengefaßter, der inneren Fülle?" fragt Hofmannsthal in seinem Aufsatz "Über die Pantomime"[6] - ist kaum denkbar (ein Gegensatz im übrigen, den die Forschung - Brandstetter 1988[7] - bisher nicht wahrgenommen hat).

---

3 ibid.

4 ibid., p. 58

5 ibid.

6 "Über die Pantomime" (1911), in: Gesammelte Werke in zehn Einzelbänden, ed. Bernd Schoeller, Frankfurt/M. 1979. Reden und Aufsätze I, p. 505

7 In ihrem 1988 veröffentlichten Aufsatz "Körper im Raum - Raum im Körper. Zu Carl Einsteins Pantomime "Nuronihar"" meint Gabriele Brandstetter, für Hofmannsthal wie für Einstein vermöge "die Freiheit des tanzenden Körpers die allgemeine Sprache der Seele, der Affekte - die persona - zu entbinden" (in: Klaus H. Kiefer (ed.): Carl-Einstein-Kolloquium 1986, Frankfurt/M., Bern, New York, Paris 1988, p. 131) - Einstein aber geht es gerade nicht um eine "Sprache der Seele". In gleicher Weise parallelisiert Brandstetter Hofmannsthals Konzeption der 'reinen Gebärde' mit Einsteins Auffassung der Geste als "tendenzlos" (ibid.; cf. "Brief an die Tänzerin Napierkowska": "die Geste ist tendenzlos", in: Werke Band 1. 1908-1918, p. 59) - daß beide Autoren "dasselbe Phänomen" meinen, be-

Napierkowskas Körper dürfe, so sagt Einstein im Brief, "die Steigerung durch literarische Inhalte verschmähen", die Tänzerin ignoriere "das Drama".[8] Nicht als Umsetzung einer Handlung, eines Programms kommt der Tanz hier in Betracht, gelingt es doch der Tänzerin, alle dramatischen (und psychologischen) Reminiszenzen zu tilgen. Kritisch merkt Einstein zunächst an: "Ah, es war eine Pantomime, eine melodramatische Rührung. Psychologie statt Aktion", um dann jedoch festzuhalten, daß eben "nicht das Melodrama" gespielt worden sei, "vielmehr eine Folge von Gesten, geordnet, voller Komposition".[9] Immer wieder lenkt Einstein den Blick auf einen "Körper, der sich selbst genügt", auf die autarke Präsentation von Bewegungen - "es bleibt das unzerstörbare Gewebe Ihrer Kurven."[10]

Im Betrachten dieses Gewebes nun, genauer: im Betrachten der tänzerischen Akte, die das Gewebe hervorbringen, wird Napierkowskas Publikum der "Mitteilung eines schöpferischen Körpers" gewahr. "Wir sehen", so schreibt Einstein, "Ihren Tanz, gleichsam wie Sie ihn erfinden, wir belauschen ihn im Entstehen. Welche Ökonomie der Geste. Wir begreifen bei Ihnen, wie je Dinge erfunden wurden, und ist dies nicht die erlauchte Mitteilung eines schöpferischen Körpers?"[11] Fern aller Umsetzung oder gar Nachahmung erscheint der Tanz in Einsteins Perspektive als ein Paradigma des schöpferischen Aktes selbst, der "Dinge" erzeugt, vor den Augen des Betrachters ein Muster aus Linien und Formen im Raum hervorbringt, die - da sie ästhetische Äußerung, "Mitteilung" eines Körpers in Bewegung sind - vom Prozeß ihrer Hervorbringung nicht gelöst werden können. Das Gewebe aus Kurven bewahrt die Erinnerung an diesen Prozeß, ist Aufzeichnung eines Werkes "im Entstehen".

Es mag erstaunen, daß Einstein - nach den Bestimmungen des Briefes von 1911: das tänzerische Kunstwerk vermittelt keine literarisch vorgegebenen oder psychologisch greifbaren Inhalte - eine "Pantomime für Frau Napierkowska", "Nuronihar", entwarf. Im Jahr 1913 veröffentlicht er das Szenarium zu diesem Werk; mit ihm aber unternimmt er den Versuch, die tanzästhetische Konzeption des Briefes auf eine Pantomime zu übertragen, auf eine Pantomime, die keinerlei "passive Darstellung" kennt. An einem Beispiel läßt sich dies zeigen.

---

hauptet Brandstetter, ohne es an den Texten zu zeigen (ibid.). Im übrigen ist Brandstetters Vergleich der tanzästhetischen Konzeptionen Einsteins und Hofmannsthals durchaus stimmig; cf. Brandstetter 1988, p. 130 sq.

8 "Brief an die Tänzerin Napierkowska", in: Werke Band 1. 1908-1918, p. 59

9 ibid., p. 57 sq.

10 ibid., p. 58

11 ibid., p. 59

Einstein schreibt in "Nuronihar":

"Mittag, Abend und Nacht sind Eigenschaften des Tanzes und durchaus nicht selbständige Dinge. Der Tanz ist strahlend hell, frisch, deutlich und straff. Der Tanz wird dämmerig, müde, träumerisch und fließend, der Tanz wird nächtlich und rätselhaft, in jedem Fall bleibe er plastisch und präzise. Es gibt hier keine Stimmungskunst, d. h. passive Darstellung, der Tanz beherrscht alles."[12]

Wohl arbeitet Einstein in seiner Charakteristik des Tanzes mit einer Reihe psychisch impressiver Kennzeichnungen; sein Entwurf zielt jedoch darauf, daß der Tanz weder psychologisch zu deutende oder dramatisch entfaltete Inhalte vermitteln, noch Stimmungen 'darstellen' soll. Die tänzerisch realisierten Gehalte "Mittag, Abend und Nacht" sind nichts als "Eigenschaften des Tanzes", gleichsam aktualisierte Möglichkeiten, die in ihrer Aufeinanderfolge, in der Organisation des tänzerischen Geschehens einen Verweisungszusammenhang aufbauen. Dessen "Sinn" ist aus der Komposition selbst zu erschließen, etwa aus der Entgegensetzung von "straff" und "fließend". Die Bedeutung der einzelnen Fäden im "Gewebe" erhellt aus deren Beziehungen untereinander; die Bewegung des sich selbst genügenden Körpers, die "sich selber genügende Gebärde" (Helmut Heißenbüttel 1962[13]) verwirklicht ihre Sinnhaftigkeit nur in der Verwobenheit mit anderen Gebärden.

Von einer neuen Seite her, von der Seite eines entstehenden Verweisungszusammenhanges, zeigt sich der Tanz auch hier als schöpferischer Akt, der nicht darstellen oder abbilden will, sondern selbst Gehalte hervorbringt. Einsteins tanzästhetische Konzeption scheint auf ihre Weise umzusetzen, was Edward Gordon Craig von den Schauspielern seiner Zeit verlangte: "To-day they (die Schauspieler; Anm. G.G.) *impersonate* and interpret; to-morrow they must *represent* and interpret; and the third day they must create" ("The Actor and the Über-Marionette", 1908[14]). Einstein begreift den Tanz als eine Kunst, die nicht repräsentiert, vielmehr aus sich selbst heraus - materialiter, als reine Bewegung im Raum - schöpferisch wird. In dieser Perspektive kann der Tanz, wie Heidemarie Oehm 1976 in ihrer Studie über "Die Kunsttheorie Carl Einsteins" formuliert, als "Gleichnis autonomer Kunst" gelten.[15]

---

12 "Nuronihar. Eine Pantomime für Frau Napierkowska" (1913), in: Werke Band 1. 1908-1918, p. 175

13 Helmut Heißenbüttel: "Ein Halbvergessener: Carl Einstein", in: Heißenbüttel: Über Literatur, Olten u. Freiburg i. Br. 1966, p. 43 (Erstdruck des Aufsatzes: Deutsche Zeitung, 15./16. Dezember 1962)

14 cf. oben p. 95

15 Heidemarie Oehm: Die Kunsttheorie Carl Einsteins, München 1976, p. 51

Dieser im Brief nicht explizierte Zusammenhang läßt sich näher fassen, werden Einsteins Überlegungen im Kontext seines ästhetischen Denkens gesehen. In jeder der "heutigen Künste" bemerke man ein "Erwachen autonomer Kräfte", schreibt Einstein zwei Jahre nach Erscheinen des Briefes in einem Aufsatz "Über Paul Claudel".[16] Gerade in dem, was Einstein - hier nun ausdrücklich - als 'Autonomie' der Kunst und des Werkes zu bestimmen versucht, kommt der Tanz mit anderen Künsten überein, so auch mit den autonomen Gebilden der *Dichtung*. Die Konzeption ästhetischer Autonomie entwickelt Einstein in seinem Aufsatz über Claudel mit Blick auf die Poetologie Mallarmés, die er als wegweisend für die Dichtung der "Neuen"[17] begreift. An Mallarmés dichtungstheoretischer Reflexion hebt Einstein Momente hervor, die er im Brief von 1911 in tanzästhetischer Perspektive geltend gemacht hatte.

"Dichten gilt den Neuen", so schreibt Einstein in seinem Aufsatz, "nicht für geschmackvolles Ordnen des irgendwie gegebenen Stoffes."[18] Die Zurückweisung eines gegebenen, bereits außerhalb der Dichtung fertig vorliegenden Stoffs, der im Werk nur neu zu arrangieren wäre, findet Einstein vorgebildet in Mallarmés Verdikt, "das Gedicht dürfe nirgends ein reales Objekt nennen".[19] Nicht auf das primär Gegebene soll die Dichtung sich beziehen, sondern allein auf den "rêve"[20] - "nicht ein Objekt, sondern die rein sprachliche Empfindung des Traums, des Imaginären ist Gegenstand des Dichterischen."[21] Dieser Traum, dieses Imaginäre nun läßt sich nicht nennen (es hat nicht den Status eines Objekts), vielmehr wird es erst in der Sprache - Einstein betont: "spezifisch in der Sprache"[22] - deutbar. Die Sprache erscheint, wie Einstein an Mallarmé zeigt, als alleiniger 'Träger' des Imaginären, des eigentlich dichterischen Gehaltes: Wovon die Dichtung spricht, verwirklicht sich in ihrer Sprachgestalt, gelangt in ihr zu sich selbst. Einen "bildhaften Zusammenhang"[23] in der Sprache herzustellen, nicht aber sprachlich etwas abzubilden, ist das Ziel Mallarmés und der neuen Dichter.

Einstein gelangt von hier aus zu einer Konzeption ästhetischer Autonomie, die sowohl den "Gegenstand des Dichterischen", als auch die Sprachgestalt der Dichtung, in der er sich realisiert, zu bestimmen versucht. Er definiert: "dem eigentlich Dichterischen entsprechen autonome, gleichsam

16 "Über Paul Claudel" (1913), in: Werke Band 1. 1908-1918, p. 198
17 ibid., p. 199
18 ibid.
19 ibid.
20 ibid., p. 200
21 ibid., p. 199
22 ibid., p. 200
23 ibid.

transzendente Gebilde als Gegenstand, d. h. solche, die eine anekdotische, zu beschreibende Welt übertreffen, die als "Stoff" schon Schöpfung oder Traum sind."[24] Indem aber die Dichtung einen Gehalt eigener Geltung: eben den des rêve, rein sprachlich entwickeln will - das heißt "nicht nach logischen Bedingungen, sondern der Tonverwandtschaft nach", wie Einstein zu Mallarmés dichterischer Methode bemerkt[25] -, konstituiert sie selbst autonome Gebilde: "Die Präludien des Denkens, des Psychologischen sind überschritten. Und nichts ist Abbild oder bedeutet einen Gegensatz, sondern gilt autonom, d. i. selbstgemäß."[26]

Eine in diesem Sinn autonome Dichtung verzichtet auf jede gleichnishafte Rede und schließt eine Deutung als Gleichnis aus; Mallarmé "haßte das Gleichnis, das zum allegorischen Gegenstand der Bedeutung rennt."[27] Am Begriff der Bedeutung selbst, so läßt sich ergänzen, gewinnt die Konzeption ästhetischer Autonomie ihre Kontur: Der autonomen Dichtung gelten die Bestände der Wirklichkeit nicht als unabhängige Größen, vielmehr kommen sie allein als Momente der ästhetischen Konstruktion in Betracht - so stellt eine 'Bedeutung' der Worte sich nur im Gedicht selbst her, und auf *diese* Bedeutung hin sind die Worte zu befragen.

Im Verzicht auf Abbildung, auf Reproduktion der Wirklichkeit, im Entwurf eines Verweisungszusammenhanges eigener Geltung, der aus der Komposition des Materials - des Sprach- bzw. Bewegungsmaterials - deutbar wird, kommen der Tanz und die autonomen Gebilde der Dichtung überein. Die Konzeption des tänzerischen Kunstwerkes als eines autonomen ästhetischen Gebildes leitet auf ein Problem, das Einstein im Brief von 1911 reflektiert: Was im tänzerischen Werk aufscheint, läßt sich nicht anders als tänzerisch sagen; die Behauptung der Autonomie eines jeden Kunstwerkes zieht die Annahme seiner 'Unaussprechlichkeit' im Werk einer anderen Kunstgattung nach sich. Jeder Versuch, die Abgeschlossenheit der autonomen Kunstgattungen gegeneinander aufzuheben - der Entwurf einer Sprache, die den Tanz "umzusingen" vermöchte -, bleibt problematisch; sein Preis wäre zumindest die von Einstein im Brief genannte 'Entzauberung'.

Werden Einsteins tanzästhetische Reflexionen mit seiner Konzeption ästhetischer Autonomie konfrontiert, wie er diese mit Blick auf Mallarmés Poetologie entwickelt, so treten nicht nur die Analogien hervor, die in Einsteins Perspektive zwischen dem tänzerischen und dem autonomen

24 ibid.
25 ibid.
26 ibid.
27 ibid.

sprachlichen Kunstwerk bestehen. Unbestimmt bleibt in Hinsicht auf den Tanz jene Ebene, der Einstein im Zusammenhang seiner poetologischen Reflexion große Aufmerksamkeit widmet: die Ebene des mallarméschen "rêve", des Imaginären. Daß Einstein im Brief von 1911 keinen 'Gegenstand des Tänzerischen' benennt, der Mallarmés "Gegenstand des Dichterischen" analog wäre, kann freilich die Konzeption des Tanzes als einer autonomen Kunst nicht schwächen: Eben weil der Tanz - von Formen der nachahmenden Pantomime abgesehen, die gerade keinen Platz in Einsteins Konzeption haben[28] - "in besonderem Maße die Vergleichbarkeit mit der kausal-empirischen Wirklichkeit" ausschließt (Heidemarie Oehm)[29], ist er offen für ein Imaginäres, wie auch immer dies näher zu bestimmen sein mag (etwa als 'Vision', die sich in der Bewegungsgestalt manifestiert). Nähme Einstein schlicht *keinen* 'Gegenstand' dieser Art an, so müßte ihm der Tanz entweder als bloße Körperakrobatik oder aber als nachahmende Pantomime erscheinen. - In einer anderen Hinsicht jedoch zeigt sich eine Differenz zwischen dem tänzerischen Kunstwerk und den autonomen Gebilden der Dichtung. Gegenüber der Dichtung darf der Tanz als privilegiert auf Grund der Verfaßtheit seines Materials gelten. Jener Aufgabe, die sich dem Dichter stellt: den Rest von Abbildlichkeit zu tilgen, der den Worten anhaftet, ist der Tanz enthoben. Die Bewegung im Raum, die Linien und Formen, die sie entstehen läßt, referieren nicht auf die Dinge der Wirklichkeit; was die Dichtung nur mit Mühe erreicht, ist dem Tanz schon immer gelungen. Daß Einstein dem Tanz - implizit - den Charakter eines "Modells" autonomer Dichtung zuerkennt, hat Heinz Graber 1969 deutlich

---

28 heißt es in Einsteins Pantomime "Nuronihar": "Nuronihar ahmt den Tanz eines gefesselten Jungen nach" (in: Werke Band 1. 1908-1918, p. 177), so bezieht diese Nachahmung sich *nicht* auf die Bewegungen eines Gefesselten in der Wirklichkeit. Die Protagonistin Nuronihar ahmt "Tanz" nach; eine derartige Selbstreflexion des Tanzes verlangt Einstein, in parodistischer Absicht, mehrfach: So tritt in "Nuronihar" "das klassische Ballett" mit einem "blöden Sylphentanz" auf, "der eine Libellenjagd, gefolgt von der üblichen Huldigung an die Königin, mit Palmenwedeln usw. darstellen kann. (...) Dieser Tanz bildet einen kräftigen Gegensatz zu den Bewegungen der anderen Spieler, besonders zu denen der Nuronihar." (Werke Band 1. 1908-1918, p. 176)

29 Oehm, p. 51. Oehm macht dieses Moment gleichermaßen für den Tanz wie für die Musik geltend. - Gegen Oehms Untersuchung bleibt im übrigen kritisch einzuwenden: Unbeschadet ihrer überzeugenden Kennzeichnung der tanzästhetischen Konzeption Einsteins (ibid.), unternimmt die Autorin an anderer Stelle den wenig überzeugenden Versuch, Einsteins "Selbstverständnis in seiner Abgrenzung gegen Mallarmé herauszuarbeiten" (p. 40) - daß bei diesem Versuch "Gemeinsamkeiten heruntergespielt" werden, hat Wilfried Ihrig 1988 gezeigt (cf. Ihrig: Literarische Avantgarde und Dandysmus. Eine Studie zur Prosa von Carl Einstein bis Oswald Wiener, Frankfurt/M. 1988, p. 200 sq. Anm. 40).

gesehen: "Die Tanzkunst wird zum Modell einer Sprachkunst, die sich von den Dingen emanzipiert hat."[30]

Im "Brief an die Tänzerin Napierkowska" kennzeichnet Einstein das tänzerische Kunstwerk mit einem Ausdruck, der vor dem Hintergrund der hier erschlossenen Konzeption ästhetischer Autonomie, der analogen Beziehungen zwischen Tanz und Dichtung besondere Aufmerksamkeit verdient: Einstein lenkt den Blick auf das "unzerstörbare Gewebe" aus Kurven, das die Tänzerin hervorbringt. Ein Motiv klingt an, das Einstein im Brief nicht weiter verfolgt, das sich jedoch in tanzästhetischen Reflexionen anderer Autoren - theoretisch wie literarisch - entfaltet findet: Das tänzerische Kunstwerk wird als 'Text' aufgefaßt, die Hervorbringungen einer Tänzerin als 'Schrift'. Eng verbunden der Frage nach dem Schriftcharakter des Tanzes ist die Reflexion auf das bewegte Kunstwerk in der Spannung zwischen Dauer und Vergänglichkeit, erscheint doch der tänzerische 'Text' in einem anderen Sinn gegeben als die Schriften der Dichtung: er vergeht im Entstehen.

In poetologischer Perspektive gewinnt die Vorstellung, daß der tänzerisch bewegte Körper etwas schreibe, besondere Bedeutung für Stéphane Mallarmé; Paul Valéry nimmt auf Mallarmés Überlegungen Bezug und entwickelt sie weiter. Einigen Aspekten der Konzeption Valérys wiederum nähert sich Rainer Maria Rilkes Deutung des Tanzes, in dessen "Sonetten an Orpheus" die "Zeichnung" einer Tänzerin - "rasch an die Wandung der eigenen Wendung geschrieben"[31] - als sujet der Dichtung begegnet. Schon vor Valéry und Rilke faßt Stefan George das 'Gewebe' des Kunstwerkes bildhaft als Teppich, dessen Muster sich in einem "erstarrten tanze" zeigt.[32] Den Problemzusammenhang, den Einstein im Brief nur andeutet, reflektieren die genannten Autoren auf ganz unterschiedliche Weise; ihn darzustellen, wird im folgenden versucht. Als Ausgangspunkt der Darstellung bietet sich - der Chronologie wie der Sache nach - Stéphane Mallarmés Aufsatz "Ballets" an (erstmals veröffentlicht 1886): Für die Autoren der Jahrhundertwende und des beginnenden 20. Jahrhunderts darf er als *locus classicus* der Reflexion auf eine tänzerische 'Schrift' gelten.

---

30 Heinz Graber: "Carl Einstein", in: Wolfgang Rothe (ed.): Expressionismus als Literatur. Gesammelte Studien, Bern u. München 1969, p. 672

31 Sonett XVIII des zweiten Teiles der "Sonette an Orpheus" (erstmals veröffentlicht 1923), in: Sämtliche Werke, ed. Ernst Zinn, Erster Band, Frankfurt/M. 1955, p. 763

32 "Der Teppich" (erstmals veröffentlicht 1899), in: Stefan George: Der Teppich des Lebens und die Lieder von Traum und Tod. Mit einem Vorspiel, Berlin 1932, p. 40 (Gesamt-Ausgabe der Werke. Endgültige Fassung. Bd. 5)

Mallarmés Überlegungen in "Ballets" setzen an einer Kritik des akademischen Tanzes, näherhin: der Aufführungspraxis romantischer Ballette, an. Mallarmé bemerkt, daß die Poesie eines Librettos den Text nur verlasse, "pour se figer en des manoeuvres de carton"[33], daß an Stelle einer spezifisch tänzerischen Realisation des im Libretto spürbaren "charme"[34] bloße Requisiten zum Einsatz gelangen. Heißt es in einem Libretto etwa: "les étoiles écrivent: Viviane"[35], so wäre die angemessene Umsetzung einer derartigen Sternen-Schrift "la danse idéale des constellations" gewesen, ausgeführt vom corps de ballet rings um die Darstellerin der Viviane, den 'Star' ("*l'étoile* (la peut-on mieux nommer!)"[36]); nicht aber das Anbringen von Papiersternen auf einem blauen Vorhang, so daß diese den Namenszug 'Viviane' bilden. Die Kritik einer solchen Praxis nun leitet auf die Reflexion eines 'Gesetzes' der Kunstform Ballett, eines Gesetzes, dessen Inhalt Mallarmé in seinem Aufsatz schrittweise zu entwickeln versucht:

> "Mille détails piquants d'invention, sans qu'aucun atteigne à une importance de fonctionnement avéré et normal, dans le rendu. Quelqu'un jamais, notamment au cas sidéral précité, avec plus d'héroïsme passa-t-il outre la tentation de reconnaître en même temps que des analogies solennelles, cette loi, que le premier sujet, hors cadre, de la danse soit une synthèse mobile, en son incessante ubiquité, des attitudes de chaque groupe: comme elles ne la font que détailler, en tant que fractions, à l'infini. Telle, une réciprocité, dont résulte l'*in*-individuel, chez la coryphée et dans l'ensemble, de l'être dansant, jamais qu'emblème point quelqu'un ...
>
> Le jugement, ou l'axiome, à affirmer en fait de ballet!
>
> A savoir que la danseuse *n'est pas une femme qui danse,* pour ces motifs juxtaposés qu'elle *n'est pas une femme,* mais une métaphore résumant un des aspects élémentaires de notre forme, glaive, coupe, fleur, etc., et *qu'elle ne danse pas,* suggérant, par le prodige de raccourcis ou d'élans, avec une écriture corporelle ce qu'il faudrait des paragraphes en prose

---

33 Stéphane Mallarmé: "Ballets", hier zit. nach: OEuvres complètes, ed. Henri Mondor et G. Jean-Aubry, Paris 1945, réimpr. 1989 (Bibl. de la Pléiade), p. 303. Zuerst veröffentlicht als zweiter Teil der "Notes sur le Théâtre" in der "Revue Indépendante" vom 1. Dezember 1886; aufgenommen in die Sammlung "Pages" (1891); wieder aufgenommen in die "Divagations" (1897), hier zusammen mit anderen Texten unter dem Titel "Crayonné au théâtre". Vom Text der Erstveröffentlichung weicht die in der Pléiade-Ausgabe gebotene Fassung des Aufsatzes an einigen Stellen ab; cf. den Apparat der Herausgeber, p. 1565.

34 "Ballets", in: OEuvres complètes, p. 303

35 hier zit. nach Dieter Steland: Dialektische Gedanken in Stéphane Mallarmés "Divagations", München 1965, p. 16, der ein am 17. Oktober 1886 im "Figaro" veröffentlichtes résumé des Balletts "Viviane" (Libretto: Edmond Gondinet) zur sachlichen Klärung der kritischen Ausführungen Mallarmés heranzieht.

36 "Ballets", in: OEuvres complètes, p. 303

dialoguée autant que descriptive, pour exprimer, dans la rédaction: poëme dégagé de tout appareil du scribe."[37]

"Graziös und verzwickt" nennt Dieter Steland 1965 Mallarmés "seltsamen Stil" der Sprach- und Gedankenführung in "Ballets".[38] Um den Gedankengang in den zitierten Textabschnitten nachzuvollziehen, sei hier eine Gliederung in fünf argumentative Schritte vorgeschlagen: Mallarmé faßt (1.) seine Kritik der Aufführungspraxis eines Balletts zusammen ("Mille détails piquants (...)") und lenkt den Blick sodann auf ein Gesetz und "premier sujet" des Tanzes (2.), das er als "une synthèse mobile" bestimmt. Bei näherer Reflexion auf diese Synthese beobachtet er eine "réciprocité", aus der sich (3.) "l'*in*-individuel (...) de l'être dansant" ergibt. Diesen Gedanken verfolgt Mallarmé nach zwei Richtungen hin weiter: Eine Tänzerin erscheint (4.) nicht als Frau, sondern als "métaphore"; sie zeigt sich (5.) nicht tanzend, vielmehr suggeriert sie durch 'Körperschrift' ein "poëme dégagé de tout appareil du scribe." - Die hier unterschiedenen argumentativen Einheiten und ihre Verknüpfung miteinander gilt es näher zu betrachten.

Wohl nie sei heldenhafter der Versuchung widerstanden worden, das dem Ballett eigene Gesetz anzuerkennen, als dies im "cas sidéral précité" geschah - mit Ironie spielt Mallarmé auf die verfehlte Praxis an, eine 'Sternen-Schrift' nicht tänzerisch, sondern mit Hilfe von Requisiten auf die Bühne zu bringen. Gerade hier wird der Verstoß gegen das Gesetz der Kunstform Ballett offenbar, das eine Veranschaulichung von Vorgängen und Zuständen durch bloße Dekoration verbietet.

In der Bestimmung des Gesetzes und "premier sujet (...) de la danse" nun verschränkt Mallarmé zwei Perspektiven: Gegenstand des Tanzes ist eine bewegliche Synthese der Haltungen einer jeden Gruppe von Tänzerinnen ("attitudes" hier wohl nicht als terminus technicus des akademischen Tanzes, sondern im allgemeinen Wortsinn aufzufassen), jedoch so, wie diese ihrerseits "ne la (sc. synthèse; Anm. G.G.) font que détailler, en tant que fractions, à l'infini." Für das in Mallarmés Bestimmung liegende - logische - Problem hat Dieter Steland in seiner Untersuchung des "Ballets"-Aufsatzes eine überzeugende Lösung gefunden: "Zerlegt kann doch nur werden, was schon vorhanden ist, wie kann da die Synthese den Tanzfiguren, durch die sie doch erst geschaffen wird, vorausgehen? Sicherlich nicht im Sinne eines zeitlichen, sondern nur im Sinne eines begründenden Verhältnisses."[39] Die "attitudes de chaque groupe" konstituie-

37 ibid., p. 303 sq.
38 Steland, p. 15 (Steland bezieht sich auf die Erstveröffentlichung des Textes, doch trifft die Charakteristik wohl ebenso die Diktion der hier zitierten Fassung.)
39 ibid., p. 18

ren eine bewegte Gesamtfigur, doch lassen sie selbst sich von dieser Gesamtfigur, wie Steland sagt, "formieren": "Jeder der beiden Partner dieses dialektischen Verhältnisses (...) wird erst durch den andern, was er ist."[40]

Aus der Reflexion auf das Verhältnis zwischen Teil und Ganzem des Tanzes gewint Mallarmé den Begriff der "réciprocité". Zwischen Gruppe und Gesamtfigur herrscht eine Wechselbeziehung; sie findet sich offenbar wieder im Verhältnis von Einzeltänzerin - Primaballerina wie Ensembletänzerin - und Gruppe. Auf die einzelne Tänzerin bezogen heißt dies, daß ihre Bewegung sich nur geltend macht als Moment eines größeren tänzerischen Zusammenhanges (der Haltungen der Gruppe und der "synthèse mobile"), den sie einerseits als konstitutives Element mit hervorbringt, der sie anderseits präformiert. Als selbständiges Wesen kommt die einzelne Tänzerin *nicht* in Betracht, sie entfaltet nicht ihre Individualität; in diesem Sinn kann Mallarmé sagen, daß sich aus der beobachteten "réciprocité" "l'*in*-individuel (...) de l'être dansant" ergebe.

Das Nicht-Individuelle, das Unpersönlichsein des tanzenden Wesens - stets nur "emblème", nicht 'irgend jemand' - faßt Mallarmé in dem zuletzt zitierten Textabschnitt näher. Nicht als Frau zeigt sich die Tänzerin, sondern als "métaphore résumant un des aspects élémentaires de notre forme, glaive, coupe, fleur, etc.". Mallarmé lenkt den Blick auf das, was im Tanz zur Anschauung gelangt: Schwert, Kelch und Blume sind Bilder, über deren Wahrnehmung der Betrachter das Wesen, das diese Bilder hervorbringt, gleichsam vergißt. Aus der Perspektive des Betrachters verschwindet die Tänzerin in ihrer Hervorbringung, sie löst sich auf in dem, was ihre Bewegung sichtbar werden läßt. Dessen Kennzeichnung als "un des aspects élémentaires de notre forme", 'zusammengefaßt' in der bewegten 'Metapher', wirft ein eigenes Interpretationsproblem auf, das noch zu behandeln sein wird. - In einem letzten argumentativen Schritt radikalisiert Mallarmé den Gedanken des "*in*-individuel (...) de l'être dansant" in Hinsicht auf den Akt der Hervorbringung selbst: Da kein Subjekt dieses Aktes mehr auszumachen ist, hat es den Anschein, als malten sich die Bilder, "par le prodige de raccourcis ou d'élans", von selbst vor das Auge des Betrachters. Diesen 'selbsttätigen' Prozeß nun setzt Mallarmé dem Akt eines Schreibens gleich - Raffungen und Schwünge bilden eine "écriture corporelle" -, der ein spezifisch dichterisches Gebilde 'suggeriert': "poëme dégagé de tout appareil du scribe." Der Tanz erscheint, wie Steland resümiert, als "ein sich selbst schreibendes Gedicht. Nicht mit dem Autor einer Dichtung also, sondern mit deren Text wird die Tänzerin verglichen".[41]

40 ibid.
41 ibid., p. 20

Von verschiedenen Seiten aus hat die Forschung Mallarmés tanzästhetische Reflexion auf ihren poetologischen Gehalt hin befragt. Um den Zusammenhang zwischen den tanzästhetischen und den explizit dichtungstheoretischen Überlegungen des Autors zu klären, wählte die Forschung als Ansatzpunkt der Analyse mitunter gerade jene Bestimmung, deren Interpretation hier zunächst zurückgestellt wurde: die Tänzerin ist eine "métaphore résumant un des aspects élémentaires de notre forme". Nicht auf Mallarmés Kennzeichnung der Tänzerin als 'Metapher' richtete sich die Aufmerksamkeit - sie bietet gewiß das geringere Deutungsproblem: in der Tat nimmt der Betrachter Schwert, Kelch oder Blume an einer 'Übertragung', an einer Bewegungsgestalt wahr -, sondern auf die Bestimmung der tänzerischen Hervorbringung als "Grundaspekt unserer Formerfahrung" (wie Hans-Walter Schmidt 1989 übersetzt[42]). Von diesem Punkt ausgehend, gelangte die Forschung zu einer Reihe einseitig 'platonisierender' Deutungen, deren Aussagewert unter Berücksichtigung des Kontextes der tanzästhetischen Reflexion Mallarmés fragwürdig erscheint. An einem Beispiel läßt sich dies zeigen.

In ihrer Studie "Mallarmé et la musique" zieht Suzanne Bernard 1959 eine dichtungstheoretische Reflexion Mallarmés zur Klärung der poetologischen Aspekte seiner tanzästhetischen Überlegungen heran, die um den Zusammenhang von "idée" und "fait de nature" kreist.[43] In "Avant-dire au *Traité du Verbe* de René Ghil" (1886) schreibt Mallarmé:

> "A quoi bon la merveille de transposer un fait de nature en sa presque disparition vibratoire selon le jeu de la parole, cependant, si ce n'est pour qu'en émane, sans la gêne d'un proche ou concret rappel, la notion pure?
>
> Je dis: une fleur! et, hors de l'oubli où ma voix relègue aucun contour, en tant que quelque chose d'autre que les calices sus, musicalement se lève, idée même et suave, l'absente de tous bouquets."[44]

Ziel der Dichtung ist es, im Abrücken von den gegebenen Beständen der Wirklichkeit, allein dem "jeu de la parole" folgend, einen 'reinen Begriff' aufscheinen zu lassen - nicht die 'gewußten Kelche' zu nennen, sondern

---

42 Stéphane Mallarmé: "Ballette", Übersetzung von Hans-Walter Schmidt, in: Gabriele Brandstetter / Brygida Maria Ochaim: Loïe Fuller. Tanz. Licht-Spiel. Art Nouveau, Freiburg i. Br. 1989, p. 205

43 Der Interpretation Bernards folgt Margrit Wienholz 1974 (Margrit Wienholz: Französische Tanzkritik im 19. Jahrhundert als Spiegel ästhetischer Bewußtseinsbildung. Théophile Gautier. Jules Lemaître. Stéphane Mallarmé, Bern u. Frankfurt/M. 1974, p. 153 sq.); Bernards Deutung ist angelegt schon bei Deirdre Priddin: The Art of the Dance in French Literature from Théophile Gautier to Paul Valéry, London 1952, p. 60 sq.

44 "Avant-dire au *Traité du Verbe* de René Ghil" (1886), hier zit. nach OEuvres complètes, p. 857 (Text in der "version définitive", cf. den Apparat der Herausgeber, p. 1630)

die in allen Sträußen abwesende Blume zu evozieren. Auf diesen Gedanken Bezug nehmend - und auf Mallarmés bekanntes Diktum in "Théodore de Banville" (1892): "*La divine transposition,* pour l'accomplissement de quoi existe l'homme, *va du fait à l'idéal*"[45] -, meint Bernard:

> "La "divine transposition" qui va "du fait à l'idéal (...)" est ici double: elle va à la fois de la femme réelle à la métaphore ou signe que devient la danseuse, et de l'objet réel (glaive, coupe, fleur) à "l'absente de tous bouquets" ou notion pure, que sa danse figure."[46]

Die Analogie zwischen dem tänzerischen und dem dichterischen Kunstwerk liegt für Bernard darin, daß beide eine "notion pure" aus sich hervorgehen lassen, die der Betrachter oder Leser auffassen können. Die von Bernard behauptete Transposition eines realen Objekts in dessen reinen Begriff jedoch darf, wird Mallarmés Überlegung im Kontext des "Ballets"-Aufsatzes gesehen, allenfalls als *ein Moment* der hier entwickelten tanzästhetischen Konzeption gelten. Schon Hugo Friedrich hat darauf hingewiesen, daß der Gedankengang des Aufsatzes "sehr unplatonisch im Subjekt des Sehens" münde (1956, "Die Struktur der modernen Lyrik").[47] Im letzten Abschnitt von "Ballets" kommt Mallarmé auf die Frage zu sprechen, wie sich die Schritte und Haltungen der Tänzerin 'lesen' lassen (""Que peut signifier ceci" ou mieux, d'inspiration, le lire"[48]). Von der Tänzerin heißt es am Ende dieses Abschnittes:

> "Oui, celle-là (serais-tu perdu en une salle, spectateur très étranger, Ami) pour peu que tu déposes avec soumission à ses pieds d'inconsciente révélatrice ainsi que les roses qu'enlève et jette en la visibilité de régions supérieures un jeu de ses chaussons de satin pâle vertigineux, la Fleur d'abord *de ton poétique instinct,* n'attendant de rien autre la mise en évidence et sous le vrai jour des mille imaginations latentes: alors, par un commerce dont paraît son sourire verser le secret, sans tarder elle te livre à travers le voile dernier qui toujours reste, la nudité de tes concepts et silencieusement écrira ta vision à la façon d'un Signe, qu'elle est."[49]

In einem 'Tausch' also ("commerce") liefert die Tänzerin dem Zuschauer die Blöße *seiner eigenen* "concepts" - Begriffe, Vorstellungen, Denkgebilde -

---

45 "Théodore de Banville" (1892), in: OEuvres complètes, p. 522
46 Suzanne Bernard: Mallarmé et la musique, Paris 1959, p. 54
47 Hugo Friedrich: Die Struktur der modernen Lyrik. Von Baudelaire bis zur Gegenwart. Hamburg [5]1961 ([1]1956), p. 105
48 "Ballets", in: OEuvres complètes, p. 307
49 ibid.

und schreibt des Zuschauers *eigene* Vision nieder. Friedrich interpretiert den Passus mit Bezug auf das "Subjekt des Sehens": es "nimmt nicht objektive Urformen wahr, sondern die Urformen seines eigenen Geistes, produziert sie in die Erscheinungen hinein, indem es sie verwandelt zu Zeichen dieses Geistes."[50] Vom Ende des "Ballets"-Aufsatzes her wird deutlich, daß die tänzerische Hervorbringung, bestimmt als "un des aspects élémentaires de notre forme", ihre ideelle Dignität allein in der 'Lektüre' der "écriture corporelle" gewinnt, die der Zuschauer leistet. Die subjektiven "Urformen" aber, die er wahrnimmt, müßten mit objektiven Ideen zu identifizieren sein, damit als Resultat der Begegnung von Zuschauer und Tänzerin (nicht als Leistung des Tanzes an sich) eine "notion pure" sich *herstellen* könnte. Gerade dieser Zusammenhang bleibt in "Ballets" unausgesprochen; eine Interpretation, die nach einer im tänzerischen Werk aufscheinenden "notion pure" sucht - analog jener, die im dichterischen Werk sich zeigt -, hätte ihn zu erschließen. Einseitig platonisierend, vernachlässigt die Interpretation die rezeptionsästhetische Seite der Konzeption Mallarmés.[51]

Von einem anderen Ansatzpunkt her: der Reflexion auf das "poëme dégagé de tout appareil du scribe", lassen sich die poetologischen Aspekte der Konzeption Mallarmés deutlicher fassen. Mallarmé betont die augenscheinliche Abwesenheit eines 'Schreibers' der "écriture corporelle", er kennzeichnet den Prozeß der Hervorbringung von Schwert, Kelch oder Blume als ein 'selbsttätiges' Geschehen. Zu klären, was mit diesen Bestimmungen näherhin gemeint sei, wird im folgenden versucht.

Das Gesetz der Kunstform Ballett, das Mallarmé in seinem Aufsatz reflektiert, findet er in der Aufführungspraxis des romantischen Balletts mißachtet; das "premier sujet (...) de la danse", aus dem sich das Unpersönlichsein des tanzenden Wesens ergibt - aus ihm wiederum leitet Mallarmé die weiteren Bestimmungen ab -, wird auf den Bühnen der Zeit ge-

---

50 Friedrich, p. 105. Steland kann diese Deutung durch Analyse einer nicht zu "Ballets" gehörigen Passage aus dem "Crayonné au théâtre" überschriebenen Teil der "Divagations" (1897) stützen; cf. Steland, p. 23 (der Passus selbst: OEuvres complètes, p. 295 sq.). - Wienholz, p. 176 sq., geht auf Friedrichs Bemerkungen ein, ohne von ihnen aus Bernards Deutung (der sie folgt, cf. oben Fn. 43) kritisch zu befragen.

51 Bernard ist aufmerksam auf Mallarmés Schlußbestimmungen (cf. p. 54), vermittelt diese jedoch nicht mit der von ihr postulierten zweifachen Transposition. - Steland versucht (anknüpfend an Mallarmés Überlegung zu einem "regard absolu" des Zuschauers; cf. "Ballets", in: OEuvres complètes, p. 306), die beiden Momente der Konzeption aufeinander zu beziehen: was gesehen werde, sei "nicht schon da (...), bevor es gesehen wird", sondern werde "erst durch dieses Sehen gegenwärtig" (cf. Steland, p. 27).

rade nicht anschaulich. Mallarmés Überlegungen kreisen um ein "axiome", das es erst zu verwirklichen gilt. - Sieben Jahre nach Veröffentlichung des "Ballets"-Aufsatzes, 1893, erlebt Mallarmé in den "Folies-Bergère" die Darbietungen der amerikanischen Tänzerin Loïe Fuller (1862-1928). In den "Considérations sur l'art du Ballet et la Loïe Fuller", erschienen im Mai desselben Jahres[52], gibt er eine Deutung und Würdigung ihres Tanzes - einer Form der Darbietung, die in denkbar größtem Gegensatz zum Ballett, zur danse d'école steht. Gerade an Fullers Tanz nun nimmt Mallarmé Qualitäten wahr, die diesen Tanz selbst als eine - teilweise - Erfüllung und Umsetzung des sieben Jahre zuvor für das Ballett aufgestellten "axiome" erscheinen lassen. Aus der Perspektive des Textes über Fuller betrachtet, gewinnt die Vorstellung eines "poëme dégagé de tout appareil du scribe" auf überraschende Weise Anschaulichkeit.

Grundlage der tänzerischen Arbeit Fullers ist, wie Frank Kermode 1962 bündig formuliert, "the manipulation of silk and light."[53] Die Bewegung des verschiedenfarbig beleuchteten Kostüms, weiter Gewänder aus Crêpe de Chine, nicht den bewegten Körper selbst führt Fuller in ihren Darbietungen vor: Durch Drehungen und Gegendrehungen versetzt sie Seidenbahnen in wellenförmige Bewegung und stellt so Gebilde wie "La Serpentine", "La Violette", "Le Papillon" dar (dies die Titel einiger Tänze ihres Programms, das am 5. November 1892 in den "Folies-Bergère" Premiere hatte[54] und das Mallarmé 1893 wohl erlebte). Für "La Serpentine" entwikkelt Fuller eine Technik, die sie in den folgenden Jahren perfektionieren wird: Ein Seidenumhang verbirgt leichte Bambus- oder Aluminiumstäbe, die die Tänzerin in den Händen hält und mit deren Hilfe sie Teile des Gewandes zum Schwingen bringt.[55] Fullers Technik findet zahlreiche Nachahmerinnen; viele Schriftsteller (neben Mallarmé auch William Butler Yeats), Maler und Graphiker (etwa Henri de Toulouse-Lautrec oder Th. Th. Heine), Bildhauer und Dekorationskünstler lassen sich durch Fullers

---

52 am 13. Mai 1893 im "National Observer" (nach Norman Paxton: The Development of Mallarmé's Prose Style. With the original texts of twenty articles, Genève 1968, p. 69, der die Datum-Angabe im Apparat der OEuvres complètes, p. 1565, korrigiert); in überarbeiteter und erweiterter Form aufgenommen in die "Divagations" (1897) unter dem Titel "Autre Étude de Danse. Les Fonds dans le Ballet. D'après une indication récente"; unter diesem Titel in: OEuvres complètes, p. 307-309 (nach Brandstetter / Ochaim, p. 215 Anm. 15 und p. 219 Anm. 16, trägt die Pléiade-Ausgabe dem Bestand des Textes in seiner erweiterten "Divagations"-Fassung nicht Rechnung, indem sie die Erweiterung als zweiten Teil von "Mimique", OEuvres complètes p. 311-312, bietet, ohne dies im Apparat zu begründen; cf. den Apparat der Herausgeber der Pléiade-Ausgabe, p. 1565 sq.).

53 Frank Kermode: "Poet and Dancer before Diaghilev", in: Kermode: Puzzles and Epiphanies. Essays and Reviews 1958-1961, London 1962, hier zit. nach $^{2}$1963, p. 17

54 cf. Brandstetter / Ochaim, p. 17

55 cf. ibid., p. 24

Darbietungen anregen.[56] In tanzhistorischer Perspektive stehen Fullers Kreationen in deutlichem Gegensatz nicht nur zum akademischen Tanz; auch vom Freien und Ausdruckstanz, der sich seit dem ersten Auftreten Isadora Duncans in Europa (1899) durchsetzt, trennt sie ein wesentliches Moment: Fullers Tanz wirkt entkörperlicht, losgelöst von jenem Träger des Ausdrucks, dem das künstlerische Interesse der Nachfolgerinnen Duncans gilt. Frank Kermode bemerkt: "The line of the body, never (...) the principal exhibit in her performance, grew less and less important, and in the end hardly counted at all - witness those dances in which no human figure was perceptible to the audience."[57]

Daß die Tänzerin in ihren Hervorbringungen gleichsam verschwinden, sich auflösen kann in bewegten Bildern, wird an Fullers Darbietungen erfahrbar. Mallarmé deutet diesen Zusammenhang an: Das Subjekt der tänzerischen Akte 'schwindet dahin' ("se pâme") in dem, was allein sichtbar bleibt. Dem Blick zeigt sich eine Folge von Bildern, deren Organisationszusammenhang Mallarmé näher bestimmt:

> "Au bain terrible des étoffes se pâme, radieuse, froide la figurante qui illustre maint thème giratoire où tend une trame loin épanouie, pétale et papillon géants, déferlement, tout d'ordre net et élémentaire."[58]

Ein 'Faden' - "trame", in der Sprache der Weberei: Einschlag, Schußgarn - spannt sich zwischen den tänzerischen Hervorbringungen, die ineinander übergehen, sich eine aus der anderen entwickeln. Die Folge bewegter Bilder erscheint gleichzeitig 'brandend' ("déferlement") und in einer deutlichen und elementaren Ordnung gegeben, eine anschaulich ausgebreitete Fülle.

Spricht Mallarmé von einem 'Faden', der die einzelnen Erscheinungen miteinander verknüpft, so darf deren Gesamtheit als ein - allem Anschein nach von selbst sich erzeugendes - 'Gewebe' aufgefaßt werden (in diesem Sinn übersetzt Hans-Walter Schmidt 1989, die Tänzerin lasse "ein weitgespanntes Gewebe blühen"[59]). Auf die Bestimmungen des "Ballets"-Aufsatzes von 1886 bezogen, wird freilich klar: Nicht durch "écriture corporelle", nicht durch *Körper*schrift vermittelt die Tänzerin hier ihre Bilder,

---

56 einige Reproduktionen von Werken der bildenden Kunst, die Fuller inspirierte, bei Brandstetter / Ochaim, zwischen p. 224 und p. 225; zur Wirkung im allgemeinen ibid., p. 137 sqq.

57 Kermode, p. 17

58 "Autre Étude de Danse. Les Fonds dans le Ballet. D'après une indication récente", in: OEuvres complètes, p. 308

59 Stéphane Mallarmé: "Ein weiteres Tanzstück", Übersetzung von Hans-Walter Schmidt, in: Brandstetter / Ochaim, p. 215

sondern durch die Bewegung des Stoffs, die Bewegung ihres Kostüms; dieses Kostüm jedoch erscheint nicht länger als Einkleidung eines Körpers, vielmehr wirkt es eigenmächtig, emanzipiert vom Körper, der es trägt.[60] - Die Kennzeichnung des tänzerischen 'Textes' als "poëme" schließlich begegnet in Mallarmés Würdigung der Darbietungen Fullers nicht; daß auch das hier entfaltete Gewebe in übertragenem Sinn als Gedicht anzusprechen sei, gilt es zu zeigen.

Beim Betrachten eines Tanzes nimmt der Zuschauer Gebilde wahr - Schwert, Kelch oder Blume, "pétale" und "papillon" -, die sich nur als Momente eines Prozesses ergeben (oder, wie Mallarmé an Fullers Tanz bemerkt, aus einer "fusion aux nuances véloces"[61], einem "Schmelzen in raschen Übergängen", Schmidt 1989[62]). Den Text, der sich gleichsam selbsttätig vor den Augen des Betrachters hinschreibt, das Gewebe, das wie von selbst vor seinen Augen entsteht, erfährt der Betrachter als in sich bewegt. Eben hierin, in der *inneren Bewegtheit eines Textes*, liegt für Mallarmé ein Vergleichspunkt zwischen dem tänzerischen und dem dichterischen Kunstwerk; beide sind nicht statisch, sondern auf eine vergleichbare Weise dynamisch organisiert.

Um den Zusammenhang darzustellen, bieten sich in Hinsicht auf Mallarmés explizit dichtungstheoretische Reflexionen verschiedene Ausgangspunkte an. Von einer Konzeption des "oeuvre pure" her, die den Zeitgenossen Mallarmés zu einem Topos symbolistischer Poetologie wurde (so William Butler Yeats in seinem Essay "The Autumn of the Body", 1898, und Arthur Symons in der literarhistorischen Darstellung "The Symbolist Movement in Literature", 1899[63]), läßt sich in einer vorsichtigen Annäherung die Analogie erschließen, die in Mallarmés Perspektive zwischen dem tänzerischen und dem spezifisch dichterischen Werk besteht.

In "Crise de vers", einer in den "Divagations" 1897 veröffentlichten Sammlung kurzer Texte, schreibt Mallarmé:

> "L'oeuvre pure implique la disparition élocutoire du poëte, qui cède l'initiative aux mots, par le heurt de leur inégalité mobilisés; ils s'allument de reflets réciproques comme une virtuelle traînée de feux

---

60 ein Aspekt, dem Gabriele Brandstetter 1989 besondere Aufmerksamkeit widmet; cf. Brandstetter / Ochaim, p. 142 sqq.

61 "Autre Étude de Danse. Les Fonds dans le Ballet. D'après une indication récente", in: OEuvres complètes, p. 308

62 in: Brandstetter / Ochaim, p. 215

63 cf. W. B. Yeats: "The Autumn of the Body" (1898), in: Yeats: Essays and Introductions, London 1961, p. 193 sq.; Arthur Symons: The Symbolist Movement in Literature, London 1899, repr. New York 1980, p. 135

sur des pierreries, remplaçant la respiration perceptible en l'ancien souffle lyrique ou la direction personelle enthousiaste de la phrase."[64]

Den Ausdruck 'rein', den Begriff 'Reinheit' gebraucht Mallarmé, wie Hugo Friedrich dargelegt hat, stets in privatem Sinn (rein von etwas, lauter, unvermischt).[65] Die Reinheit des Werkes, von der der hier zitierte Text spricht, impliziert die "disparition élocutoire" des Dichters: Sein Werk erscheint nicht als dichterische 'Mitteilung'; es soll 'rein' in sich arbeiten, sich als bloßes Geflecht von Beziehungen präsentieren, das die Wörter, ihrer Mitteilungsfunktion entbunden, untereinander ausbilden. Das schwer zu fassende Verhältnis der wie von selbst in Bewegung versetzten ("mobilisés") Wörter zueinander illustriert Mallarmé an einem Bild: Die Wörter entzünden sich, leuchten auf in wechselseitiger Reflektion "comme une virtuelle traînée de feux sur des pierreries". Der Vergleich der Wirkung der Wörter aufeinander mit einer funkelnden 'Leuchtspur' über Edelsteinen weist auf den Status, den das "oeuvre pure" für Mallarmé besitzt: Es erhält sich, als Geschehen zwischen den Wörtern, in einer inneren Bewegtheit (in einem Spiel, so wäre zu ergänzen, gerade auch der materialen, sinnlichen Qualitäten der Wörter).

Mallarmés Konzeption des "oeuvre pure" berührt sich mit seiner tanzästhetischen Reflexion in der Bestimmung des Status eines tänzerischen 'Gewebes' oder dichterischen Textes. Der "disparition élocutoire" des Dichters - Voraussetzung dafür, daß eine dynamische Organisation des Gebildes sich herstellen kann -, korrespondiert in Hinsicht auf den Tanz die von Mallarmé sowohl in "Ballets" als auch in der Würdigung Fullers hervorgehobene - augenscheinliche - Abwesenheit eines Subjekts der künstlerischen Akte. Erst dessen Verschwinden läßt ein 'reines' Gebilde entstehen, das sich - und eben hierin liegt die strukturelle Analogie zwischen dem tänzerischen und dem dichterischen Werk - als in sich beweg-

64 "Crise de vers", in: OEuvres complètes, p. 366. Aus den Anmerkungen der Herausgeber im Apparat der Pléiade-Ausgabe (cf. p. 1574) geht die Datierung dieses Textes nicht klar hervor. Die Daten der Erstveröffentlichungen von 42 der in "Crise de vers" gesammelten 44 Textabschnitte - in den Erstveröffentlichungen meistens zu größeren Einheiten zusammengefaßt - lassen sich dem Apparat entnehmen; für zwei Texte, darunter den hier zitierten, ist dies nicht der Fall. Ob er für die Sammlung "Crise de vers" selbst geschrieben wurde, wie Mallarmé sie 1897 in den "Divagations" publizierte, bleibt offen. - Von Interesse für die Rezeptionsgeschichte des zitierten Textes ist Arthur Symons' Übersetzung in "The Symbolist Movement in Literature": Das reine Werk "implies the elocutionary disappearance of the poet, who yields place to the words, *immobilised* by the shock of their inequality (...)" (Symons, p. 135; Hervorhebung G.G.); bei Mallarmé sind die "mots (...) mobilisés", bei Symons ist offenbar der *Dichter* "immobilised". Ob Symons' (Fehl?)Übersetzung eigentlich sinnentstellend wirkt, wäre zu diskutieren.

65 cf. Friedrich, p. 103

ter *Text* durch ein Moment konstituiert, das selbst nicht stillzustellen ist: bildhaft die "trame loin épanouie" oder die "traînée de feux". An Mallarmés Wahrnehmung der tänzerischen Darbietungen Fullers wurde deutlich, daß die Bilder des Tanzes eng aufeinander bezogen sind (im Schwinden des einen kündigt ein anderes sich an, und gerade hierin kommen beide miteinander ins Spiel); es ist der bewegte Bezug der einzelnen Gebilde aufeinander, der auch Fullers Tanz in übertragenem Sinn als "oeuvre pure" ausweist.[66] 'Faden' und 'Leuchtspur' haften an keinem einzelnen Element der Werke; vielmehr organisieren sie diese als selbst ungreifbares Strukturprinzip, erkennbar (oder erfahrbar) nur an deren Ganzem.

In poetologischer Perspektive nun darf der Tanz, über seine strukturelle Analogie zum "oeuvre pure" hinaus, als ein Paradigma der Dichtung gelten. Nicht allein darin liegt seine poetologische Dignität begründet, daß er die innere Bewegtheit eines Textes anschaulich vorführt, daß das Verschwinden eines Subjekts der künstlerischen Akte sich an ihm unmittelbar erfahren läßt und daß die entstehenden Gebilde sinnfällig von ihrer Genese zeugen. Der Tanz setzt jene 'Bewegung' ins Bild, die es bei Lektüre des "oeuvre pure", in einem imaginierenden Mitvollzug, erst zu aktualisieren gilt; auch darin aber liegt seine poetologische Dignität begründet, daß sein nicht stillzustellendes Konstitutionsmoment - vergleichbar dem eines musikalischen Werkes, worauf hier nur hingewiesen sei - einen im Wortsinn *transitorischen* Text entstehen läßt - ablesbar daran, daß dieser Text sich auslöscht. In Mallarmés Perspektive liefert Loïe Fullers Tanz "visions sitôt éparses que sues"[67], "Visionen, die zerfallen, sobald man sie wahrnimmt" (Schmidt 1989[68]). An der Vergänglichkeit der tänzerischen Gebilde hätte die Dichtung Maß zu nehmen, um jene Wirklichkeit und Perfektion des Transitorischen zu erreichen, die auch ihr Konstitutionsmoment meint; und die dem Tanz gelingt: einen Augenblick reinen Überganges zu geben, ein aufscheinendes und wieder verlöschendes Geschehen. Ob und wie dies dichterisch zu realisieren wäre, muß offen bleiben. Mallarmés Ge-

---

66 auf einem anderen Weg, ausgehend von Mallarmés Überlegungen zum "Zusammenhang von Kleidung und Körper" (cf. oben Fn. 60), gelangt auch Brandstetter 1989 zu diesem Ergebnis; sie interpretiert Fullers Evokationen "als leuchtende poésie pure des Tanzes" (Brandstetter / Ochaim, p. 146). - Margrit Wienholz zieht 1974 die oben zitierte Stelle aus "Crise de vers" heran, um Mallarmés "Idee von einer Kunst, deren Kunstmittel 'autonom' sind", zu erläutern (Wienholz, p. 166), stellt jedoch keine Verbindung zwischen den Konstitutionsmomenten des tänzerischen und des dichterischen Textes her (cf. Wienholz, p. 164 sqq. und p. 171 sq., Analyse des Passus "Au bain terrible des étoffes se pâme (...)").

67 "Autre Étude de Danse. Les Fonds dans le Ballet. D'après une indication récente", in: OEuvres complètes, p. 309

68 in: Brandstetter / Ochaim, p. 217

danke jedoch wirkt weiter: Paul Valéry begreift das dichterische Kunstwerk als Werk "*en acte*"[69]; einige Kennzeichen dieses Aktes aber entsprechen denen der *tänzerischen Aktion*. Mit seinen Bestimmungen, im besonderen einer Reflexion auf die zentrale Kategorie der Zeitlichkeit, gibt Valéry dem von Mallarmé reflektierten poetologischen Problem eine spezifische Wendung, die eigens zu untersuchen sein wird.

Eine Reflexion auf die Art und Weise, in der die innere Bewegtheit eines ästhetischen Gebildes gegeben sei und sich erfahren lasse, begegnet in Stefan Georges Gedicht "Der Teppich". Im Kunstwerk selbst ist eine Bewegung stillgestellt, das Muster des Teppichs zeigt sich in einem "erstarrten tanze"; löst sich der Stillstand der Bewegung, so "wird das werk lebendig". Gegenüber Mallarmés Konzeption des "oeuvre pure" verschiebt sich mit Georges symbolistischer "art poétique" (wie Theodor W. Adorno das "Teppich"-Gedicht nennt[70]) die Perspektive, in der die Autoren den Status des ästhetischen Gebildes bestimmen. Indem George den Blick auf eine zunächst angehaltene, dann wieder freigesetzte Bewegung lenkt, akzentuiert er die Verwandlung, die das Werk in der Wahrnehmung des Betrachters erfährt.

Das Gedicht eröffnet den ersten Hauptteil des Bandes "Der Teppich des Lebens und die Lieder von Traum und Tod. Mit einem Vorspiel"; in dreihundert Exemplaren erschien der Band im Winter 1899[71], die "allgemeine ausgabe" folgte im Jahr 1901.[72]

"Der Teppich

Hier schlingen menschen mit gewächsen tieren
Sich fremd zum bund umrahmt von seidner franze
Und blaue sicheln weisse sterne zieren
Und queren sie in dem erstarrten tanze.

---

69 Paul Valéry: "Philosophie de la danse" (1936), in: OEuvres I, ed. Jean Hytier, Paris 1957 (Bibl. de la Pléiade), p. 1400

70 Theodor W. Adorno: Ästhetische Theorie, ed. Gretel Adorno / Rolf Tiedemann, Gesammelte Schriften Bd. 7, Frankfurt/M. $^{2}$1972, p. 262

71 mit dem Druckvermerk 1900; cf. Ernst Morwitz: Kommentar zu dem Werk Stefan Georges, Düsseldorf u. München $^{2}$1969, p. 157, und Claude David: Stefan George. Sein dichterisches Werk, München 1967, p. 507. Vor Erscheinen dieses Bandes machte George das Gedicht dem geschlossenen Leserkreis der "Blätter für die Kunst" zugänglich (Vierte Folge, III. Band, 1899, p. 69).

72 cf. die Widmung dieser Ausgabe, hier zit. nach: Stefan George: Der Teppich des Lebens und die Lieder von Traum und Tod. Mit einem Vorspiel, Berlin 1932 (Gesamt-Ausgabe der Werke. Endgültige Fassung. Bd. 5)

Und kahle linien ziehn in reich-gestickten
Und teil um teil ist wirr und gegenwendig
Und keiner ahnt das rätsel der verstrickten ..
Da eines abends wird das werk lebendig.

Da regen schauernd sich die toten äste
Die wesen eng von strich und kreis umspannet
Und treten klar vor die geknüpften quäste
Die lösung bringend über die ihr sannet!

Sie ist nach willen nicht: ist nicht für jede
Gewohne stunde: ist kein schatz der gilde.
Sie wird den vielen nie und nie durch rede
Sie wird den seltnen selten im gebilde."[73]

Eher beiläufig, so mag es scheinen, gebraucht George am Ende der ersten Strophe des Gedichtes die Tanz-Metapher; im Sinn eines abgekürzten Vergleichs wird am Bild des erstarrten Tanzes die Verschlungenheit der Figuren belebter und unbelebter Dinge im Gewebe des Teppichs vergegenwärtigt. George greift die Metapher in den folgenden Strophen des Gedichtes nicht auf; in nuce aber liefert sie ein Bild der Spannung, in der das ästhetische Gebilde steht. Einmal erstarrt, ist der Tanz nicht länger Tanz und gibt Rätsel auf: Den Rätselcharakter des Gebildes heben die drei ersten Verse der zweiten Strophe hervor. Die Figuren und Linien des Gewebes liegen so zueinander, daß der Sinn ihrer Anordnung verborgen bleibt, bis - unerwartet und spät - ein Umschlag eintritt: "Da eines abends wird das werk lebendig." In das Muster des Teppichs kommt Bewegung; Lösung des Stillstandes aber bedeutet Lösung des Rätsels. Wie die einzelnen Elemente des Musters 'gemeint' seien, woraufhin die Linien zielen, enthüllt sich erst in der Wahrnehmung des Prozesses, den das Werk in einem einzigen Moment fixierte. Nicht durch Nachsinnen, so gibt der letzte Vers der dritten Strophe zu verstehen, nicht durch Anstrengung des Willens oder Aufbieten eines Fachwissens ("schatz der gilde") ist der verborgene Sinn des Werkes zu entdecken. Als ein Unsagbares offenbart sich die Lösung, wie George am Ende des Gedichtes festhält, nur im günstigen Augenblick und nur "den seltnen" *im* Gebilde. Gerade dieser Gedanke begegnet - vor der Veröffentlichung des Gedichtes, schon im November 1897 - in den "Blättern für die Kunst", dem Zirkular des George-Kreises; ergänzt um einen erläuternden Zusatz: "kunstverständnis ist nur da zu finden wo ein

73 Der Teppich des Lebens und die Lieder von Traum und Tod. Mit einem Vorspiel, Berlin 1932, p. 40 (Gesamt-Ausgabe der Werke. Endgültige Fassung. Bd. 5)

kunstwerk als gebilde (rytmisch) ergreift und ergriffen wird."[74] Die Erläuterung "rytmisch" weist hier auf die Gesamtheit der Ordnungskräfte, denen die Kunstwerke ihre Wirkung verdanken[75]; der Sprachrhythmus des Wortkunstwerkes ist nur eine dieser Kräfte, freilich eine privilegierte: Das Gedicht übersteigt für George, wie Manfred Durzak 1968 formuliert, "im Rhythmus seinen Aussagecharakter und wird Ereignis."[76]

Die ästhetisch ergreifende Wirkung des Gewebes, das zunächst nur Rätsel aufgibt, stellt sich genau in jenem Augenblick ein, in dem die Bewegungsqualitäten seines 'Stoffes' selbst aktualisiert werden: Im Umschlag von Starre in Bewegung wird das Werk als *Kunstwerk* erfahren. Daß der Ort dieser Verwandlung des Werkes in der Erfahrung des Betrachters zu suchen ist, machen Adornos Bemerkungen in der "Ästhetischen Theorie" deutlich:

> "Lebendig ist ästhetische Erfahrung vom Objekt her, in dem Augenblick, in dem die Kunstwerke unter ihrem Blick selbst lebendig werden. So hat George in dem Gedicht "Der Teppich", einer art poétique, die einem Band den Titel leiht, symbolistisch es gelehrt. Durch betrachtende Versenkung wird der immanente Prozeßcharakter des Gebildes entbunden. Indem es spricht, wird es zu einem in sich Bewegten. Was irgend am Artefakt die Einheit seines Sinnes heißen mag, ist nicht statisch sondern prozessual, Austrag der Antagonismen, die ein jegliches Werk notwendig in sich hat."[77]

Die Verwandlung, die das Werk in der Wahrnehmung des Betrachters erfährt, begreift George - dies bleibt festzuhalten - als eine Gunst, die dem Wahrnehmenden geschieht. Nur in der glücklichen Konstellation: des Augenblicks und der bestimmten Subjektivität, die sich an das Werk verliert, beginnt dieses zu sprechen. Daß weder eine bloße Leistung der Subjektivität das Werk zum Sprechen bringe, noch daß es stets aus eigener Kraft zu ihr spreche, bleibt die Grundannahme des "Teppich"-Gedichtes.

Im Zusammenhang seiner tanzästhetischen Reflexion war Mallarmé aufmerksam auf den transitorischen Charakter der tänzerischen Hervorbringungen. Für Paul Valéry gewinnt gerade dieses Moment, in tanzästhe-

---

74 Blätter für die Kunst, Vierte Folge, I.-II. Band, November 1897, p. 3 (Titellose Bemerkungen zur Kunst, signiert: Blätter für die Kunst)

75 die Bemerkung steht im Zusammenhang von Überlegungen zur "wesentlichen wirkung des kunstwerkes"; cf. ibid.

76 Manfred Durzak: Der junge Stefan George. Kunsttheorie und Dichtung, München 1968, p. 145

77 Adorno, p. 262

tischer wie poetologischer Hinsicht, zentralen Stellenwert. Damit nähert sich Valéry einer Konzeption des Kunstwerkes, die in Mallarmés Ästhetik nur angelegt ist; die anzudeuten - nicht am Bild des Tanzes, sondern am Phänomen des Feuerwerkes sie zu illustrieren - wiederum Adorno in der "Ästhetischen Theorie" unternommen hat:

> "Prototypisch für die Kunstwerke ist das Phänomen des Feuerwerks, das um seiner Flüchtigkeit willen und als leere Unterhaltung kaum des theoretischen Blicks gewürdigt wurde; einzig Valéry hat Gedankengänge verfolgt, die zumindest in seine Nähe führen. Es ist apparition κατ' ἐξοχήν: empirisch Erscheinendes, befreit von der Last der Empirie als einer der Dauer, Himmelszeichen und hergestellt in eins, Menetekel, aufblitzende und vergehende Schrift, die doch nicht ihrer Bedeutung nach sich lesen läßt. Die Absonderung des ästhetischen Bereichs in der vollendeten Zweckferne eines durch und durch Ephemeren bleibt nicht dessen formale Bestimmung. Nicht durch höhere Vollkommenheit scheiden sich die Kunstwerke vom fehlbaren Seienden, sondern gleich dem Feuerwerk dadurch, daß sie aufstrahlend zur ausdrückenden Erscheinung sich aktualisieren."[78]

Kennzeichnend für das Feuerwerk ist das Aufscheinen und Verlöschen figuraler Konstellationen am nächtlichen Himmel, die - an Flüchtigkeit dem Tanz voraus, der in eine Haltung, ja ein Tableau münden und hierin neu anheben kann - sich der Fixierung gänzlich entziehen. In seinem Dialog "L'Ame et la Danse", erstmals veröffentlicht 1921[79], vergleicht Valéry die Tänzerin (genauer: den Zustand ihres tanzenden Körpers) einer Flamme und bestimmt die Flamme als ein nicht stillzustellendes Geschehen, als den Akt eines Augenblicks, "l'acte de ce moment qui est entre la terre et le ciel."[80] Feuerwerk und Tanz kommen darin überein, daß sie ein Augenblicksgeschehen in zweifachem Sinn in Szene setzen, an den entstehenden und im Entstehen vergehenden Gebilden die Vergänglichkeit dessen, was in der Zeit ist, sinnfällig illustrieren, sich als ästhetische Manifestationen aber selbst auslöschen, sich in keinem Werk von Dauer objektivieren. In reiner 'Aktualität' machen sie, wie Valéry von der bewegten Gestalt der Tänzerin sagt, den Augenblick sichtbar ("Elle fait voir l'instant"[81]). In der Reflexion auf den aktualen Charakter des Tanzes nun,

---

78 Adorno, p. 125 sq.

79 in der Sondernummer der "Revue Musicale" vom 1. Dezember 1921 (gewidmet "Le Ballet au XIX$^{e}$ siècle"); im folgenden zit. nach: OEuvres II, ed. Jean Hytier, Paris 1960 (Bibl. de la Pléiade)

80 "L'Ame et la Danse", in: OEuvres II, p. 171

81 ibid., p. 172

im Hinblick auch auf andere Kennzeichen des tänzerischen Geschehens, wird Valéry in der "Philosophie de la danse" (1936)[82] das Bewegungs- und das *aktualisierte Wortkunstwerk* aufeinander beziehen: "Commencer de dire des vers, c'est entrer dans une danse verbale."[83] Nur als aktualisiertes, sich in der Zeit verwirklichendes Werk kommt das Gedicht hier in Betracht; nicht vom Konstitutionsmoment seines Textes, sondern von seinem Vortrag her - und damit aus einer anderen Perspektive als der Mallarmés - bestimmt Valéry die Analogie zwischen der tänzerischen Bewegung und dem 'Tanz' der in Bewegung gebrachten Worte des Gedichts.

Valéry formuliert seine tanzästhetischen Überlegungen, von verstreuten Bemerkungen abgesehen[84], zusammenhängend in dem schon genannten Dialog "L'Ame et la Danse" und im Vortrag "Philosophie de la danse", schließlich in einem kurzen Text aus dem Jahr 1935, den er in die Sammlung "Degas Danse Dessin" (1936)[85] aufnimmt. Im Dialog reflektiert Valéry den Tanz nicht explizit in poetologischer Perspektive; er entwickelt eine Reihe von Überlegungen, die er in den späteren Texten - in der "Philosophie de la danse" ausdrücklich mit Blick auf die anderen Künste, so auch die Dichtung - aufgreifen wird. Den in "L'Ame et la Danse" angelegten Linien soll die folgende Analyse nachgehen; dabei wird der Zusammenhang mit Valérys späteren Reflexionen an verschiedenen Stellen deutlich gemacht. Nicht zuletzt deshalb ist der Dialog von besonderem Interesse, weil sich Rainer Maria Rilkes Deutung des Tanzes, wie sie in einem der "Sonette an Orpheus" begegnet, der hier entfalteten tanzästhetischen Konzeption nähert. Im Jahr 1922, wenige Wochen nach der Veröffentlichung des Dialoges, schreibt Rilke den Text ab[86]; zwischen dem 2. und 23. Februar 1922 entstehen die "Sonette an Orpheus"[87]; einige Jahre später wird Rilke den Dialog ins Deutsche übertragen.[88]

Anknüpfend an die Tradition der antiken Symposien-Literatur - klassische Werke der Gattung sind die "Symposien" Platons und Xenophons

---

82 erstmals veröffentlicht in "Conferencia", 1. November 1936 (Conférence à l'Université des Annales, gehalten am 5. März 1936); im folgenden zitiert nach: OEuvres I, ed. Jean Hytier, Paris 1957 (Bibl. de la Pléiade)

83 "Philosophie de la danse", in: OEuvres I, p. 1400

84 etwa in einem Brief an Claude Debussy vom März 1900 (in: Paul Valéry: Lettres à Quelques-uns, Paris 1952, p. 62 sq.) oder in "Poésie et pensée abstraite", 1939 (in: OEuvres I, p. 1330)

85 der Text hat den Titel "De la Danse", zuerst veröffentlicht in "Mesures", Cahiers trimestriels, n° 3, 15. Juli 1935; unter demselben Titel in "Degas Danse Dessin" (in: OEuvres II, p. 1169-1173)

86 cf. Karin Wais: Studien zu Rilkes Valéry-Übertragungen, Tübingen 1967, p. 17

87 cf. Rainer Maria Rilke: Sämtliche Werke, ed. Ernst Zinn, Erster Band, p. 874

88 die Übertragung ist abgeschlossen am 9. Oktober 1926 (cf. Wais, p. 28) und erscheint erstmals im Jahr 1927 im Insel-Verlag.

von Athen -, läßt Valéry in "L'Ame et la Danse" die Gesprächspartner Sokrates, Phaidros und den Arzt Eryximachos das Wesen des Tanzes erörtern.[89] Nach einem Gastmahl treten zunächst, wie der Leser aus den Wechselreden erfährt, neun Tänzerinnen und ein "petit danseur qui est si laid"[90] auf, über deren Tanz die drei Zuschauer Betrachtungen anstellen, bis schießlich Athikte - "L'étonnante et l'extrême danseuse"[91] - erscheint. Athiktes Tanz beginnt mit einem einfachen Gang im Kreis und endet in einem ekstatischen Wirbel, nach dem sie wie tot zusammenbricht. Ihre Worte beschließen den Dialog:

| | |
|---|---|
| "ATHIKTÉ | Je ne sens rien. Je ne suis pas morte. Et pourtant, je ne suis pas vivante! |
| SOCRATE | D'où reviens-tu? |
| ATHIKTÉ | Asile, asile, ô mon asile, ô Tourbillon! - J'étais en toi, ô mouvement, en dehors de toutes les choses ...".[92] |

Athiktes Schlußfigur, angesetzt als Pirouette en pointe (wie Eryximachos bemerkt: "Tout son corps sur ce gros doigt puissant se déplace"[93]) und mündend in die Drehekstase, gehört weder zum Figurenensemble des antiken griechischen Tanzes - der ein derartiges Auf-Spitze-Stehen nicht kannte[94] -, noch folgt sie der danse d'école, die eine Ekstase der Tänzerin nicht zuläßt. Valéry war mit dem akademischen Tanz vertraut und hat sich während der Arbeit an "L'Ame et la Danse" mit den Tänzen der griechischen Antike befaßt[95]; Athiktes Schlußfigur jedoch illustriert, unabhängig von tanztechnischen Fragen, eine Erfahrung, die gerade die Vertreterinnen des Ausdruckstanzes vielfach artikuliert haben. Über die im Wirbel drehende Athikte sagt Sokrates: "Elle pourrait mourir, ainsi ... (...) Elle reposerait immobile au centre même de son mouvement. Isolée, isolée, pareille à l'axe du monde ...".[96] Die Erfahrung der Drehekstase beschreibt Mary Wigman (1886-1973) rückblickend in ihren Aufzeichnungen über

89 der Arzt Eryximachos schon bei Platon, die Vorführung einer Pantomime bei Xenophon
90 "L'Ame et la Danse", in: OEuvres II, p. 153
91 ibid.
92 ibid., p. 176
93 ibid., p. 173
94 Der Tanz en pointe, heute im geblockten Spitzenschuh ausgeführt, gilt allgemein als tanztechnische Neuerung, erstmals praktiziert von Marie Taglioni im Jahr 1826 (hiervon zu unterscheiden ist die in Volkstänzen begegnende 'Spitzen'-Technik, bei der der Fuß nach innen gebogen wird, der Spann also nicht die für den Tanz en pointe charakteristische Außenwölbung erreicht).
95 cf. Jeanine Parisier-Plottel: Les Dialogues de Paul Valéry, Paris 1960, p. 35 sq. (dort auch eine tanzhistorische Diskussion)
96 "L'Ame et la Danse", in: OEuvres II, p. 174

"Die Sprache des Tanzes" (1963): "Nicht mehr selbst sich bewegend, sondern bewegt werdend, selbst Mitte, selbst ruhender Pol im Wirbel der Rotationen (...) keine Richtung, kein Ziel (...)".[97] Als Figur, an der die Ziellosigkeit einer kreisenden Bewegung um eine selbst unbeweglich erscheinende Mitte sich erfahren läßt, bringt Athiktes Wirbel in ekstatischer Steigerung ein Moment der tänzerischen Aktion zur Anschauung, das schon ihren langsamen Gang im Kreis kennzeichnete - dieser erscheint als "marche monumentale qui n'a qu'elle même pour but", "le sentiment de l'immobile" vermittelnd.[98] Nicht die Drehekstase selbst, sondern die am Kreisgang und gesteigert am Wirbel erfahrbare Ziellosigkeit der ruhelosen *und* gleichsam in sich ruhenden Aktion begreift Valéry in seinem Dialog wie in den späteren Texten als ein wesentliches Merkmal des Tanzes.

Der Tanz des Ensembles, Athiktes Gang im Kreis, einige weitere Bewegungsfiguren der Solistin, schließlich ihr Wirbel sind die künstlerischen Darbietungen, an denen die drei Gesprächspartner Sokrates, Phaidros und Eryximachos das Wesen des Tanzes erörtern. Schon vor dem Auftritt Athiktes, doch auch während sie selbst tanzt, läßt Valéry die Zuschauer Überlegungen formulieren, in denen Momente der tanzästhetischen Reflexion Mallarmés anklingen. In einem Brief aus dem Jahr 1930, in dem sich Valéry über "L'Ame et la Danse" äußert, geht er auf Mallarmés tanzästhetische Überlegungen ein und weist auf die Bedeutung hin, die sie für seine eigene Arbeit besaßen: "Ce que Mallarmé avait prodigieusement écrit est (...) devenu une condition singulière de mon travail. Je ne devais ni l'ignorer ni l'épouser."[99] Dem Gedankengang des Dialoges folgend, sind sowohl jene Stellen aufzusuchen, an denen Valéry implizit auf Mallarmé Bezug nimmt und sich von dessen tanzästhetischer Reflexion abgrenzt, als auch die Linien der Argumentation nachzuzeichnen, auf denen Valéry - in einer neuen und eigenen Perspektive - zur spezifisch poetologischen Reflexion des Tanzes gelangen wird.

Zwischen dem Mahl und dem Auftritt des Tanzensembles führen Sokrates, Phaidros und der Arzt Eryximachos eine zunächst physiologische, schon bald aber die 'Seelenlehre' betreffende Diskussion: Sie erörtern die Frage, welches die Heilmittel der Seele seien. Sokrates bestimmt "vérité" und "mensonge" als ihre Heilmittel, die sich zueinander verhalten wie Wa-

---

97 Mary Wigman: Die Sprache des Tanzes, Stuttgart 1963, hier zit. nach dem Nachdruck München [2]1986, p. 39
98 "L'Ame et la Danse", in: OEuvres II, p. 157 sq.
99 Brief an Louis Séchan vom August 1930, in: Lettres à Quelques-uns, p. 191

chen und Schlaf: Im Schlaf, in einem bösen Traum ("mauvais rêve") werde "la netteté de la lumière" gesucht, umgekehrt erwarte der Mensch von den Träumen ("songes"), daß sie ihn von den Sorgen des Tages, des Wachzustandes, befreien. Bei dem, was *ist* (dem Wahren und "le réel") wolle der Mensch ein Heilmittel gegen das finden, was *nicht ist* (das Unwahre und "l'illusion"), dagegen suche er "dans ce qui n'est pas, un soulagement à ce qui est."[100] Mit Blick auf eine Ethik der Erkenntnis macht Eryximachos gegen den von Sokrates in wenigen Sätzen entwickelten Gedanken geltend: "vérité" und "mensonge" - im Wortsinn von 'Lüge' - streben nach demselben Ziel; denn wie die Wärme und die Kälte den Körper wechselweise angreifen und schützen, so sei es auch mit den unterschiedlichen Willen bestellt, die sich auf das Wahre und das Falsche ("le faux") beziehen und also einander ergänzen, die Menschen bald zu Lügnern, bald zu Wahrhaftigen machen ("menteurs ou véridiques"). Dem Einwand des Arztes begegnet Sokrates mit einem Hinweis auf das Leben, das dies schlicht so wolle: "C'est la vie même qui le veut: tu le sais mieux que moi, qu'elle se sert de tout."[101]

Die argumentative Struktur des kurzen Passus, eines geistreichen Vorspiels nur, ist bezeichnend für die Gedankenführung des Dialoges: Valéry arbeitet mit dem Doppelsinn von Begriffen ("mensonge": 'Lüge' und 'Täuschung'), bringt die Bedeutungen etymologisch nicht verwandter, aber ähnlich lautender Wörter miteinander ins Spiel (die angenehmen Träume, die von der Last des Tages befreien, sind "songes", in Korrespondenz zu "mensonge")[102], zieht Vergleiche heran, die eine neue Dimension des Gemeinten illustrieren (Wirklichkeit und Schein von Wirklichkeit, später der physiologische Vergleich mit Wärme und Kälte als widerstreitenden und doch einander ergänzenden Kräften), spitzt den Gedanken mitunter in antithetischer Fügung zu ("ce qui n'est pas" - "ce qui est"), verfolgt ihn auf mehreren diskursiven Ebenen (hier zumindest auf zwei Ebenen: der einer 'Sorge um die Seele' und der einer Theorie und Ethik der Erkenntnis; auch an die Trugbilder, den 'schönen Schein' der Kunst mag der Leser denken) und gibt ihm schließlich eine überraschende Wendung: Sokrates' Hinweis auf das Leben, vorgebracht mit leisem Spott gegenüber dem Arzt, dessen

---

100 dies und die vorigen Zitate: "L'Ame et la Danse", in: OEuvres II, p. 150

101 ibid., p. 151

102 "mensonge" von vulgärlateinisch 'mentionica' (zu klassisch 'mentire', lügen), "songe" von 'somnium', Traum. (Auf ein Spiel mit *einem* Wortstamm im selben Passus weist Marieluise Blessing: Der philosophische Dialog als literarische Kunstform von Renan bis Valéry, Diss. phil. Eberhard-Karls-Universität Tübingen 1965, p. 130, hin: Das Wahre ist Waffe der Seele, "son arme, - et le mensonge son armure"; ibid.)

Fachgebiet gerade das Lebendige ist, setzt der Argumentation kurzerhand ein - freilich nur vorläufiges - Ende.

Unmittelbar anknüpfend an seinen Hinweis auf das Leben, entwickelt Sokrates eine Überlegung, die einen neuen Gedanken ins Spiel bringt und gleichzeitig eine Brücke schlägt zur Erörterung des Tanzes, die die drei Gesprächspartner mit dem Eintritt der Ensembletänzerinnen aufnehmen werden: Das Leben lasse keinen anderen Schluß zu als den auf sich selbst, es sei jene geheimnisvolle Bewegung, die den Menschen immer wieder auf sich selbst ("à ce même Socrate") zurückführe. Sokrates veranschaulicht den Gedanken an einem Bild: Das Leben

> "est une femme qui danse, et qui cesserait divinement d'être femme, si le bond qu'elle a fait, elle y pouvait obéir jusqu'aux nues. Mais comme nous ne pouvons aller à l'infini, ni dans le rêve ni dans la veille, elle, pareillement, redevient toujours elle-même; cesse d'être flocon, oiseau, idée; - d'être enfin tout ce qu'il plut à la flûte qu'elle fût, car la même Terre qui l'a envoyée, la rappelle, et la rend toute haletante à sa nature de femme et à son ami ...".[103]

Im Versuch, die eigene Lebenswirklichkeit zu transzendieren, ins Unbegrenzte, "à l'infini" zu gelangen, findet sich der Mensch doch stets gebunden an die Grundlage seiner Existenz; wie die Tänzerin dem Wirken der Schwerkraft nicht entfliehen kann, bleibt der Mensch verwiesen auf eine begrenzte Praxis. Nicht daß der Versuch, Begrenztheit zu transzendieren, scheitere, beschäftigt Valéry - der Tänzerin gelingt es, für einen Augenblick zu den ungreifbaren Gebilden "flocon, oiseau, idée" zu werden -, wohl aber dessen Charakter als Moment eines Lebenszusammenhanges. Es ist die Erde und die Bewegung des Lebens selbst, die den Menschen und die Tänzerin sowohl aussenden als auch zurückrufen in die konkrete Existenz ("à sa nature de femme et à son ami"); auch die im Wirbel drehende Athikte wird ins Leben zurückkehren ("D'où reviens-tu?" fragt Sokrates). Richtet sich Valérys Aufmerksamkeit in den eigentlich tanzästhetischen Passagen des Dialoges gerade auf den Zustand der Ablösung, der Schwebe zwischen "l'infini" und konkreter Existenz, so steckt die von Sokrates formulierte Überlegung den Rahmen ab, innerhalb dessen der Tanz zu begreifen ist: in seinem Bezirk geschieht eine nur zeitweilige Erhebung über das Begrenzte. Daß die Tänzerin in ihrer Bewegung nicht als *Frau* erscheine - der Gedanke Mallarmés -, sondern Flocke, Vogel oder Idee evoziere, gilt allein für den Augenblick dieser Erhebung, deren Flüchtigkeit

103 "L'Ame et la Danse", in: OEuvres II, p. 151

Valéry akzentuiert (womit er Mallarmés Gedanken nicht, wie Marieluise Blessing 1965 meint, abwandelt[104], sondern ihn lediglich aus der Erfahrungsnähe, der Reflexion auf einen Lebenszusammenhang, kommentiert).

Valéry greift im folgenden eine Reihe von Motiven auf, um die schon Mallarmés tanzästhetische Reflexion kreiste. Nach dem Eintritt des Ensembles, während der ersten Darbietungen sagt Sokrates von den Tanzenden: "Leurs mains parlent, et leurs pieds semblent écrire."[105] Die Bilder des Tanzes gehen auseinander hervor und wechseln in rascher Folge, wie Phaidros bemerkt: "Quelques femmes font mille choses. Mille flambeaux, mille péristyles éphémères, des treilles, des colonnes ... Les images se fondent, s'évanouissent ...".[106] An den Darbietungen der Athikte wird Phaidros später wahrnehmen, daß der Tanz ein 'Gewebe' hervorbringen kann: "Mais, à présent, ne croirait-on pas qu'elle se tisse de ses pieds un tapis indéfinissable de sensations? ... Elle croise, elle décroise, elle trame la terre avec la durée ...".[107] Der zuletzt zitierte Satz lautet in der Übertragung Rainer Maria Rilkes: "Sie durchkreuzt die Erde mit Kette und Einschlag der Dauer ...".[108] Nicht als Sinnbild dessen, was Bestand hat, erscheint hier "la terre": Im tänzerischen Gewebe sind das vergängliche, flüchtige Irdische und "la durée" ineinander verwoben. Die Überlegung zielt auf ein Paradox, das sich näher fassen läßt, wird der Tanz in Entgegensetzung zur Malerei oder Plastik gesehen: Anders als diese will er das Flüchtige in keinem bestimmten Moment fixieren und in einem seiner Zustände gleichsam aufbewahren; vielmehr errichtet er mit den erscheinenden und wieder schwindenden Bildern der Flüchtigkeit, dem Entstehen und Vergehen selbst ein 'Denkmal' - ein Denkmal, das sich seinerseits auslöscht. Valéry hebt hervor, daß sich der tänzerische 'Text' in der Zeit realisiert; eben darum kann er Flüchtigkeit gültig ins Bild setzen. Die von Mallarmé am bewegten Gewebe erfahrenen "visions sitôt éparses que sues"[109] werden in Valérys Perspektive zur vergänglichen Aufzeichnung der irdischen Gebilde, die der Tanz als flüchtige Erscheinungen - "péristyles éphémères" - vorführt.

Indem das Ensemble in seinen Bewegungsfiguren dem ephemeren Irdischen Gestalt gibt, liefert es, wie Eryximachos bemerkt, ein Sinnbild des

---

104 Blessing, p. 131 ("Sokrates wandelt in diesem Vergleich den Mallarmé-Gedanken ab.")
105 "L'Ame et la Danse", in: OEuvres II, p. 152
106 ibid., p. 154
107 ibid., p. 160
108 Paul Valéry: "Die Seele und der Tanz", in: Paul Valéry: Eupalinos oder Über die Architektur. Eingeleitet durch Die Seele und der Tanz. Übertragen von Rainer Maria Rilke, Leipzig 1927, p. 29
109 Stéphane Mallarmé: "Autre Étude de Danse. Les Fonds dans le Ballet. D'après une indication récente", in: OEuvres complètes, p. 309

göttlichen Denkens ("La divine pensée"[110]), der unabänderlichen Gesetze, nach denen die Dinge entstehen, sich wandeln und vergehen. Eryximachos stellt Sokrates die Frage, ob nicht der Mensch im Betrachten des Tanzes, in der Wahrnehmung des hier anschaulich gemachten unablässigen Wechsels und der mannigfachen Beziehungen der Dinge untereinander in den Stand göttlicher Kenntnisse versetzt werde:

> "Ne crois-tu pas que la pensée des Immortels soit précisément ce que nous voyons, et que l'infinité de ces nobles similitudes, les conversions, les inversions, les diversions inépuisables qui se répondent et se déduisent sous nos yeux, nous transportent dans les connaissances divines?"[111]

Nicht allein zur Erkenntnis einer allgemeinen Gesetzmäßigkeit, auch zur Selbsterkenntnis leitet der Tanz den Menschen an, wie Phaidros später am Gang der Athikte feststellen wird - der Tänzerin eignet "quelque chose de socratique"[112], sie unterweist den Menschen darin, sich selbst besser kennenzulernen.

Mit den Kommentaren zu Athiktes Auftritt und ihrem Gang im Kreis erreicht der Dialog einen ersten Höhepunkt. Anders als die Ensembletänzerinnen vermag sich Athikte nahezu vollkommen in der Schwebe zu halten; sie scheint körperlos - "Chose sans corps"[113] -, ein tanzendes Etwas, das die Materialität des Körpers vergessen macht ("Elle n'est rien", bemerkt Sokrates[114]). Ihre Schritte sind verschieden von den Schritten der Menschen; den gewöhnlichen Bewegungen aber zeichnet ihr Gang im Kreis ein "modèle universel" vor.[115] Sokrates benennt die Kennzeichen des musterhaften Ganges der Athikte und formuliert damit eine Überlegung, die in Valérys tanzästhetischer Reflexion an zentraler Stelle steht, die in der "Philosophie de la danse" mit Blick auf eine allgemeine Theorie der Künste, damit auch der Dichtung, wieder begegnen wird:

> "Une simple marche, l'enchaînement le plus simple! ... On dirait qu'elle paye l'espace avec de beaux actes bien égaux, et qu'elle frappe du talon les sonores effigies du mouvement. Elle semble énumérer et compter en pièces d'or pur, ce que nous dépensons distraitement en vulgaire monnaie de pas, quand nous marchons à toute fin."[116]

---

110 "L'Ame et la Danse", in: OEuvres II, p. 155
111 ibid.
112 ibid., p. 157
113 ibid., p. 155
114 ibid.
115 ibid., p. 157
116 ibid., p. 156 sq.

Athiktes Kreisgang kennt, anders als jeder Gang im gewöhnlichen Leben, kein Ziel außerhalb seiner selbst - er erscheint als Paradigma einer nutzlosen, das heißt hier: einer nicht von äußeren Zwecken bestimmten Aktion. Mit phänomenologischer Sorgfalt gibt Valéry in der "Philosophie de la danse" eine Ableitung dieser Bestimmung, die die Grundlage seiner Überlegungen zur ästhetischen Aktion überhaupt bildet, jener Aktion, "*qui produit l'oeuvre,* ou bien qui la manifeste."[117] Valérys Reflexion auf die Zweckferne des tänzerischen Geschehens sei hier, der "Philosophie de la danse" folgend, kurz vorgestellt.

Der Tanz ist eine Aktion des menschlichen Körpers, "mais action transposée dans un monde, dans une sorte d'*espace-temps*, qui n'est plus tout à fait le même que celui de la vie pratique."[118] Im Raum des praktischen Lebens führt der Mensch nützliche Akte aus, indem er nach einem Ziel strebt; seine Akte sind begrenzt ("finis"[119]), sie werden bestimmt durch das Ziel, das es zu erreichen gilt, und die Umstände, unter denen es erreicht werden kann. Die Art und Weise des Vorgehens folgen Kriterien der Praktikabilität; der Weg zum Ziel ist stets "la voie la plus économique".[120] - Der Mensch besitzt jedoch das Vermögen zu nutzloser Aktion: "l'action qui est inutile en soi".[121] Valéry führt Beispiele solcher nutzloser Aktionen an - etwa das Ziehen eines Kreises, das Spiel der Muskeln des Gesichts, ein Gang im Takt -, macht aber deutlich, daß diese Aktionen durchaus zu etwas dienen können: Sie erlauben es, die Geometrie, die Komödie und "l'art militaire"[122] zu schaffen. Selbst Kunst und Wissenschaft "tendent à faire une sorte d'utile avec de l'inutile".[123] - Nicht als Kunst, die sich nutzlose Aktionen dienstbar macht, betrachtet Valéry nun den Tanz, sondern als privilegierte ästhetische Aktivität, in der die Praxis des Lebens geradezu verneint wird, in der die Möglichkeit eines "état exceptionnel", eines Zustandes eigener Geltung aufscheint. Von der Tänzerin sagt Valéry:

> "à force de nier par son effort l'état ordinaire des choses, elle crée aux esprits l'idée d'un autre état, d'un état exceptionnel, - un état qui ne serait que d'action"[124],

---

117 "Philosophie de la danse", in: OEuvres I, p. 1400
118 ibid., p. 1391
119 ibid., p. 1392: "nos actes utiles sont finis"
120 ibid., p. 1399
121 ibid., p. 1392
122 ibid.
123 ibid., p. 1394
124 ibid., p. 1396

näherhin: zweckfremder Aktion. In dieser 'anderen Welt'[125] stiftet der Tanz - ein Aspekt, den Valéry in der "Philosophie de la danse" ausführlich darlegt und auf den noch zurückzukommen sein wird - "son temps propre, sa durée absolument sienne".[126] Von dieser Leistung des Tanzes, der Begründung eines eigenen 'Zeitraumes' zunächst abgesehen, nennt Valéry als Merkmale, durch die sich die tänzerische Aktion von jeder "action dans le monde pratique" unterscheidet: "détachement du milieu" und "absence de but"; "négation des mouvements explicables", deren deutlichsten Gegensatz die "rotations complètes" bilden; schließlich ein Lächeln, "qui n'est à personne".[127]

Im Raum des Tanzes wandelt sich die zielgerichtete Bewegung gewöhnlichen Gehens in ein zweckfreies, der Praxis des Lebens enthobenes Schreiten, zeigt sich der menschliche Gang auf einer qualitativ höheren Stufe. In "L'Ame et la Danse" spricht Sokrates von den "pièces d'or pur", mit denen Athikte rechne, während sich die Menschen üblicherweise der "vulgaire monnaie de pas" bedienen. Einige Jahre nach Erscheinen des Dialoges und nach Veröffentlichung seiner "Philosophie de la danse" bemerkt Valéry im Vortrag "Poésie et pensée abstraite" (1939), daß sich der Tanz derselben Organe, Knochen und Muskeln wie das gewöhnliche Gehen bediene, jedoch "autrement coordonnés et autrement excités."[128]

Der Reflexion auf Athiktes Kreisgang folgen in "L'Ame et la Danse" einige tanzästhetische Kommentare der drei Gesprächspartner, die auf eine Erörterung der reinen 'Aktualität' des tänzerischen Geschehens leiten. Valérys Abgrenzung gegenüber der Reflexion Mallarmés tritt an diesen Kommentaren besonders klar zutage; sie gehen aus von der Frage, ob der Tanz der Athikte etwas darstelle - daß der Tanz des Ensembles Bilder des Irdischen vermittelte, wurde bereits deutlich.

Nach ihrem Kreisgang führt Athikte Bewegungsfiguren aus, die die drei Gesprächspartner unterschiedlich interpretieren: Phaidros etwa nimmt Bilder konkreter Gegenstände, der Rosen oder einer Welle, wahr[129]; gleichermaßen erscheint ihm der Tanz als Illustration eines Gefühls, die Tänzerin in ihrer Bewegung als dessen Idee oder Wesen: "Elle était donc l'être même de l'amour!"[130] Der weniger begeisterungsfähige Arzt Eryximachos gibt zu verstehen, daß er Phaidros' Ansicht nicht teilt;

---

125 ibid., p. 1398: "la danseuse est dans un autre monde"
126 ibid.
127 ibid., p. 1399
128 "Poésie et pensée abstraite" (1939), in: OEuvres I, p. 1330
129 "Elle trace des roses", "C'est l'onde!": "L'Ame et la Danse", in: OEuvres II, p. 162 u. p. 164
130 ibid., p. 164

für ihn ist der Tanz schlicht "ce que nous voyons".[131] Phaidros selbst befragt daraufhin Sokrates:

| | |
|---|---|
| "PHÈDRE | (...) Crois-tu qu'elle (la danseuse; Anm. G.G.) représente quelque chose? |
| SOCRATE | Nulle chose, cher Phèdre. Mais toute chose, Éryximaque. Aussi bien l'amour comme la mer, et la vie elle-même, et les pensées ... Ne sentez-vous pas qu'elle est l'acte pur des métamorphoses?"[132] |

Mit Sokrates' Urteil geht Valéry über die tanzästhetischen Bestimmungen Mallarmés hinaus: Er lenkt die Aufmerksamkeit ganz auf den aktualen Charakter des Tanzes, über dessen Wahrnehmung die Frage, ob die Tänzerin etwas darstelle und was sie darstelle, in den Hintergrund tritt. Mit gleichem Recht, wie sich der Tanz der Athikte als Folge bewegter Bilder auffassen läßt - die Tänzerin vermag, jeden beliebigen Gegenstand, Konkreta wie Abstrakta, ins Bild zu setzen -, ist es begründet, die einzelnen Bewegungsfiguren *nicht* als diese oder jene bestimmte 'Repräsentation' zu deuten. Daß die Tänzerin in ihrer Bewegung, wie Sokrates hervorhebt, "l'acte pur des métamorphoses", der reine Akt der Verwandlungen sei, wird ebenso in der Wahrnehmung einer Bilderfolge wie an dem erfahrbar, 'was wir sehen' ("ce que nous voyons"), was als bewegtes Geschehen im Raum durchaus ungedeutet bleiben darf (aber nicht ungedeutet bleiben muß). Sokrates' Definition des Tanzes verzichtet, wie Marieluise Blessing 1965 festhält, "auf jede gehaltliche Bestimmung in positivem oder negativem Sinn"[133]; freilich schließt sie die Deutung des Tanzes als eines 'repräsentativen' Geschehens damit nicht aus. In dieser Perspektive bemerkt Jeanine Parisier-Plottel 1960: "Évolution perpétuelle, équivoque infinie, regroupement sans trêve des équilibres, elle (la danse; Anm. G.G.) représente le rapport de toutes choses, l'essence des apparences successives du flux universel."[134] Am "acte pur des métamorphoses", eben daran, daß die Tänzerin Wandlung selbst vorführt, kann also ein universales Prinzip der Dinge anschaulich werden; Valérys besonderes Interesse jedoch gilt der Vermittlung jenes Zustandes unablässiger (und zweckfreier) Aktion, von dem er auch in der "Philosophie de la danse" spricht. Den aktualen Charakter des Tanzes nun versucht Valéry in den folgenden Passagen des Dialoges näher zu fassen.

131 ibid., p. 162
132 ibid., p. 164 sq.
133 Blessing, p. 138.
134 Parisier-Plottel, p. 40

Zur Veranschaulichung des Zustandes unablässiger Aktion, in dem sich die Tänzerin befindet, wählt Valéry in "L'Ame et la Danse" wie in der "Philosophie de la danse"[135] das Bild der Flamme, das überdies den Augenblickscharakter des Tanzes, seine Bestimmtheit als zeitliches Geschehen verdeutlicht. Im Anschluß an die Erörterung des Darstellungsproblems gelangen die drei Gesprächspartner des Dialoges über mehrere argumentative Zwischenschritte, die hier nur resümiert seien, zur Diskussion der reinen 'Aktualität' des Tanzes: An die den Dialog einleitenden Überlegungen zu den "remèdes" der Seele anknüpfend, kreist das Gespräch zunächst um die Frage, ob es ein Heilmittel gegen den "*ennui de vivre*" gebe[136], jene der menschlichen Natur feindliche Verfassung, in der der Betrachter die Dinge sehe, "*comme elles sont.*"[137] Während der Arzt Eryximachos die Meinung vertritt, daß die "froide et parfaite clarté" des Lebensüberdrusses ein Gift sei, "qu'il est impossible de combattre"[138], verweist Sokrates auf einen mächtigen Gegenspieler des Ennui, auf "l'ivresse due à des actes": "Nos actes, et singulièrement ceux de nos actes qui mettent notre corps en branle, peuvent nous faire entrer dans un état étrange et admirable ...".[139] In diesem Zustand, dem Zustand des Tanzes, breche der Körper aus ("il éclate"[140]) in Ereignisse, sei er "ivre de la négation de la nulle réalité".[141]

Wie der tanzende, schwerelos scheinende Körper die Realität und die Praxis des Lebens - sinnbildlich: den Erdboden als Grundlage der Existenz - gleichsam verneint, so ist die Flamme "la forme insaisissable et fière de la plus noble destruction".[142] In der - virtuellen - Verneinung der Schwere wie der Zerstörung aller brennbaren Materie, in der Leistung des Körpers und dem Werk der Flamme geschieht eine Erhebung "de l'état lourd à l'état subtil"[143]; sie wird möglich, da sich Körper und Flamme in höchster Aktivität, "au milieu des échanges les plus actifs", erhalten.[144] Valéry verfolgt den Gedanken in seiner "Philosophie de la danse" und illustriert ihn an einem Vergleich: Der Zustand unablässiger Aktion läßt die Möglichkeit einer "permanence" aufscheinen, "qui se ferait et se consoliderait au

---

135 cf. "Philosophie de la danse", in: OEuvres I, p. 1396
136 "L'Ame et la Danse", in: OEuvres II, p. 167
137 ibid.
138 ibid., p. 167 sq.
139 ibid., p. 169
140 ibid., p. 172
141 ibid., p. 171
142 ibid.
143 ibid.
144 ibid., p. 172

moyen d'une production incessante de travail, comparable à la vibrante station d'un bourdon ou d'un sphinx devant le calice de fleurs qu'il explore".[145] Ein vibratorisches Moment eignet der Flamme, dem Schwebezustand des tanzenden Körpers und dem 'Stehen' der Hummel oder des Falters vor einem Blütenkelch. Am Beispiel des sich in der Luft haltenden Insekts wird besonders deutlich, daß die höchste Bewegungsintensität den Eindruck von Dauer vermittelt - eine Beobachtung, die die drei Gesprächspartner des Dialoges nicht an der schwebenden, sondern an der im Wirbel drehenden Athikte machen, die Sokrates der ruhenden 'Weltachse' vergleicht.[146]

Die Diskussion des aktualen Charakters der Flamme und des tänzerischen Geschehens greift die Überlegungen zum Ennui wieder auf, zu jener Verfassung, in der der Mensch die Dinge mit unerbittlicher Klarheit in ihrem An-sich gewahrt. Indem der tanzende Körper die Realität virtuell verneint, tritt er, wie Sokrates andeutet, in einen Wettstreit mit der Seele, die einzig das zum Gegenstand habe, was keine Realität besitzt, was *jetzt nicht ist:* "ce qui fut, et qui n'est plus; - ce qui sera et qui n'est pas encore; - ce qui est possible, ce qui est impossible, - voilà bien l'affaire de l'âme, mais non jamais, *jamais*, ce qui est!"[147] Das Reale - in Kategorien des Cartesianismus: die *res extensa* - ist der Seele wesensfremd; als ihre eigentümlichen Kennzeichen nennt Sokrates "vitesse" und "variété", "l'universalité de l'âme"[148], der der Körper es gleichtun will. Eben hierin transzendiert er - wiederum freilich nur virtuell - sich selbst: Gegen seine "identité", gegen sein (wie Rainer Maria Rilke übersetzt) "Sich-selbst-gleich-sein"[149] als materielles Ding sucht der Körper Abhilfe durch die Vielzahl seiner Akte: "Il veut remédier à son identité par le nombre de ses actes".[150]

Verwoben in die Reflexion auf den aktualen Charakter des tänzerischen Geschehens sind in "L'Ame et la Danse" Überlegungen zur zeitlichen Bestimmtheit jener Erhebung "de l'état lourd à l'état subtil", die der Tanz leistet. Schon die Flamme kennzeichnet Sokrates als "l'acte de ce moment qui est entre la terre et le ciel"[151], als ein Augenblicksgeschehen, dessen zeitliche Begrenztheit dem Betrachter stets gegenwärtig ist: Die Flamme verzehrt alle brennbare Materie und muß, ist diese zerstört, selbst erlöschen. Auch die Flüchtigkeit der tänzerischen Erhebung wird dem Be-

---

145 "Philosophie de la danse", in: OEuvres I, p. 1396
146 cf. "L'Ame et la Danse", in: OEuvres II, p. 174
147 ibid., p. 171
148 ibid.
149 Paul Valéry: "Die Seele und der Tanz", in: Valéry: Eupalinos oder Über die Architektur, p. 54
150 "L'Ame et la Danse", in: OEuvres II, p. 171 sq.
151 ibid., p. 171

trachter bewußt, noch während die Erhebung selbst sich vollzieht; dem Schwebezustand des Körpers ist schon immer ein Ende vorgezeichnet: "Nous ne la voyons jamais que devant tomber ...", sagt Sokrates von der Tänzerin.[152] Daß jede Bewegungsfigur das Werk eines Augenblicks ist, eines Augenblicks, der wiederum an der Figur erfahrbar wird, sich aus dem Fluß der Zeit hervorhebt, solange die Figur 'dauert', bemerkt Eryximachos: "L'instant engendre la forme, et la forme fait voir l'instant."[153]

Auf die zeitliche Bestimmtheit des tänzerischen Geschehens kommt Valéry in der "Philosophie de la danse" mehrfach zu sprechen. Im Mittelpunkt steht hier die Reflexion auf die Erfahrung der Dauer - "durée", im selben Zusammenhang gebraucht Valéry auch den Ausdruck "permanence" -, die die "vibrante station" des sich in der Luft haltenden Insekts wie die in der Schwebe befindliche Tänzerin vermitteln. Die am Tanz erfahrbare Dauer ist "toute faite d'énergie actuelle, toute faite de rien qui puisse durer."[154] Als eine Dauer des Unbeständigen stellt sie sich durch die unablässige Aktion der Tänzerin gleichsam erst her. Valéry lenkt die Aufmerksamkeit auf den phänomenologischen Befund, daß sich die tänzerische Dauer aus einer Sukzession äußerst flüchtiger Einzelmomente ergibt, daß die Tänzerin, indem sie diese Sukzession durch immer neue Anstrengung ermöglicht, die Dauerhaftigkeit des tänzerischen Geschehens verbürgt (eine Dauer 'erzeugt', "engendre"[155], wie Valéry formuliert). Hält die Tänzerin in ihrer Aktion inne, so bricht die dem Tanz eigene Dauer des Unbeständigen ab; dieses Ende, die zeitlichen Grenzen der Aktion aber sind dem Tanz, so führt Valéry aus, nicht immanent ("intrinsèques"), sondern bleiben ihm äußerlich: "c'est la fatigue, c'est le désintéressement qui interviennent."[156] Wiederum bezieht Valéry den Gedanken auf die Zweckferne der tänzerischen Aktion: Anders als den nützlichen Akten sind dem tänzerischen Geschehen keine zweckmäßigen zeitlichen Grenzen gesetzt.

Am Beispiel des flüchtigen Schwebezustandes akzentuieren die drei Gesprächspartner des Dialoges in ihren Kommentaren die Gefährdung tänzerischer Dauer: Die Tänzerin muß ihrem Sturz entgegenarbeiten, der dem Betrachter als Möglichkeit doch stets gegenwärtig ist. Athiktes Wirbel hingegen, mit dessen Reflexion der Dialog einen letzten Höhepunkt erreicht, illustriert die virtuell unendliche Dauer des tänzerischen Gesche-

152 ibid., p. 173
153 ibid., p. 172
154 "Philosophie de la danse", in: OEuvres I, p. 1396
155 ibid.
156 ibid., p. 1399

hens: "On croirait que ceci peut durer éternellement", sagt Phaidros über das Drehen der Athikte[157], dem schließlich nur die völlige Erschöpfung der Tänzerin ein Ende setzt. Die gänzliche Zweckferne der "rotations complètes"[158], die durch immer neue Anstrengung erreichte Dauer im Flüchtigen, eine Stasis in der Bewegung, schließlich die Transzendenz des Körpers in einen Bereich jenseits materieller Schwere - die Tänzerin befindet sich "en dehors de toutes les choses"[159] - werden an Athiktes Schlußfigur anschaulich.

Die Komposition seines Dialoges überblickend, sagt Valéry in dem schon oben zitierten Brief aus dem Jahr 1930: "L'abstrait et le sensible mènent tour à tour et s'unissent enfin dans le vertige."[160] Wie der Tanz selbst ein zeitweiliges Geschehen bleibt, gelingt auch die schwindelerregende Vereinigung einer der Abstraktion zugänglichen "Idée" und eines anschaulichen "Image" - "l'Image et l'Idée sont tour à tour les Coryphées"[161] - nur für kurze Zeit; sie bricht mit dem Ende der Figur, das auch das Ende des Dialoges bezeichnet, auseinander. Das Leben selbst, von dem Sokrates einleitend sprach, fordert sein Recht - der praktisch gesonnene Arzt Eryximachos weist auf die zu Boden gesunkene Athikte und empfiehlt der denkenden Anschauung auch des Lesers: "Regarde ce très petit sein qui ne demande qu'à vivre. Vois comme faiblement il palpite, suspendu au temps ...".[162]

In seinem Dialog aus dem Jahr 1921 wie in den späteren tanzästhetischen Reflexionen entwickelt Valéry eine "idée assez abstraite de la Danse"[163], an der er die Grundzüge ästhetischer Aktion überhaupt deutlich macht. Der Vortrag aus dem Jahr 1936, die hier schon mehrfach zitierte "Philosophie de la danse", faßt die Kennzeichen des Tanzes als eines paradigmatischen Geschehens zusammen: "une action qui *se déduit*, puis *se dégage* de l'action ordinaire et utile, et finalement *s'y oppose*."[164] Die Reflexion auf die Zweckferne der Aktion bildet für Valéry den Ausgangspunkt, die Kunst des Tanzes und die übrigen Künste in der "Philosophie de la danse" aufeinander zu beziehen; mit dem Tanz nämlich, der nichts ist als zweckfreie Aktion, kommen die übrigen Künste in einer "partie d'action" überein:

157 "L'Ame et la Danse", in: OEuvres II, p. 174
158 "Philosophie de la danse", in: OEuvres I, p. 1399
159 "L'Ame et la Danse", in: OEuvres II, p. 176
160 Brief an Louis Séchan vom August 1930, in: Lettres à Quelques-uns, p. 190
161 ibid.
162 "L'Ame et la Danse", in: OEuvres II, p. 175
163 "Philosophie de la danse", in: OEuvres I, p. 1400
164 ibid.

"Toute action qui ne tend pas à l'utile, et qui, d'autre part, est susceptible d'éducation, de perfectionnement, de développement, se rattache à ce type simplifié de la danse, et, par conséquent, *tous les arts peuvent être considérés comme des cas particuliers de cette idée générale,* puisque tous les arts, par définition, comportent une partie d'action, l'*action qui produit l'oeuvre,* ou bien qui la manifeste."[165]

In Hinsicht auf eine allgemeine Theorie der Künste gilt es, diese "partie d'action" näher zu betrachten. Nicht der Charakter der Aktion - ihre Zweckferne - steht nunmehr im Mittelpunkt der Überlegungen Valérys, sondern der Anteil, den die Künste an "action" haben, die Frage, inwiefern sie "cas particuliers" der 'Idee' des Tanzes sind.

Die "partie d'action", in der die Dichtung, die Musik und die bildenden Künste mit der Kunst des Tanzes übereinkommen, bestimmt Valéry im Vortrag von 1936 als Anteil an der Aktion, "*qui produit l'oeuvre,* ou bien qui la manifeste." Die Bestimmung verlangt Aufmerksamkeit, da sie bezeichnend ist für die Perspektive, die Valéry in der "Philosophie de la danse" einnimmt. Wohl deutet er einen Unterschied an zwischen der herstellenden, ein Werk überhaupt erst erzeugenden Aktion (als Beispiel für sie wählt Valéry die Arbeit eines Malers oder Bildhauers) und jener anderen, in der ein Werk 'manifest' wird, in der es sichtbare oder hörbare Existenz gewinnt (als Beispiel nennt Valéry die Arbeit eines Violinisten oder Pianisten) - im Zusammenhang der Überlegungen zur "partie d'action" der einzelnen Künste fällt jedoch der hier angedeutete Unterschied gerade *nicht* ins Gewicht. Im Versuch zu erweisen, "que tous les arts sont des formes très variées de l'action"[166], richtet Valéry den Blick bald auf die Seite der herstellenden, bald auf die Seite der 'manifestierenden' Aktion. In der Konsequenz dieser Sichtweise - Valéry selbst spricht von eine "vue (...) hardie"[167] - liegt zum einen, daß wohl der Prozeß der Herstellung eines Werkes, kaum jedoch das fertige Kunstprodukt interessiert; daß zum anderen die Werke nur insofern in Betracht kommen, als sie in einer Aktion 'manifest' werden und sich in ihr - wie Valéry im einzelnen zeigt - verwirklichen.

Das Moment der Teilhabe der Künste an gleichsam tänzerischer Aktion bestimmt Valéry am Vortrag eines Gedichts, in dem allein dieses Existenz besitze, an der Darbietung eines musikalischen Werkes und am Akt der Ausführung eines Gemäldes oder einer Skulptur. Während Valéry im Fall der Dichtung und der Musik deutlich macht, daß sich die Werke nur in ei-

165 ibid.
166 ibid., p. 1401
167 ibid., p. 1402

ner Aktion, in ihrem Vortrag verwirklichen, faßt er die Werke der bildenden Kunst bereits als Ergebnis einer "réalisation" auf, die selbst die Züge eines Kunstwerkes trägt: "vous pouvez (...) concevoir", so wendet sich Valéry an die Hörer seines Vortrages, "la réalisation d'une oeuvre d'art, une oeuvre de peinture et de sculpture, comme une oeuvre d'art elle-même, dont l'objet matériel qui se façonne sous les doigts de l'artiste n'est plus que le prétexte, l'accessoire de scène, le sujet du ballet."[168]

In Valérys Bestimmung der "partie d'action" nun, die der Dichtung eignet, kehrt eine Reihe von Momenten wieder, auf die die phänomenologische Analyse des Tanzes leitete. Das Gedicht erscheint in der "diction", im "dire des vers", auf eine Weise aktualisiert, die Merkmale der tänzerischen Aktion besitzt. Valéry führt aus:

> "Un *poème* (...) est *action*, parce qu'un poème n'existe qu'au moment de sa diction: il est alors *en acte*. Cet acte, comme la danse, n'a pour fin que de créer un état; cet acte se donne ses lois propres; il crée, lui aussi, un temps et une mesure du temps qui lui conviennent et lui sont essentiels: on ne peut le distinguer de sa forme de durée. Commencer de dire des vers, c'est entrer dans une danse verbale."[169]

Die Analogie zwischen der "partie d'action", in der das Gedicht Existenz gewinnt, und der tänzerischen Aktion liegt in beider Leistungen begründet. Beide Aktionen zielen auf nichts anderes als die Erzeugung eines "état", eines Zustandes, der - so läßt sich ergänzen - verschieden ist von den Zuständen des praktischen Lebens. In der phänomenologischen Analyse des Tanzes wurde deutlich, daß am tänzerischen Geschehen die Möglichkeit eines "état exceptionnel" aufscheint[170], eines Zustandes, der sich allein durch zweckfreie Aktion herstellen kann. Wohl vermitteln im praktischen Leben die nützlichen Akte zwischen einzelnen Zuständen - "Ils vont d'un état à un autre"[171] -; niemals aber wird dort ein "état" erreicht, der eigene Geltung besäße, der seine Spezifität allein aus der Aktion bezöge, die ihn selbst hervorbringt. Daß dieser Zustand autotelisch zu denken sei, sagt Valéry in der "Philosophie de la danse" nicht explizit; freilich fehlt hier auch jeder Hinweis auf ein Bedürfnis, den am Tanz aufscheinenden oder den durch einen Gedicht-Vortrag vermittelten "état" seinerseits zu transzendieren, ihm einen anderen Zustand folgen zu lassen. - Die Analogie zwischen der tänzerischen Aktion und der Verwirklichung des Gedichts im Akt der "diction" erhellt ebenso an beider Vermögen, Zeit und

168 ibid.
169 ibid., p. 1400
170 ibid., p. 1396
171 ibid., p. 1392

Maß der Zeit - "un temps et une mesure du temps" - zu 'erzeugen'. Der Zeitraum, innerhalb dessen die Werke allein existieren, wird durch beide Aktionen gleichsam erst hervorgebracht. Wie die tänzerische Aktion "sa durée absolument sienne" stiftet[172], begründet auch die Aktualisierung des Wortkunstwerkes ihren eigenen - in sich gegliederten - Zeitraum; dieser ist nur durch solche Momente bestimmt, die der Verwirklichung des Werkes gemäß und wesentlich sind.

Valérys Überlegungen zur zeitlichen Bestimmtheit des Gedichtes "*en acte*" lassen sich nach zwei Seiten hin weiter verfolgen. In der Analyse der tänzerischen Aktion trat als kennzeichnend für das Geschehen einerseits dessen virtuell unendliche Dauer hervor (die "vibrante station" und der Wirbel der Athikte), anderseits seine Flüchtigkeit (die Erhebung "de l'état lourd à l'état subtil", das Bild der Flamme). Im Zusammenhang der poetologischen Reflexion der "Philosophie de la danse" kommt Valéry nicht auf eine *Differenz* zwischen der zeitlichen Bestimmtheit des tänzerischen Geschehens und des Gedichtes "*en acte*" zu sprechen: Während der virtuell unendlichen Dauer der tänzerischen Aktion jede Begrenzung äußerlich bleibt, endet die Aktualisierung des dichterischen Werkes schlicht mit dessen letztem Wort, das eine dem Geschehen immanente zeitliche Grenze bildet. Valéry sieht davon ab, daß die 'manifestierende' Aktion mit einem bereits gegebenen - wenn auch nicht verwirklichten - Gebilde arbeitet; er lenkt die Aufmerksamkeit ausschließlich auf den aktualen Charakter der Manifestation. In diese Manifestation aber setzt Valéry die Existenz des Gedichts; er setzt sie ganz in den "moment de sa diction". Nicht der Aspekt virtuell unendlicher Dauer bildet den Bezugspunkt der poetologischen Reflexion, sondern der Aspekt der Flüchtigkeit des tänzerischen Geschehens. Gerade darin, für einen Augenblick, für eine kurze Zeitspanne Existenz zu besitzen, erkennt Valéry eine *Gemeinsamkeit* zwischen Tanz und Gedicht "*en acte*". So ist es nicht die Lektüre - nicht jener Akt, der ein Innehalten gestattet, der es erlaubt, zu einer bereits gelesenen Zeile zurückzukehren oder Zeilen zu überspringen -, sondern die mit der Zeit fortschreitende, an die Sukzession von Einzelmomenten gebundene "diction" - sei es eines Vortragskünstlers, sei es auch nur beim einfachen Sich-Hersagen eines Gedichts -, in der das Werk Existenz besitzt.

Nicht allein in der "Philosophie de la danse", auch an anderer Stelle hat Valéry darauf hingewiesen, daß das Gedicht "nur rezitativ zu

---

172 ibid., p. 1398

verwirklichen sei" (wie Maja Goth 1981 formuliert[173]). So heißt es in der Ansprache "De la diction des vers" aus dem Jahr 1926[174]:

> "Un poème, comme un morceau de musique, n'offre en soi qu'un texte, qui n'est rigoureusement qu'une sorte de recette; le cuisinier qui l'exécute a un rôle essentiel. Parler d'un poème en soi, juger un poème en soi, cela n'a point de sens réel et précis. C'est parler d'une chose possible. Le poème est une abstraction, une écriture qui attend, une loi qui ne vit que sur quelque bouche humaine, et cette bouche est ce qu'elle est."[175]

Das Gedicht 'an sich' ist eine Abstraktion, die Leben - konkrete Gestalt - erst im Vortrag gewinnt. In seiner Ansprache geht Valéry darauf ein, wie dieser Vortrag zu gestalten sei; er bestimmt den Anteil, den der Ausübende, der Vortragskünstler, an der Verwirklichung des Gedichtes hat. In der "Philosophie de la danse" hingegen richtet Valéry den Blick auf die Qualitäten, insbesondere die zeitliche Bestimmtheit, der 'manifestierenden' Aktion selbst. In Analogie zur tänzerischen Aktion erscheint der Vortrag des Gedichts als eine Weise der Verwirklichung, die das Kunstwerk in der Zeit vorführt, als unumkehrbares Geschehen und Gebilde im Prozeß, der notwendig endet. Zwar ist dieser Prozeß wiederholbar, doch manifestiert sich das Werk immer neu als ein zeitweiliges Geschehen. Gilt von der tänzerischen Aktion, wie es in "L'Ame et la Danse" hieß: "L'instant engendre la forme, et la forme fait voir l'instant"[176], so bleiben auch in der rezitativischen Aktualisierung des Gedichts die Bilder, Redefiguren oder Rhythmen augenblicksverhaftet; indem die Schönheit eines einzelnen Bildes nachschwingt, hebt sich der Augenblick dieser 'Dauer' aus dem Prozeß hervor.

Nicht die Abstraktion eines "poème en soi" beschäftigt Valéry, sondern die konkrete Gestalt des sich im Vortrag, damit in der Zeit verwirklichenden Gedichts. Eben hier ist der Punkt, Valérys Überlegungen abschließend auf die tanzästhetischen und poetologischen Bestimmungen Mallarmés zu beziehen. Mallarmés Reflexion kreiste um den bewegten 'Text' des tänzerischen Kunstwerkes und die dynamische Struktur des "oeuvre pure", um die Organisationsform und das Konstitutionsmoment der Werke, bildhaft die "trame loin épanouie" und die "virtuelle traînée de

173 Maja Goth: Rilke und Valéry. Aspekte ihrer Poetik, Bern u. München 1981, p. 148
174 gehalten am 27. Mai 1926 bei einem Diner der "Revue critique", erstmals veröffentlicht im selben Jahr, cf. OEuvres II, p. 1570
175 "De la diction des vers", in: OEuvres II, p. 1255
176 "L'Ame et la Danse", in: OEuvres II, p. 172

feux".[177] Mallarmé beschrieb eine 'Bewegung', die an den tänzerischen Hervorbringungen anschaulich wurde, die die Sprachgestalt des dichterischen Werkes in sich bewahrte. Heißt es in Valérys "Philosophie de la danse": "Commencer de dire des vers, c'est entrer dans une danse verbale", so liegt auch hier die Vorstellung zugrunde, daß die Sprachgestalt des Gedichts einen 'Tanz der Worte' in sich schließe - einen Tanz jedoch, der für Valéry erst in der rezitativischen Aktualisierung des Gedichtes erfahrbar wird. Diese Aktualisierung setzt das transitorische Moment der Dichtung frei, entbindet eine Folge von Rhythmen, Figuren und Bildern, die einander ablösen, bald als einzelne hervortreten, bald von anderen überlagert werden. Begreift die ästhetische Reflexion - mit Mallarmé - Dichtung als ein nicht stillzustellendes Geschehen, so gelangen die Werke in Valérys Perspektive durch ihren Vortrag zu sich selbst: "au moment de sa diction" konstituiert sich das Gedicht als aufscheinendes und wieder verlöschendes Geschehen, Gebilde im Übergang und Erscheinung in der Zeit.

In der "Philosophie de la danse" von 1936 greift Valéry die tanzästhetischen Überlegungen seines Dialoges "L'Ame et la Danse" aus dem Jahr 1921 auf und verfolgt sie in poetologischer Perspektive. Der tanzästhetischen Konzeption selbst, die Valéry 1921 entwickelt, und der Motivwelt des Dialoges nähert sich jene Deutung des Tanzes, die Rainer Maria Rilke in einem der 1923 veröffentlichten "Sonette an Orpheus" gibt. Die Reflexion auf den Tanz steht nicht im Zentrum des Sonetten-Zyklus; wohl aber werden das Bild des Tanzes und die Figur der Tänzerin in verschiedenen Sonetten zu thematischen Trägern einer Vorstellung, die den Zyklus in seiner Gesamtheit prägt. In ihrer Studie "Rilke und Valéry" bemerkt Maja Goth 1981: "Der ganze Zyklus der *Sonette* bewegt sich zwischen "Komm und geh", "aus und ein", "erstand und schlief", "Verschweigung und Anfang", "Zweig und Wurzel", "Rühmung und Klage", "Tod und Leben", "Sein und Nicht-sein", indem er durch seine werdenden und vergehenden Verwandlungsreihen schreitet."[178] Entstehen und Schwinden, 'Wandlung' und 'Verwandlung' werden in den "Sonetten an Orpheus" mitunter explizit thematisch, so zu Beginn des zwölften Sonetts im zweiten Teil des Zyklus:

> "WOLLE die Wandlung. O sei für die Flamme begeistert,
> drin sich ein Ding dir entzieht, das mit Verwandlungen prunkt;

177 Stéphane Mallarmé: "Autre Étude de Danse. Les Fonds dans le Ballet. D'après une indication récente", in: OEuvres complètes, p. 308; "Crise de vers", in: OEuvres complètes, p. 366

178 Goth, p. 150

jener entwerfende Geist, welcher das Irdische meistert,
liebt in dem Schwung der Figur nichts wie den wendenden Punkt."[179]

Das Thema 'Wandlung' und 'Verwandlung' umkreisen die "Sonette an Orpheus" auch mit Blick auf die tänzerische Bewegung; gerade hier begegnet der Gedanke Valérys wieder, daß die Tänzerin Wandlung selbst vorführe, daß die Bewegungsgestalt wesentlich Wandlung sei, "l'acte pur des métamorphoses", wie es in "L'Ame et la Danse" heißt. Dabei reflektiert Rilke den Tanz in ästhetischer wie existentieller Perspektive - eine Dimension, die in Valérys Dialog zwar stets gegenwärtig ist (etwa in der Auffassung der tänzerischen Bewegung als einer Aktion, in der die begrenzte Lebenswirklichkeit transzendiert erscheint), die jedoch für Rilke besonderen Stellenwert gewinnt.

Wenige Wochen vor Entstehung der Sonette im Februar 1922 hatte sich Rilke mit Valérys Dialog beschäftigt[180]; auch in anderem Zusammenhang wurde er zu Beginn des Jahres 1922 erneut auf den Tanz aufmerksam: Rilke erhält die Aufzeichnungen Gertrud Ouckama Knoops über Krankheit und Sterben ihrer Tochter Wera (1900-1919)[181], die Tanzstudien betrieben hatte. Die persönliche Bekanntschaft Rilkes mit Wera Ouckama Knoop war nur flüchtig; rückblickend hält Rilke freilich fest, daß er Wera "mit eigentümlicher Aufmerksamkeit und Ergriffenheit" gesehen habe, das "schöne Kind, das erst zu tanzen anfing und, bei allen, die sie damals sahen, Aufsehen erregte, durch die ihrem Körper und Gemüt eingeborene Kunst der Bewegung und Wandlung" (Brief an Gräfin Sizzo vom 12. April 1923).[182] Während der Niederschrift der Sonette im Februar 1922 begreift Rilke, wie er selbst sagt, "nach und nach den Bezug dieser Strophen zu der Gestalt" der Tänzerin[183]; die Widmung des Werkes im Druck schließlich verzeichnet: "Geschrieben als ein Grab-Mal / für Wera Ouckama Knoop".[184]

Nur zwei der im ganzen 55 Sonette nehmen, so teilt Rilke mit, "auf Wera ausdrücklich Bezug"[185]; nicht an diesen beiden, dem vorletzten So-

---

179 Rainer Maria Rilke: "Die Sonette an Orpheus", in: Sämtliche Werke, ed. Ernst Zinn, Erster Band, Frankfurt/M. 1955, p. 758

180 cf. oben p. 173

181 cf. Dieter Bassermann: Der späte Rilke, Essen u. Freiburg i. Br. $^{2}$1948, p. 428 sqq.

182 Brief an Margot Gräfin Sizzo vom 12. April 1923, in: Rainer Maria Rilke: Die Briefe an Gräfin Sizzo. 1921-1926, ed. Ingeborg Schnack, Frankfurt/M. $^{2}$1977, p. 60

183 ibid.

184 cf. "Die Sonette an Orpheus", in: Sämtliche Werke. Erster Band, p. 727

185 Brief an Margot Gräfin Sizzo vom 12. April 1923, in: Die Briefe an Gräfin Sizzo. 1921-1926, p. 60; cf. die "Anmerkungen des Dichters zu den Sonetten an Orpheus", in: Sämtliche Werke. Erster Band, p. 722 sq.

nett des ersten und dem vorletzten des zweiten Teiles[186], läßt sich die Nähe zwischen Rilkes Deutung des Tanzes im dichterischen Entwurf und der Konzeption Valérys im Dialog "L'Ame et la Danse" ablesen, sondern an einem Sonett, das allenfalls implizit auf Schicksal und Gestalt Wera Ouckama Knoops Bezug nimmt: dem Sonett XVIII des zweiten Teiles.[187] Mit Blick auf die Grundhaltung der Autoren dem Phänomen des Tanzes gegenüber, die Wahl einzelner Motive, schließlich die Reflexion einer tänzerischen "Zeichnung" verdient das Sonett im hier interessierenden Zusammenhang besondere Beachtung:

"TÄNZERIN: o du Verlegung
alles Vergehens in Gang: wie brachtest du's dar.
Und der Wirbel am Schluß, dieser Baum aus Bewegung,
nahm er nicht ganz in Besitz das erschwungene Jahr?

Blühte nicht, daß ihn dein Schwingen von vorhin umschwärme,
plötzlich sein Wipfel von Stille? Und über ihr,
war sie nicht Sonne, war sie nicht Sommer, die Wärme,
diese unzählige Wärme aus dir?

Aber er trug auch, er trug, dein Baum der Ekstase.
Sind sie nicht seine ruhigen Früchte: der Krug,
reifend gestreift, und die gereiftere Vase?

---

186 die Sonette beginnen jeweils mit den Strophen:
"*Dich* aber will ich nun, *Dich*, die ich kannte
wie eine Blume, von der ich den Namen nicht weiß,
noch *ein* Mal erinnern und ihnen zeigen, Entwandte,
schöne Gespielin des unüberwindlichen Schrei's."
(Sonett XXV des ersten Teils; SW I, p. 747)

"O KOMM und geh. Du, fast noch Kind, ergänze
für einen Augenblick die Tanzfigur
zum reinen Sternbild einer jener Tänze,
darin wir die dumpf ordnende Natur
vergänglich übertreffen. (...)"
(Sonett XXVIII des zweiten Teils; SW I, p. 769 sq.; zur Lesart "einer jener Tänze" - statt 'eines jener Tänze' - cf. das Nachwort des Herausgebers, SW I, p. 790)

187 cf. hierzu auch Hermann Mörchen: Rilkes Sonette an Orpheus, Stuttgart 1958, der in seinem ausführlichen Kommentar zum Zyklus meint, es liege "nahe genug, sich auch hier an die Tänzerin Wera und ihren "dunklen Liebreiz" zu erinnern" (p. 331). Auf die Valéry-Korrespondenzen in Rilkes Sonett gehen in der Forschung u. a. ein: Fritz Kaufmann: "Sprache als Schöpfung. Zur absoluten Kunst im Hinblick auf Rilke", in: Zeitschrift für Ästhetik und allgemeine Kunstwissenschaft, Bd. 28, 1934, p. 51 sq.; J.-F. Angelloz: Rilke: Duineser Elegien / Die Sonette an Orpheus. Les Élégies de Duino / Les Sonnets à Orphée, Paris 1943, p. 291; Ilse Deutz: Die dichterische Gestaltung des Tanzes in der deutschen Lyrik, Diss. phil. Rheinische Friedrich-Wilhelms-Universität Bonn 1953 (Maschinenschrift), p. 147 sq.; Mörchen, p. 331 sq. (cf. im übrigen die Anmerkungen zum Kommentar); Goth, p. 151.

Und in den Bildern: ist nicht die Zeichnung geblieben,
die deiner Braue dunkler Zug
rasch an die Wandung der eigenen Wendung geschrieben?"[188]

Mit einer Anrufung der Tänzerin beginnt das Sonett. Sogleich werden die Tanzende und ihr Tanz miteinander identifiziert: die Tänzerin *ist* die selbst angeredete, durch die Anrede "o du" personifizierte "Verlegung / alles Vergehens in Gang". Die Kennzeichnung der Bewegungsgestalt als "Verlegung" wurde von den Kommentatoren des Sonetts verschieden gedeutet[189]; naheliegend erscheint es, den Ausdruck in Analogie zum Begriff musikalischer Transposition aufzufassen: Wie ein Musikstück von einer Tonart in die andere transponiert wird, überführt die Tänzerin das "Vergehen" in "Gang", weist sie es in Gestalt ihres Ganges vor. Im Gang der Tänzerin wird die Prozessualität des Vergehens anschaulich, dieses selbst 'dargebracht', wie der zweite Vers des Sonetts bewundernd feststellt.

Der in den Eingangszeilen angelegte Zug zur Konkretion - das Vergehen, die eine Seite aller 'Wandlung', verdichtet sich im tänzerischen Gang - prägt das Sonett in seiner Ganzheit. Beginnend mit dem dritten Vers (und bis zur letzten Zeile) wird die Schlußfigur des Tanzes, ein "Wirbel", evoziert; dieser erscheint, ganz im Sinn Valérys: "le sentiment de l'immobile" vermittelnd[190], als "Baum aus Bewegung". Indem das Sonett das Paradoxon eines fest gefügten, aus der Bewegung hervorgehenden und in ihr sich erhaltenden Gebildes umspielt, treten nach und nach immer deutlicher faßbar die *Hervorbringungen* der Tänzerin in den Blick: Der Wipfel des Baumes blüht "von Stille", die Bewegungsgestalt entläßt aus sich eine "Wärme", die "Sonne" und "Sommer" ist, erzeugt schließlich "Krug" und "Vase" und eine "Zeichnung", nach deren Bestand die letzten Verse des Sonetts fragen. Das Hervorgebrachte selbst steht in der Spannung zwischen Dauer und Vergänglichkeit; im Ton des Erinnerns gehalten, ein "Grab-Mal" errichtend, gewährt zumindest das Gedicht den Gebilden einen Aufenthalt. Daß sie entstanden, daß die tänzerische Konkretion des Vergehens in diesem Sinn schöpferisch wurde - Krug und Vase sind die anschaulichen "Früchte" des Baumes der Ekstase (Verse 9 und 10) -, weist

---

188 "Die Sonette an Orpheus", in: Sämtliche Werke. Erster Band, p. 763

189 cf. Mörchen, p. 333 und p. 474 Anm. 14, der seinen Kommentar bereits in der Auseinandersetzung mit älterer Forschungsliteratur entwickelt. Während Mörchen die Annahme Kaufmanns (1934) zurückweist, daß ""Ver-legung" ein "fixierendes" Wort sei, das die Konsolidierung des "Vergehens" in "Gang" noch unterstreiche" (p. 474 Anm. 14), hält Dietgard Kramer-Lauff: Tanz und Tänzerisches in Rilkes Lyrik, München 1969, p. 133, daran fest, "daß im Verlegen eine Verlagerung von starker Bewegung in Ruhe stattfindet". Cf. im übrigen die Interpretation bei Deutz (1953), p. 149, auf die Mörchen nicht eingeht.

190 "L'Ame et la Danse", in: OEuvres II, p. 157 sq.

auf eine dialektische Struktur, die der dichterische Entwurf der "Sonette an Orpheus" immer neu zu fassen versucht: Im "wendenden Punkt" (wie es in dem bereits zitierten Sonett XII des zweiten Teiles heißt), im Augenblick des Umschlags selbst, kommen die Grundmomente menschlicher Existenz miteinander ins Spiel. Der Imperativ des letzten der Sonette: "Geh in der Verwandlung aus und ein"[191], bestimmt Verwandlung als den 'Ort', an dem umfassende Existenz allein möglich ist.

In der Reihe der Gebilde, die am "Baum aus Bewegung" erfahrbar werden, ist eine Steigerung des tänzerischen Vermögens zu erkennen, vergängliche Gehalte ins Bild zu setzen. Die beiden letzten Verse des ersten Quartetts sprechen davon, daß die Schlußfigur des Tanzes ein Jahr "in Besitz" nimmt, daß die Drehbewegung des Wirbels den Umlauf eines Jahres, seine Erstreckung in der Zeit, in sich zu sammeln vermag. Die Schwünge der Tänzerin leisten diese Konkretion zeitlichen Ablaufs; in der Kennzeichnung des Jahres als 'erschwungen' - aufgefaßt als Partizip Perfekt zu 'erschwingen' im Sinn von 'aufbringen' (vgl. 'erschwinglich') - klingt zumindest an, daß hinter der tänzerischen Leistung eine Arbeit, eine Anspannung der Kräfte steht. - Während das zweite Quartett, nach der Evokation eines 'Blühens', auf eine der Jahreszeiten leitet, die in der tänzerischen Kreisbewegung gegenwärtig sind - den Sommer -, wendet sich das erste Terzett den 'Früchten', den im Herbst reifenden Trägern des Samens, eines Neubeginns, zu. Entsprechend dem Bauprinzip der Sonettform bezeichnet der erste Vers der dritten Strophe, hier deutlich hervorgehoben durch dessen erstes Wort: "Aber", einen Einschnitt zwischen Auf- und Abgesang: Erst mit den 'Früchten' treten die an der Schlußfigur des Tanzes erfahrbaren Gebilde in die volle Anschaulichkeit. Der Nennung von "Krug" und "Vase" als tänzerischen Hervorbringungen liegt wohl die Vorstellung zugrunde, daß sich der kreisende Körper der Tänzerin wie der Ton auf einer Töpferscheibe zu Gefäßen formt.[192] Die schlanke Vase verlangt eine schnellere Bewegung als der bauchige Krug, sie ist 'gereifter' (Vers 11) und weist mehr Ringe, 'Reifen' auf. Ein Gedanke Mallarmés, an den schon Valéry anknüpfte, begegnet hier wieder: Die Tänzerin erscheint nicht als Tänzerin, vielmehr wird sie in der Wahrnehmung des Betrachters zu den Gebilden "glaive, coupe, fleur".[193] Nicht die motivische Nähe eines der Bilder, die Mallarmé am Tanz wahrnahm ("coupe"), ist hier von Inter-

191 Sonett XXIX des zweiten Teils, in: Sämtliche Werke. Erster Band, p. 770

192 cf. Mörchen, p. 337, und Kramer-Lauff, p. 132

193 zum Zitat: Stéphane Mallarmé: "Ballets", in: OEuvres complètes, p. 304; zur Mallarmé-Korrespondenz in Rilkes Sonett: cf. den Kommentar bei Angelloz, p. 292 (Rilke "a magnifiquement illustré et confirmé le célèbre passage de Mallarmé dans *Divagations* (*Crayonné au théâtre. Ballets*)".)

esse, sondern die gemeinsame Auffassung des Tanzes als bewegter Bilderfolge überhaupt. Das Subjekt der Hervorbringung äußert sich in den Gebilden nicht selbst - es läßt Dinge anschaulich werden. Rilkes Baum- und Frucht-Metapher erweitert die Vorstellung Mallarmés um einen neuen Aspekt: Es ist *eine* Tanzfigur, die verschiedene, wenngleich nah aufeinander bezogene Gestaltungen aus sich hervortreibt. - Nur aus dem Kreisen der Tänzerin und aus den Bildern von Krug und Vase wird die abschließende Strophe des Sonetts verständlich. Als Signatur des Tanzes und letztes Zeugnis der "Verlegung / alles Vergehens in Gang" schreibt die Tänzerin eine Zeichnung "an die Wandung der eigenen Wendung". Die Wandung der Gefäße bildet den Malgrund, auf den die tänzerische 'Schrift' aufgetragen wird; der dunkle Zug der Braue (Vers 13) ist vorzustellen als flach im Raum schwebender Ring, erzeugt durch unaufhörliche Drehung. Der Tanz verdichtet sich zu einer Aufzeichnung seiner selbst, er bringt eine Inschrift hervor, die für die Zeit ihres Bestehens auch das vermerkt, was in der Bewegung gegenwärtig ist: das "erschwungene Jahr" in Blüte, Sommer und Reife.

Ausdrücklich fragt das Sonett in seiner letzten Strophe nach dem Bestand der tänzerischen Zeichnung "in den Bildern": "Und in den Bildern: ist nicht die Zeichnung geblieben (...)?" Wie im Fall der übrigen Fragen - im Sonett begegnen nur zwei deutliche Feststellungen: "wie brachtest du's dar" (Vers 2) und "Aber er trug auch, er trug, dein Baum der Ekstase" (Vers 9) - wird auch hier eine bestätigende Antwort nahegelegt[194]: Ja, die Zeichnung ist geblieben. Die Frage nach dem Bestand der Zeichnung und die Antwort, die die Frage suggeriert, führen in das Zentrum der ästhetischen Reflexion, zum Mittelpunkt jenes Kreises von Vorstellungen, der im Sonett Gestalt gewinnt. Wie die 'dauernden' Gebilde, der "Baum aus Bewegung" und seine "ruhigen Früchte", gezeichnet bleiben von Flüchtigkeit, so verbürgt - ein doppeltes Paradoxon - die tänzerische Signatur das 'Dauernde' im Flüchtigen. Sie hält sich durch; sie 'bleibt' als Signum des Wandels. Ihre Dauer ist von der Art jener "durée", die Valéry in "L'Ame et la Danse" beschäftigte (die Tänzerin "croise, elle décroise, elle trame la terre avec la durée"[195]), die der tänzerischen Aufzeichnung der irdischen Gebilde die Gültigkeit eines Denkmals verlieh.

Das Motiv der tänzerischen Zeichnung oder 'Schrift', als dessen *locus classicus* im Traditionszusammenhang der symbolistischen Ästhetik die von

194 cf. Kramer-Lauff, p. 135, die die "scheinbaren Fragen" des Sonetts als "indirekte Ausrufe" interpretiert.
195 "L'Ame et la Danse", in: OEuvres II, p. 160

Mallarmé 1886 in "Ballets" entwickelte Vorstellung einer "écriture corporelle"[196] gelten darf, greift Valéry in seinem Dialog "L'Ame et la Danse" auf, gestaltet Rilke im hier analysierten Sonett XVIII des zweiten Teiles der "Sonette an Orpheus". Im Mittelpunkt der tanzästhetischen Reflexion Valérys steht nicht das Motiv selbst - eher am Rande bemerkt Sokrates in "L'Ame et la Danse", daß die Hände der Tänzerinnen "parlent, et leurs pieds semblent écrire"[197] -, Valéry richtet vielmehr den Blick auf Momente, die sich, vorgebildet bei Mallarmé, um das Motiv gruppieren: auf die "par le prodige de raccourcis ou d'élans"[198] hervorgebrachte bewegte Bilderfolge als ein aufscheinendes und wieder verlöschendes Geschehen, auf den transitorischen Charakter der Gebilde, der im Zusammenhang poetologischer Überlegungen zentralen Stellenwert für Valéry gewinnt. Auch im Sonett Rilkes bildet die Zeichnung der Tänzerin, "rasch an die Wandung der eigenen Wendung geschrieben", nur eine Figur unter anderen; freilich wird sie am Ende des Sonetts bedeutsam hervorgehoben - sie bezeichnet Summe wie Schlußstrich der Evokationen. Sie erscheint als Figur, in der sich - mit Valérys Worten aus der "Philosophie de la danse" - "une durée (...) toute faite de rien qui puisse durer"[199] zum Zeichen verdichtet. Sich im Vergehen erhaltend, ist dieses Zeichen eine 'Denk-Schrift' des Flüchtigen, eine Schrift der Gebilde selbst zu ihrem Gedenken, die das Gedicht nicht fixieren, die es nur in der Balance einer fragenden Gewißheit als bleibende Schrift evozieren kann. Mit Rilkes Gestaltung des Motivs in den "Sonetten an Orpheus" erreicht die Reflexion auf die tänzerische Zeichnung oder Schrift als ein ästhetisches Phänomen, das in der Spannung zwischen Dauer und Vergänglichkeit steht, eine letzte, wohl nur der dichterischen Rede zugängliche Stufe: Nicht anders als suggestiv ist der Bestand der Schrift zu sichern, der Bestand jener Schrift, die selbst - hier als der dunkle, im Raum sich haltende Ring - stets in der Schwebe bleibt.



196 "Ballets", in: OEuvres complètes, p. 304
197 "L'Ame et la Danse", in: OEuvres II, p. 152
198 "Ballets", in: OEuvres complètes, p. 304
199 "Philosophie de la danse", in: OEuvres I, p. 1396

# 6. DIE TENDENZEN: BÜHNENEXPERIMENTE - DENKEN IN BEWEGUNGSFREIHEIT — ABSTRAKTION ZUM 'ABSOLUTEN TANZ'

Unter drei Gesichtspunkten soll das in der vorliegenden Untersuchung zusammengestellte und analysierte Material abschließend betrachtet werden.

Die tanz- und bewegungsästhetischen Konzeptionen Yeats', Hofmannsthals und Craigs - erprobt in den Formen des Tanzspiels und der Tanzpantomime, als "art of movement" ein nie verwirklichter Entwurf -, das von Georg Fuchs vorgestellte Projekt einer "Schaubühne der Zukunft", schließlich die hier nur am Rande erwähnten Experimente Reinhardts, Meyerholds und Kandinskys ordnen sich in den Kontext von Reformbestrebungen ein, die eine "Retheatralisierung des Theaters"[1] zum Ziel haben. Die Arbeit mit Bewegung und Tanz, der Bewegung des Körpers wie der Bewegung reiner Formen im Raum, gewinnt für einige der genannten Autoren und Theoretiker besondere Bedeutung; sie bildet die Grundlage der Versuche Craigs und der Experimente Hofmannsthals; sie bestimmt die dramatische Komposition des Yeatsschen 'play for dancers' in wesentlichen Teilen. Die Konzeptionen überblickend, treten deren Gemeinsamkeiten und Differenzen hervor; nach der Leistung von Bewegung und Tanz als tragenden Momenten eines neuen theatralischen Schauspiels, das sich vom "Wort-Theater"[2] emanzipiert und ein stummes Bühnengeschehen vorführt, ist am Ende der Untersuchung nochmals zu fragen.

Die tanz- und bewegungsästhetischen Konzeptionen der Jahrhundertwende und des frühen 20. Jahrhunderts reflektieren zum einen die "Negation des Sprachlichen" im Tanz (wie Thomas Medicus 1982 an Wedekinds "Mine-Haha" feststellt[3]), zum anderen das 'Mehr' einer spezifischen "Sprache (...) des Körpers" gegenüber der Sprache der Worte (die Position Hofmannsthals im Aufsatz "Über die Pantomime"[4]). Das Verhält-

1 Christopher Balme: "Einleitung: Zur Ästhetik und Ideologie der Theatermoderne", in: Balme (ed.): Das Theater von Morgen. Texte zur deutschen Theaterreform (1870-1920), Würzburg 1988, p. 12

2 der Ausdruck Alfred Kerrs in "Freksa: Sumurûn" (1910), in: Gesammelte Schriften in zwei Reihen. Erste Reihe: Die Welt im Drama. 5. Bd.: Das Mimenreich. Lenker. Schauspieler. Tänzer. Dramaturgen, Berlin 1917, p. 208; cf. oben p. 109

3 Thomas Medicus: "Die große Liebe". Ökonomie und Konstruktion der Körper im Werk von Frank Wedekind, Marburg/Lahn 1982, p. 158; cf. oben p. 19

4 Hugo von Hofmannsthal: "Über die Pantomime" (1911), in: Gesammelte Werke in zehn Einzelbänden, ed. Bernd Schoeller, Frankfurt/M. 1979. Reden und Aufsätze I, p. 505

nis zwischen diskursiv verfaßter Rede und schweigender Bewegungsgestalt steht zur Diskussion; auch die Opposition von 'Urteil' (Denken) versus 'Bewegung', "liberté de jugement" und "liberté de mouvement" (Valéry[5]) begegnet in den Texten. In unterschiedlichen Begründungszusammenhängen erscheint der Modus, in dem der tänzerisch bewegte Körper Welt erfährt und seine Erfahrung vermittelt, als privilegiert gegenüber einem Denken in Begriffen und dem Versuch seiner Mitteilung durch Rede. Die Problematik des Verhältnisses zwischen diesen Momenten und eines Privilegs der Bewegungsgestalt soll noch einmal umrissen werden.

Im Vergleich der Konzeptionen ergibt sich, daß die Autoren und Theoretiker an der Bewegungsgestalt bald deren Körperlichkeit akzentuieren (dies gilt etwa für Wedekind und Georg Fuchs), bald eine entkörperlichte Bewegung wahrnehmen (Mallarmé an den Darbietungen Fullers) oder die Bewegung vom menschlichen Körper zu lösen versuchen (das Experiment Craigs, in Abgrenzung vom freien Tanz "movement of plastic forms" zu realisieren[6]). Die Aufmerksamkeit auf die entkörperlichte, nicht durch die "human form"[7] vermittelte Bewegung wird literar- wie theaterhistorisch bedeutsam für den Entwurf und die Bestimmung dessen, was Dichtung sei und Theater sein könne. Einige weitere, bisher nicht berücksichtigte Aspekte des Interesses an der 'reinen' Bewegung sollen abschließend zur Sprache kommen.

Das Motto 'Rethéâtraliser le théâtre' stellt Georg Fuchs seinem 1909 veröffentlichten Buch "Die Revolution des Theaters" voran[8], in dem er über "Ergebnisse aus dem Münchener Künstler-Theater" berichtet.[9] Der 1908 in Betrieb genommene Bau des Münchener Künstlertheaters ist eine Stätte des Experiments: Fuchs will hier seine früher dargelegten Ideen zur Theaterreform ("Die Schaubühne der Zukunft", 1905) in die Praxis umsetzen. In der Schrift über die "Revolution des Theaters" geht Fuchs kurz auf seine bühnenpraktische Arbeit mit Tanz und Bewegung ein[10]; nicht sie jedoch steht im Mittelpunkt der Experimente des Münchener

---

5 Paul Valéry: "L'Ame et la Danse" (1921), in: OEuvres II, ed. Jean Hytier, Paris 1960 (Bibl. de la Pléiade), p. 169

6 wie Edward Craig: Gordon Craig. The Story of his Life, London 1968, p. 234, das Experiment seines Vaters kennzeichnet; cf. oben p. 91

7 ein Ausdrucks Craigs in seinem Essay "The Artists of the Theatre of the Future", in: The Mask, vol. I, nos. 3-4, May-June 1908, p. 69; cf. oben p. 97

8 cf. das Titelblatt des Buches und p. XII (auf dem Titelblatt mit Druckfehler "Rhethéâtraliser")

9 der Untertitel des Werkes

10 cf. Georg Fuchs: Die Revolution des Theaters. Ergebnisse aus dem Münchener Künstler-Theater, München u. Leipzig 1909, p. 189

Künstlertheaters. Leitlinie der Arbeit Fuchs' bleibt die schon früher geäußerte Auffassung, daß die dramatische Kunst "ihrem Wesen nach *Tanz*" sei, daß sich bei Ausübung eines Tanzes zunächst eine "rhythmische Folge von Lauten, Gefühlsäußerungen, Leidenschaftsausbrüchen etc." einstelle, die "allmählich bewußt kultiviert" werde[11]:

> "sie wird Gesang, sie wird zur rhythmischen Folge gesprochener Worte. Und nun kommt der Dichter und projiziert diese rhythmischen Ton- oder Wortfolgen in die geistige Vorstellungswelt. Aber es muß immer festgehalten werden, daß nur dann ein stilistisch echtes Drama entstehen kann, wenn auch der Dichter von der rhythmischen Körperbewegung im festlichen Kreise ausgeht. Er erlebt sie zwar nur in seiner Phantasie, aber sie ist ihm während der schöpferischen Akte stets gegenwärtig und vom Darsteller, vom Hörer instinktiv zu erfassen. Alles andere ist Literatur, als solche vielleicht klassisch, aber nicht echtes Drama."[12]

Das Moment der "rhythmischen Körperbewegung" gewinnt in Fuchs' Theaterreformkonzept zentralen Stellenwert: Im Hinblick auf rhythmische Bewegtheit hat der Dichter sein Werk zu gestalten, sie gilt es schauspielerisch freizusetzen und den Hörern (und Zuschauern) zu vermitteln, so daß diese in einem "Orgiasmus"[13] mitschwingen können. Auf das ideologische Potential dieser Konzeption wurde bereits hingewiesen[14]; festzuhalten ist hier nur, daß Fuchs die Aufmerksamkeit auf eine Rhythmik des Schauspiels, kaum jedoch auf spezifisch tänzerische Gestaltungsformen richtet. Die Bewegung des Körpers - oder, etwa bei Adolphe Appia, schlicht der Körper[15] - wird in den theaterästhetischen Reformmodellen des frühen 20. Jahrhunderts mitunter als Quelle der Erneuerung reklamiert, ohne daß die Theoretiker die Arbeit mit tänzerischer Bewegung zur Grundlage ihrer bühnenpraktischen Versuche machen würden.

An den Experimenten Yeats', Hofmannsthals und Craigs ließ sich zeigen, in welch unterschiedlichem Maß die Aufmerksamkeit auf Gestaltungsmittel des Tanzes und der Bewegung die Konzeption eines neuen theatralischen Schauspiels bestimmen kann. In der "Abkehr vom logozentrischen d. h. dem Dramentext verpflichteten Theater" (wie Christo-

---

11 ibid., p. 56

12 ibid., p. 56 sq.; cf. auch Fuchs: Die Schaubühne der Zukunft, Berlin u. Leipzig 1905, p. 37

13 Fuchs 1909, p. 11

14 cf. oben p. 41 sqq.

15 so will Appia im Jahr 1911 "den *menschlichen Körper* und nur diesen Körper als Ausgangspunkt (...) nehmen (...) für die Konzeption selbst des Dramas"; Adolphe Appia: "Die rhythmische Gymnastik und das Theater", in: Der Rhythmus. Ein Jahrbuch, herausgegeben von der Bildungsanstalt Jaques-Dalcroze Dresden-Hellerau, I. Bd., Jena 1911, p. 60; cf. oben p. 107

pher Balme 1988 formuliert[16]) kommen die Konzeptionen überein; unter dem Aspekt ihrer gradweisen Entfernung vom "Wort-Theater" betrachtet, ist die historische Reihe, die sie bilden, freilich umzukehren: Craigs Entwurf aus den Jahren 1907 und 1908, das Bühnengeschehen einer "art of movement", zielt auf die radikale 'Entliterarisierung' des theatralischen Schauspiels; Hofmannsthals Tanzpantomime von 1911 bleibt - auch wenn sie auf Elemente einer "dramatischen Vorstellungskette" verzichtet, wie Hofmannsthal gegenüber der Pantomimen-Konzeption Reinhardts betont[17] - zumindest einer in Worte faßbaren Handlung verpflichtet; das Tanzspiel Yeats' aus dem Jahr 1916 verschränkt Momente stummen Spiels mit traditionellen dramatischen Aussageformen wie Rede und Gegenrede, Einzelkommentar und chorischer Stellungnahme. Bewegung und Tanz erfüllen im neuen theatralischen Schauspiel unterschiedliche Funktionen; gerade an der Leistung aber, die ihnen jeweils zugeschrieben wird, lassen sich Nähe und Ferne dieses Schauspiels zum "Wort-Theater" deutlicher fassen:

In seinem Tanzspiel erprobt Yeats unter anderem die Möglichkeiten der Formalisierung von Gebärden, die zu Trägern bestimmter, genau umschriebener Bedeutungen werden. Ein Inhalt des Spiels, etwa ein Gruß[18], wird mit Hilfe formalisierter Gestik realisiert, nicht verbal, sondern durch ein einzelnes bewegungssprachliches Element vermittelt. Wohl spricht die Bewegung anders, als sich mit Worten sprechen ließe - atmosphärische Dichte und Fremdheit des Ausdrucks, der artifizielle Charakter der Formalisierung prägen die Geste -, entscheidend aber ist hier, daß Haltung und Bewegungsverlauf auf einen Inhalt verweisen, der sich als Bedeutung der Gebärde von dieser selbst abhebt. Die zeichenhafte Verkürzung der Bewegungen in einem 'bedeutenden' Gebärdenspiel ermöglicht, wie Yeats am japanischen Nô wahrnimmt, den Aufbau eines dramatischen Handlungszusammenhanges aus bewegungssprachlichen Elementen: Was Rede und Gegenrede auf ihre Weise zu leisten imstande wären, erscheint in Gestik übertragen. Gerade an diesem Punkt erweist sich die Nähe der bewegungsästhetischen Konzeption Yeats' zum "Wort-Theater"; der sprachlichen Grußformel etwa korrespondiert die Bewegungsformel eines Grußes. Freilich arbeitet Yeats im Tanzspiel nicht allein mit derart bestimmten Ge-

---

16 Balme: "Einleitung: Zur Ästhetik und Ideologie der Theatermoderne", in: Balme (ed.), p. 12

17 Brief an Grete Wiesenthal vom 18. Juni 1910, in: Die neue Rundschau, 59. Jg. 1948, p. 215; cf. oben p. 135

18 die Grußgebärde des Alten Mannes in "At the Hawk's Well", nach Helen Caldwell: Michio Ito. The Dancer and His Dances, Berkely, Los Angeles and London 1977, p. 48, "the ancient Egyptian gesture of greeting"; cf. oben p. 128

bärden; auch eine Bewegung, die an die Grenzen des mit Worten zu Vermittelnden vordringt oder diese Grenzen überschreitet, begegnet im Tanzspiel.

Die in ihrer Bedeutung festgelegte Gebärde - etwa das warnende Erheben einer Hand[19] - setzt Hofmannsthal in seiner Tanzpantomime eher selten ein. Stärker als Yeats löst Hofmannsthal sich vom Verfahren der Übertragung eines Gemeinten in Bewegungssprache; bedient er sich dieses Verfahrens, so erfüllt die Geste stets die Funktion, den narrativen Zusammenhang eines tänzerischen Geschehens deutlich werden zu lassen. Nicht die Vermittlung dieses Zusammenhanges ist das oberste Ziel der Tanzpantomime: Die tänzerisch realisierte Handlung bildet allein die Grundlage eines Spiels, das verbal nur schwer oder gar nicht zu fassende Gehalte durch Bewegung zur Anschauung bringen soll (etwa ein Leiden, das alles menschliche Maß übersteigt[20], das "zu groß (...) ist, um in Worte gefaßt zu werden"[21]). Indem Hofmannsthal die Konzeption der Tanzpantomime in erster Linie mit Blick auf jene Leistung der Gebärde entwickelt, unsagbare Bestände zu vermitteln, wird der Gegenentwurf zu den Formen "logozentrischen" Theaters fruchtbar: Der Zugewinn des neuen theatralischen Schauspiels gegenüber einer dialogisch oder monologisch angelegten dramatischen Komposition besteht in der Arbeit mit entfalteten, d. h. nicht zeichenhaft verkürzten Gebärden, an denen ein Unsagbares aufscheinen kann.

Im Entwurf der "art of movement" arbeitet Craig nicht mit der tänzerischen Bewegung des menschlichen Körpers; der Bewegung plastischer Formen im Raum schreibt er zu, eine "emotional experience" vermitteln zu können.[22] Narrative Momente haben in Craigs bewegungsästhetischer Konzeption keinen Platz, in einer Konzeption, die nicht - wie die Hofmannsthals - nach Veranschaulichung, nach sichtbarer Konkretion solcher unsagbaren Gehalte strebt, die noch auf einen Handlungszusammenhang zu beziehen wären. Vom Bühnengeschehen der sich "même imperceptiblement" wandelnden Formen spricht Craig als einer "art de révélation"[23] - nichts anderes aber scheint diese Kunst zu offenbaren als "The Immortal Beauty of Change Eternal", wie Craig in einem Prosagedicht aus dem Jahr

---

19 Amors Geste in "Amor und Psyche": "gebieterisch gotthaft geht des Gottes Hand empor in warnender Gebärde", in: Dramen VI, p. 82; cf. oben p. 134 u. p. 140

20 Psyches Leiden in der Unterwelt (Szene II von "Amor und Psyche"); cf. oben p. 137 sq.

21 "Über die Pantomime", in: Reden und Aufsätze I, p. 502

22 wie Edward Craig, p. 234, berichtet; cf. oben p. 91

23 im Vorwort zum "Catalogue of Etchings being Designs for Motions by Gordon Craig", Florenz 1908, hier zit. nach Denis Bablet: Edward Gordon Craig, Paris 1962, p. 151 sq.; cf. oben p. 99

1907 schreibt.[24] Illustrativ heißt es hier:

> "A form simple and austere ascends with prolonged patience like the awakening of a thought in dream.
>
> A second and a third form seem to follow .... Always a double birth repeating .... a fourth, a fifth, a seventh, and yet as we look we seem to see but four .... that first form which gave birth has passed; those two forms to which it gave birth have passed.
>
> Four shapes remain.
>
> Ah, birth of my love, already you have multiplied fourfold! .... Cease not until you will .... continue to increase!"[25]

Eine Bewegung, deren Leistung nur mehr in der Offenbarung einer Schönheit ewigen Überganges - einer Schönheit der Bewegung selbst - besteht, wird zum Träger eines Bühnengeschehens, das sich selbst zum Gegenstand hat und gleichzeitig offen ist für eine Vielzahl von Deutungen. Craigs Entwurf zielt darauf, eine Bewegung freizusetzen, die eben das, wovon sie spricht, selbst *ist;* von hier aus läßt sich das szenische Geschehen der "art of movement" - zumindest der Tendenz des Entwurfs nach - als ein autoreferentielles Schauspiel begreifen, das durch die Vorführung von Bewegung das Theater in zweifachem Sinn re-theatralisiert: es zurückführt auf spezifische Möglichkeiten bloßer Bühnenaktion und aufs neue die reine Schaulust des Publikums stimuliert.

Den Funktionen entsprechend, die Bewegung und Tanz als tragende Momente eines neuen theatralischen Schauspiels jeweils erfüllen, verändert sich der Gestus dieses Schauspiels selbst: Ist noch im Tanzspiel Yeats' die Bühne ein Ort, an dem - auch - Erkenntnis formuliert wird, wandelt sie sich mit den Konzeptionen Hofmannsthals und im besonderen Craigs zu einer Stätte, an der dem Publikum vor allem eine "emotional experience" zuteil werden soll. Der räsonnierende Charakter des Yeatsschen 'play for dancers' ist augenfällig; Räsonnement aber - "Folly alone I cherish, / I choose it for my share (...)"[26] - teilt sich durch Rede und Gesang, die Lieder des Chores und Betrachtungen der Spieler mit. Das Publikum kann sich zu den Reflexionen über die Torheit des Menschen und sein unabänderliches Los zustimmend oder ablehnend verhalten; schon die Musiker nehmen, sich vom Spielgeschehen distanzierend, in ihren Kommentaren Stellung

---

24 "Motion. Being the Preface to the Portfolio of Etchings by Gordon Craig", in: The Mask, vol. I, no. 10, December 1908, p. 185 (zuvor veröffentlicht - nach Arnold Rood (ed.): Gordon Craig on Movement and Dance, New York 1977, p. 59 Fußnote - "as a four-page folder, Nizza - Firenze, 1907"); cf. oben p. 96

25 ibid.

26 Verse aus dem Epilog von "At the Hawk's Well", in: The Variorum Edition of the Plays of W. B. Yeats, ed. Russell K. Alspach, London, Melbourne and Toronto 1966, p. 413; cf. oben p. 116

zu den vorgeführten Handlungsweisen. Reflektierende Passagen, die denen in Yeats' Tanzspiel vergleichbar sind, begegnen im Tanzpantomimenszenarium Hofmannsthals (etwa: "Niemals gewöhnt ein Sterbliches gänzlich die Wunder"[27]); das dem tänzerischen Werk beigeordnete Szenarium unternimmt den Versuch, zu reflektierendem Sehen oder vertiefender Reflexion des Gesehenen anzuleiten. Für das stumme Spiel selbst bleibt hingegen bestimmend, daß es - wie Hofmannsthal im Aufsatz "Über die Pantomime" sagt - das Gleiche ausspreche, "das wir aussprechen wollen, wenn wir gehemmt und zuckend uns innerer Fülle entladen"[28] - so sind es vor allem Gefühlslagen, seelische Zustände und innere Verhältnisse der Menschen, die das Spiel anschaulich machen soll. Zu diesen Inhalten einen unmittelbaren Zugang zu eröffnen, sie nicht im Medium der Worte zu objektivieren, vielmehr "das menschliche Ganze zum Ganzen" sprechen zu lassen[29], ist Hofmannsthals Ziel. Wohl können die tänzerisch zur Anschauung gebrachten Inhalte das Publikum zur Reflexion anregen; dargeboten aber wird das Geschehen, anders als im 'play for dancers', allein der Unmittelbarkeit sympathetischen Erlebens, auf die Hofmannsthal vertraut. Während die in der Tanzpantomime realisierten Erlebnisgehalte auf einen Handlungszusammenhang - im Fall von "Amor und Psyche": auf einen Kontext der Wünsche, des Gebots und seiner Mißachtung, der Strafe und Läuterung - bezogen sind, nimmt die "emotional experience", die durch Bewegung bloßer Formen vermittelt werden soll, einen gänzlich ungreifbaren und nahezu spirituellen Charakter an. Das Gewahrwerden der "wonderful and divine power of Movement"[30] assoziiert Craig einem Offenbarungserlebnis, das die Reflexion nie einholen kann. Weit stärker als das Geschehen einer Tanzpantomime der Deutung, ja der Spekulation des Betrachters überlassen, entzieht sich das bewegte Arrangement doch jeder Festlegung durch reflektierenden Zugriff: Modus der Annäherung wäre allein die Hingabe an eine überwältigende Erfahrung, die Erfahrung der Schönheit sich selbst vorführender Bewegung.

Die praktisch erprobten oder als utopischer Entwurf vorgestellten theaterästhetischen Konzeptionen eines auf Tanz und Bewegung gegründeten Schauspiels sind mit einigen literarisch gestalteten oder in expositorischen Texten formulierten Reflexionen auf die tänzerische Bewegung dadurch verbunden, daß die Bewegungsgestalt - jeweils mit unterschiedlichem

27 "Amor und Psyche", in: Dramen VI, p. 81; cf. oben p. 144
28 "Über die Pantomime", in: Reden und Aufsätze I, p. 504 sq.
29 ibid., p. 505
30 wie Craig im Essay "The Artists of the Theatre of the Future" schreibt, in: The Mask, vol. I, nos. 3-4, May-June 1908, p. 68; cf. oben p. 96

Gewicht - als privilegiert gegenüber der Rede, das heißt hier: der diskursiv verfaßten sprachlichen Mitteilung, ja dem in Begriffen sich vollziehenden Denken überhaupt aufgefaßt wird. An Hofmannsthals Reflexion auf die Leistung einer spezifischen "Sprache (...) des Körpers"[31] wurde deutlich, daß die Bestimmung des Privilegs der Bewegungsgestalt an sprachkritische Überlegungen anschließen kann. Kennzeichnend für die Sprache der Worte ist zunächst ihr Zug zur Abstraktion, das "generische" Moment[32] der Partizipation an etwas Allgemeinem, an der Sphäre der Begriffe; einer diagnostizierten 'Krise des Begriffs' aber entgeht die auf begriffliche Distinktionen verzichtende Sprache des Körpers (wie ihr im übrigen auch die musikalische Sprache entgeht, deren Leistung Hofmannsthal im Aufsatz "Über die Pantomime" mit Blick auf andere Momente vom Vermögen der Gebärdensprache abgrenzt[33]). Während die abstrahierende Sprache der Worte Gehalte 'auseinanderlegt' und so das Gleichzeitige in ein Nacheinander auflöst, wie Wolfdietrich Rasch in Hinsicht auf Hofmannsthals Überlegungen hervorgehoben hat[34], ist Konkretion, ein "gedrängterer" Ausdruck[35] das Kennzeichen der Gebärdensprache, die sich überdies durch Unmittelbarkeit und Klarheit der Wirkung auszeichnet: Hofmannsthal lenkt die Aufmerksamkeit auf die positiven Bestimmungen der Sprache des Körpers, in der sich besser sprechen und mehr sagen lasse als mit Worten. Der Unsagbarkeits-Topos, mit dem Hofmannsthal im Zusammenhang seiner tanzästhetischen Überlegungen arbeitet, weist besonders deutlich auf dieses Moment.

So wie in Hofmannsthals Konzeption, im Ensemble der positiven Bestimmungen des Aufsatzes "Über die Pantomime" von 1911, ein sprachkritischer Impuls nachwirkt, ist auch in anderen tanzästhetischen Konzeptionen der Jahrhundertwende und des beginnenden 20. Jahrhunderts ein Moment kritischer Reflexion auf das Vermögen oder Unvermögen der Sprache der Worte und auf Begrifflichkeit wirksam. Wedekinds Entwurf eines Körperbewußtseins in "Mine-Haha" (erstmals veröffentlicht 1901) stellt den Tanz als eine un-begrifflich sich vollziehende ästhetische Aktivität vor, die gleichwohl als ein 'Denken' gelten könne. Heißt es von den

---

31 "Über die Pantomime", in: Reden und Aufsätze I, p. 505

32 "Die Sprache der Worte ist (...) in Wahrheit generisch", ibid.

33 die von der Musik aufgerufene "Sympathie" sei "dumpf, sehnsüchtig ausschweifend", die von der Gebärde aufgerufene dagegen "klar zusammenfassend, gegenwärtig", ibid.; cf. oben p. 73

34 Wolfdietrich Rasch: "Tanz als Lebenssymbol im Drama um 1900", in: Rasch: Zur deutschen Literatur seit der Jahrhundertwende. Gesammelte Aufsätze, Stuttgart 1967, p. 70; cf. oben p. 73

35 in der Ausdrucksform der Pantomime lasse sich "gedrängter, (...) als die Sprache es vermöchte", sprechen, wie Hofmannsthal im Aufsatz "Über die Pantomime" sagt, in: Reden und Aufsätze I, p. 502

Mädchen in "Mine-Haha", daß sie "gewissermaßen mit den Hüften denken lernten"[36], so wird dem Körperbewußtsein der Tanzenden eine Dignität zuerkannt, die vergleichbar erscheint der des Begreifens in kategorialer Ordnung und der Verknüpfung von Begriffen im Urteil. Mit Wedekinds Konzeption deutet sich an, daß die tanz- und bewegungsästhetische Reflexion der Zeit zwei Modi des Erfassens von Welt: die Erkenntnis in diskursivem Zusammenhang und das hier nicht näher bestimmte Bewußtsein des bewegten Körpers, gegeneinander auszuspielen beginnt. Das in Begriffen sich vollziehende Denken wird in Wedekinds Entwurf weder explizit entwertet, noch als problematisch enthüllt; angelegt jedoch ist schon in "Mine-Haha" eine argumentative Struktur, die 'Erkenntnis' hinter 'tänzerische Erfahrung' zurücktreten läßt.

Weniger in der literarischen Rede vom Tanz als vielmehr in den originär tanzästhetischen Reflexionen der Zeit, den Überlegungen der Tanzkritiker und -theoretiker, findet sich diese Struktur entfaltet, beispielhaft abzulesen an einem Werk, das bereits den Endpunkt einer historischen Entwicklungsreihe bezeichnet und seinerseits, wie Inge Baxmann 1988 bemerkt, zur "Bibel des neuen Tanzes" wurde[37]: dem 1920 erschienenen Buch "Die Welt des Tänzers. Fünf Gedankenreigen" des österreichisch-ungarischen Tanztheoretikers und -pädagogen Rudolf von Laban (1879-1958). Gegenüber Wedekinds Entwurf, der das Bewußtsein des bewegten Körpers in den Rang eines 'Denkens' erhebt, ist für Labans Konzeption zunächst die Umkehrung der Perspektive kennzeichnend: Labans Interesse gilt dem 'tänzerischen' Moment des Denkens, das sich schon in der Form seines Werkes, den "Gedankenreigen", spiegeln soll. Laban versucht, tänzerische Bewegtheit als ein universales Prinzip - ein Prinzip nicht nur des Denkens, sondern sämtlicher Kulturleistungen des Menschen, ja des "Weltgeschehens"[38] - zu erweisen. Sein Ziel ist es, "den Menschen tänzerisches Welterleben zugänglich zu machen"[39]; gerade hiermit aber geht die Entwertung jedes nicht 'tänzerisch' organisierten Denkens Hand in

---

36 Frank Wedekind: "Mine-Haha oder Über die körperliche Erziehung der jungen Mädchen", in: Gesammelte Werke. Erster Band, München u. Leipzig 1919 (4.-13. Tsd.), p. 327; cf. oben p. 18

37 Inge Baxmann: ""Die Gesinnung ins Schwingen bringen". Tanz als Metasprache und Gesellschaftsutopie in der Kultur der zwanziger Jahre", in: Hans Ulrich Gumbrecht / K. Ludwig Pfeiffer (eds.): Materialität der Kommunikation, Frankfurt/M. 1988, p. 360

38 cf. Rudolf von Laban: Die Welt des Tänzers. Fünf Gedankenreigen, Stuttgart 1920, p. 8: "Tanz ist es, der aus dem Gedankenreigen des Dichters, dem Klangreigen des Musikers und den Bildern der Maler, Former und Geräteschaffer zu uns spricht. Tanz ist alle Kultur, alle Gesellschaftlichkeit. Tanz ist die Schwungkraft, die untastbare Vorstellungen zur Religion reiht. Tanz ist alles Wissen, Schauen und Bauen, das den Forscher und Tatmenschen erfüllt. Doch das reinste Abbild des Tanzes der Tänze, des Weltgeschehens, ist der Reigen, den der Menschenkörper schwingt."

39 ibid., p. 7

Hand, tritt Erkenntnis in diskursiver Ordnung hinter die 'Denk'-Leistung des bewegten Körpers zurück. An Bemerkungen zur Methode der eigenen "Gedankenreigen" anknüpfend, meint Laban:

> "Die plastische Verwandtschaft der Begriffe und Gedanken untereinander steht über den logischen Zusammenhängen. Logik ist ein Teilgebiet der tänzerisch-plastischen Gedankenspannungsverwandtschaft, der Grundlage tänzerischen Denkens."[40]

Aufgabe der Gedanken- oder "Wortreigen" selbst ist es, "im Aufnehmenden tänzerisch-geordnete Denkvorgangsbewegungen" auszulösen; dies kann gelingen, da die Reigen auf eben solchen Bewegungen aufgebaut, da in ihnen die "formalen Bewegungselemente des Gedankenschwunges berücksichtigt sind."[41] Daß Labans Modell "tänzerischen Denkens" an eine Kritik der Erkenntnisleistungen des diskursiv verfahrenden Verstandes anschließt, wie sie im Kontext lebensphilosophischer Entwürfe (insbesondere Henri Bergsons und Ludwig Klages') vorgebracht wurde, daß sein "Erkenntnismodell (...) auf *intuitive Wahrnehmung*" vertraut, hat Inge Baxmann herausgearbeitet.[42] Die tänzerische Erfahrung als Modus intuitiven Erfassens von Welt und die Objektivationen, in denen diese Erfahrung sich mitteilt, die Bewegungsgestalt so gut wie der "Gedankenreigen", zielen auf eine "Überwindung des toten und starren Wortweltbildes", wie der Tanztheoretiker Fritz Böhme im Jahr 1926 formuliert.[43] Labans Modell eines "Tanzdenkens"[44] setzt das Privileg der intuitiv, das heißt hier: der tänzerisch gewonnenen und vermittelten Erfahrung, eben darein, daß einzig diese Erfahrung in der Lage ist, eine selbst bewegte und als 'labil' sich zeigende Welt zu erfassen[45] - anders als dies das diskursive, starre Begriffe nach Gesetzen der Logik miteinander verknüpfende Denken vermöchte.

In unterschiedlichen Begründungszusammenhängen werden den Autoren und Theoretikern der Jahrhundertwende und des beginnenden 20. Jahrhunderts Begrifflichkeit und Erkenntnis in diskursiver Ordnung problematisch; auf unterschiedliche Weise auch läßt sich das Privileg der Bewegungsgestalt gegenüber einem logisch von Begriff zu Begriff schreitenden Denken und der diskursiv verfaßten Rede begründen. Zwei einander - mit Blick auf eine Vielzahl von Momenten - gänzlich fremde tanz-

---

40 ibid., p. 9 sq.
41 ibid., p. 249
42 Baxmann, p. 365
43 Fritz Böhme: Tanzkunst, Dessau $^{2}$1926, p. 41
44 Laban, p. 1
45 cf. Böhme, p. 39: "Mit dem Augenblick, in dem die Labilität der Welt erkannt wurde, war die stabile Vorstellungswelt erschüttert."

und bewegungsästhetische Konzeptionen wie die Hofmannsthals und Labans berühren sich darin, daß die Bestimmung des Privilegs der Bewegungsgestalt vor dem Hintergrund einer spezifischen Erfahrung entfaltet wird, der Erfahrung des *Versagens* diskursiver Annäherung an die Welt. In Hofmannsthals tanzästhetischen Überlegungen wirkt die Erfahrung einer Krise des Begriffs - einer Krise des Denkens und Sprechens: "Es ist mir völlig die Fähigkeit abhanden gekommen, über irgend etwas zusammenhängend zu denken oder zu sprechen", heißt es im "Brief" des Lord Chandos von 1902[46] - nur mehr insofern nach, als gegenüber der abstrahierenden Qualität der Sprache der Worte, gerade jener Qualität also, an der die Krise sich manifestierte: "die abstrakten Worte (...) zerfielen mir im Munde wie modrige Pilze"[47], die Leistung der Sprache des Körpers geltend gemacht wird. Daß die Welt sich der Erkenntnis in diskursiver Ordnung entziehe, daß im besonderen die rein logische Verknüpfung der Begriffe (weniger, wie bei Hofmannsthal, die Begriffe selbst) keine Annäherung an sie erlaube, setzt Labans Konzeption voraus. Während es jedoch Hofmannsthal gelingt, die diagnostizierte Krise des Begriffs auch literarisch, nicht allein in der Arbeit mit tänzerischen Gestaltungsformen, zu bewältigen, bietet in Labans Perspektive einzig das "Tänzertum"[48] die Möglichkeit, Welt zu erfassen und Erfahrungen zu vermitteln.

Eine Reflexion auf die Problematik der Erkenntnis in diskursiver Ordnung setzt nicht notwendig am Moment des Versagens der Begriffe und ihres Verknüpfungsmodus an - sie kann, gerade umgekehrt, herausstellen, daß Begriffe und Urteile ihren Dienst *nur zu gut* erfüllen. Von eben diesem Ansatzpunkt her begründet Valéry in seinem Dialog "L'Ame et la Danse" das Privileg der Bewegungsfreiheit, "liberté de mouvement", gegenüber der Freiheit des Urteils, "liberté de jugement". Die drei Dialogpartner Sokrates, Phaidros und Eryximachos erörtern hier einen Zustand, in dem der Betrachter die Dinge der Wirklichkeit sieht, wie sie sind ("*comme elles sont*"[49]); diesen Zustand der "clairvoyance" und "considération froide, exacte, raisonnable, et modérée" bestimmt Sokrates als den des reinen Lebensüberdrusses, "ennui absolu"[50], gegen den die Trunkenheit des Handelns, der Bewegung des Körpers, das wirkungsvollste Heilmittel sei. Phaidros erwägt, wie es wäre, wenn der hellsichtige und durch seine Hell-

46 "Ein Brief", in: Erzählungen. Erfundene Gespräche und Briefe. Reisen, p. 465
47 ibid.
48 Laban, p. 3
49 Paul Valéry: "L'Ame et la Danse" (1921), in: OEuvres II, ed. Jean Hytier, Paris 1960 (Bibl. de la Pléiade), p. 167; cf. oben p. 183
50 ibid., cf. p. 168: "ce cas désespéré de clairvoyance et d'ennui"

sicht reglos gemachte ("immobile"[51]) Beobachter von Leidenschaft für den Tanz erfaßt würde:

> "Mais si, par quelque miracle, celui-ci (l'observateur immobile et lucide; G.G.) se prenait de passion subite pour la danse? ... S'il voulait cesser d'être clair pour devenir léger; et si donc, s'essayant à différer infiniment de lui-même, il tentait de changer sa liberté de jugement en liberté de mouvement?"[52]

Weit entfernt davon, ein vor der Wirklichkeit versagendes Urteilsvermögen anzunehmen, konfrontiert Valéry die gleichsam hypertrophierte und so nur noch lähmend wirkende Urteilskraft mit der "ivresse"[53] der Bewegung, in der der Körper nicht wahre Urteile über das Seiende fällt, sondern 'das Wahre mit Füßen tritt': "il foule et piétine ce qui est vrai".[54] Unendlich abweichend von sich selbst, die eigene Reglosigkeit und Schwere verneinend, setzt sich der 'leicht' gewordene Körper über das Gegebene hinweg, entgeht der Mensch dem lebensfeindlichen Zustand des Ennui, in dem die Freiheit des Urteils sich als Un-Freiheit den Phänomenen gegenüber enthüllte.

Ausdrücklich kennzeichnet Valéry den Zustand des bewegten Körpers als Zustand einer Trunkenheit, einer "ivresse". Valérys Bestimmungen der "liberté de mouvement" lassen sich, wie Edouard Gaède 1962 angedeutet hat, auf Nietzsches Konstruktion des Dionysischen in der Schrift "Die Geburt der Tragödie aus dem Geiste der Musik" beziehen.[55] Im dionysischen Taumel ereignet sich (ein Aspekt, auf den Gaède nicht eigens zu sprechen kommt) das "Zerbrechen des principii individuationis"[56]; hiermit aber werden Urteile unmöglich, da nur bei Geltung des principii individuationis Subjekt und Objekt als Verschiedene gesetzt sind und eine Urteilsbeziehung hergestellt werden kann. Gegen jeden Versuch freilich, Valérys Konzeption allzu eng an Nietzsches Überlegungen in der Tragödienschrift anzuschließen, bleibt kritisch zu bemerken: Während das An-sich der Wirklichkeit für Valéry durch "clairvoyance" und die Akte des "jugement" zugänglich ist, wird es für Nietzsche umgekehrt im dionysischen Taumel erfahren; diese Erfahrung des An-sich ist bei Nietzsche mit "Grausen" und

---

51 ibid., p. 169
52 ibid.
53 ibid.
54 ibid., p. 171
55 cf. Edouard Gaède: Nietzsche et Valéry. Essai sur la comédie de l'esprit, Paris 1962, p. 98 sq.
56 Friedrich Nietzsche: "Die Geburt der Tragödie aus dem Geiste der Musik", in: Werke. Kritische Gesamtausgabe, ed. Giorgio Colli / Mazzino Montinari, III.1, Berlin u. New York 1972, p. 24

"wonnevoller Verzückung" verbunden[57], während sie bei Valéry, als Folge der "clairvoyance", schlechthin lähmend und lebensfeindlich wirkt. - Weit eher als auf die Tragödienschrift Nietzsches scheinen Valérys Bestimmungen, im besonderen die Opposition von "être clair" und "devenir léger", auf den Gestus des "Zarathustra" zu verweisen (und ließen sich wohl auch, wie eine genauere Analyse zu zeigen hätte, auf dessen epistemologische Konstruktion beziehen). Mit den Worten des "dionysischen Unholds"[58] heißt es hier, im "Tanzlied" des zweiten Teiles:

> "Lasst vom Tanze nicht ab, ihr lieblichen Mädchen! Kein Spielverderber kam zu euch mit bösem Blick, kein Mädchen-Feind.
>
> Gottes Fürsprecher bin ich vor dem Teufel: der aber ist der Geist der Schwere. Wie sollte ich, ihr Leichten, göttlichen Tänzen feind sein?"[59];

und weiter, in der Rede "Vom höheren Menschen" gegen Ende des Werkes:

> "Erhebt eure Herzen, meine Brüder, hoch! höher! Und vergesst mir auch die Beine nicht! Erhebt auch eure Beine, ihr guten Tänzer, und besser noch: ihr steht auch auf dem Kopf!"[60]

Die Reflexion auf die spezifischen Leistungen der Bewegungsgestalt steht in vielen tanzästhetischen Konzeptionen der Jahrhundertwende und des beginnenden 20. Jahrhunderts im Kontext von Überlegungen zur *Körperhaftigkeit* der Bewegung. So läßt sich für Hofmannsthal gerade in jener "Sprache, die nur der Körper der Tänzerin findet"[61], besser sprechen und mehr sagen als mit Worten. Der diskursiv verfaßten Rede werden die Ausdrucksqualitäten einer Gebärdensprache entgegengesetzt, den Erkenntnisleistungen des Verstandes (etwa bei Laban) eine durch Bewegung des Körpers gewonnene und vermittelte Erfahrung der Welt. Als Projektionsfläche für "das Ungebrochene, Unmittelbare, die elementare Substanz" (wie Wolfdietrich Rasch formuliert) bieten sich der Körper und

---

57 "Wenn wir zu diesem Grausen die wonnevolle Verzückung hinzunehmen, die bei demselben Zerbrechen des principii individuationis aus dem innersten Grunde des Menschen, ja der Natur emporsteigt, so thun wir einen Blick in das Wesen des *Dionysischen* (...)", ibid.

58 wie Nietzsche im "Versuch einer Selbstkritik", 1886 der Tragödienschrift vorangestellt, formuliert; ibid., p. 16

59 Friedrich Nietzsche: Also sprach Zarathustra. Ein Buch für Alle und Keinen, in: Werke. Kritische Gesamtausgabe, VI.1, Berlin 1968, p. 135

60 ibid., p. 362. (Mit diesem und weiteren Zitaten aus "Also sprach Zarathustra" beendet Nietzsche den 1886 der Tragödienschrift vorangestellten "Versuch einer Selbstkritik".)

61 Brief an Grete Wiesenthal vom 18. Juni 1910, in: Die neue Rundschau, 59. Jg. 1948, p. 216; cf. oben p. 137

die "Sprache der bewegten Körper, des Tanzes", an[62]; auch die theaterästhetische Diskussion der Zeit, mitunter Nietzsche als den Verkünder neuer Leiblichkeit rezipierend (wie etwa Georg Fuchs[63]), rekurriert auf spezifische 'Erkenntnis'- und Vermittlungsleistungen des Körpers.

Neben dieser Tendenz, dem Interesse am Körper und seiner Bewegung, macht sich in der tanz- und theaterästhetischen Reflexion seit Mallarmé, stärker noch seit Craigs Entwürfen, die Aufmerksamkeit auf die entkörperlichte, die vom menschlichen Körper augenscheinlich oder in der Tat gelöste Bewegung geltend. In tanzhistorischer Perspektive meint Fritz Böhme 1926, daß bisher drei Wege beschritten worden seien, "um die physiologischen Bindungen des Körpers auszuschalten"[64]: Maskentanz (als Beispiele nennt Böhme das japanische Nô und die "von Oskar Schlemmer (...) unternommenen Versuche mit beweglichen Masken"[65]), Marionettentanz und "Instrumentaltanz". Zum "Instrumentaltanz" zu rechnen sind nach Böhme jene Experimente, "die bewußt dem Ausdruck von Bewegungsempfindungen durch den Menschenkörper den Ausdruck durch Instrumente" gegenüberstellen[66] - sei es durch "Farblichtschöpfungen" produzierende Instrumente, wie sie in den Reflektorischen Lichtspielen des Bauhaus-Schülers Ludwig Hirschfeld-Mack (1893-1965) eingesetzt werden[67], sei es durch den sogenannten absoluten Film, als dessen prominentester Vertreter in Deutschland der von Böhme ungenannte Walter Ruttmann (1887-1941) gelten darf. Böhmes Katalog ergänzend, wäre zumindest eine weitere Form der Arbeit mit Bewegung anzuführen, die die "physiologischen Bindungen des Körpers" auszuschalten bemüht ist und sich tendenziell dem "Instrumentaltanz" nähert: die Kreationen Loïe Fullers, die nur mehr in einer Folge scheinbar von selbst sich herstellender figuraler Konstellationen bestehen. Mit Perfektionierung der Technik, farbig beleuchtete Bahnen aus Crêpe de Chine in Bewegung zu versetzen, erhöht sich der Abstraktionsgrad der Darbietungen Fullers; während Mallarmé im Jahr 1893 noch "pétale et papillon géants" wahrnimmt[68], beobachtet der Kunsthistoriker Julius Meier-Graefe an einer Kreation Fullers aus dem Jahr 1900:

62 Wolfdietrich Rasch: "Tanz als Lebenssymbol im Drama um 1900", in: Rasch, p. 70; cf. oben p. 74
63 cf. oben p. 23 sq.
64 Fritz Böhme: Tanzkunst, Dessau $^{2}$1926, p. 50
65 ibid., p. 51
66 ibid., p. 52
67 zu Hirschfeld-Mack cf. Dirk Scheper: Oskar Schlemmer. Das Triadische Ballett und die Bauhausbühne, Berlin 1988, p. 107-111
68 Stéphane Mallarmé: "Autre Étude de Danse. Les Fonds dans le Ballet. D'après une indication récente", in: OEuvres complètes, ed. Henri Mondor et G. Jean-Aubry, Paris 1945, réimpr. 1989 (Bibl. de la Pléiade), p. 308; cf. oben p. 165

> "Es ist ganz dunkel, aber in dem Dunkel bewegt sichs, es sind glühende Punkte, die tanzen, es ist wie ein Tanz von Glühwürmchen, wie von Sternen. Sie ziehen weite, feurige Kreise, stellen sich in leuchtenden Bergen neben einander, durchschlängeln sich, nur Punkte; kein Atom von menschlichen Bewegungen, von etwas Körperlichem; Ornamente, von einer Kühnheit, einer Reinheit, einer Mystik ... Da hält man wirklich den Atem an. *La Danse Mystique*!"[69]

Seit den Darbietungen Fullers sieht sich die tanz- und theaterästhetische Reflexion, die ihre Aufmerksamkeit auf die augenscheinlich oder in der Tat vom menschlichen Körper gelöste Bewegung richtet, mit ästhetischen Phänomenen konfrontiert, die zum einen in sich selbst, mit Blick auf die Bestimmtheit ihrer Anschauungsgehalte und auf mögliche Ausdrucksqualitäten, problematisch werden, die zum anderen klassifikatorische Probleme aufwerfen (wenn Tanz als 'Körperausdruck' verstanden wird, läßt sich das Geschehen nicht länger als Tanz ansprechen). Führt Böhme im Jahr 1926 den Begriff "Instrumentaltanz" ein und subsumiert er diesem Begriff auch jene filmischen Experimente, in denen ein Spiel ungegenständlicher Formen auf der Leinwand sichtbar wird - Linien und Flächen, die Reihen bilden, auseinander hervor- und ineinander aufgehen, in unterschiedlich schnellem Wechsel sich ablösen und wieder verschwinden -, so erscheint in der Wahrnehmung des Kritikers ein *tänzerisches* Geschehen *filmisch* realisiert (und der Film überhaupt, im besonderen der absolute Film, kaum als eigene Kunstform erfaßt zu sein, was freilich zu dieser Zeit nicht erstaunt: der erste absolute Film in Deutschland, Walter Ruttmanns "Lichtspiel opus 1", gelangt im Jahr 1921 zur Uraufführung[70]). Mit der Wahrnehmung ästhetisch gestalteter entkörperlichter Bewegung verschieben sich die Grenzen dessen, was als Tanz gelten könne, über das Gebiet des Körperausdruckes hinaus und werden sehr verschiedenartige Formen von nahezu oder gänzlich abstrakten Bewegungskompositionen als Tanz reklamiert.

Mallarmé beschäftigt im Jahr 1893 nicht die Frage, in welchem Sinn Fullers Darbietungen 'tänzerisch' seien oder inwieweit sie eine neue Form des Bühnengeschehens begründen; seine Aufmerksamkeit richtet sich auf die Anschauungsgehalte und Ausdrucksqualitäten der Darbietung selbst. Er nimmt ein vom Träger tänzerischen Ausdrucks, dem bewegten Körper, gelöstes Geschehen wahr, das er gleichwohl in seiner Ausdruckshaltigkeit

---

69 Julius Meier-Graefe: 'Loïe Fuller", in: Die Insel, 1. Jg. 1900, Drittes Quartal, p. 105

70 erste öffentliche Aufführung im "Marmorhaus" in Berlin am 27. April 1921, zwei Voraufführungen vor geladenen Gästen gleichfalls im April, cf. Jeanpaul Goergen / Freunde der Deutschen Kinemathek e. V. (eds.): Walter Ruttmann. Eine Dokumentation, Berlin o. J. (wohl 1989), p. 97. Zur Frage, welches der erste absolute Film überhaupt gewesen sei, cf. Jeanpaul Goergen: "Walter Ruttmann - Ein Porträt", in: ibid., p. 46 Anm. 31.

bestimmt. Die Figurantin, so schreibt Mallarmé in seiner Würdigung Fullers, schwindet dahin im Bad der Stoffe und bringt die Bilder von "pétale et papillon géants" hervor, zwischen denen sich ein weit erblühter ("loin épanouie") Faden spannt. Weiter heißt es hier:

> "Sa fusion aux nuances véloces muant leur fantasmagorie oxyhydrique de crépuscule et de grotte, telles rapidités de passions, délice, deuil, colère: il faut pour les mouvoir, prismatiques, avec violence ou diluées, le vertige d'une âme comme mise à l'air par un artifice."[71]

Mallarmés Verweis auf die "rapidités de passions" (deren syntaktischer Bezug hier in der Schwebe bleibt: "wie rascher Wandel der Leidenschaften", übersetzt Hans-Walter Schmidt 1989[72]) und auf eine "comme mise à l'air", gleichsam ins Freie hinübergespielte Seelenbewegung, kennzeichnet das Geschehen als Folge von Ereignissen, deren rascher Wechsel in der Wahrnehmung des Betrachters dem Wechsel seelischer Zustände korrespondiert, ohne daß sich ein einzelner dieser Zustände für längere Zeit fixieren ließe. Das Geschehen entfaltet so eine spezifische Expressivität: Über die Bilder des "pétale et papillon" hinaus, liefert die vom Körper als Träger des Ausdrucks gelöste Bewegung im nahezu entmaterialisiert wirkenden Spiel farbig beleuchteter Stoffbahnen ein Analogon zur raschen Bewegtheit des ungreifbaren, immateriellen Lebens der Seele.

In Fullers späteren Kreationen tritt der gegenständliche Bezug, das bildhafte Moment der Darbietung mehr und mehr in den Hintergrund. Gabriele Brandstetter hat 1989 eine Reihe von Schöpfungen Fullers, angefangen mit "Lumière et ténèbre" (1899), als "abstrakte Farb-Licht-Ereignisse" charakterisiert und hervorgehoben, daß Fuller mit der "Inszenierung von Vorgängen, die der Dynamik und Spannung rein abstrakter Farb- und Licht-Kontraste dienten", für die Tanzbühne entdeckt habe, "was Kandinskys erste abstrakte Gemälde für die bildende Kunst inaugurierten."[73] Seit seinen frühesten ungegenständlichen Versuchen (um 1910) beschäftigen Kandinsky die Kontrastwirkungen der Farbe und Helligkeit und der Aufbau von Formspannungen im Gemälde; die innere Dynamik einer ungegenständlichen Komposition wiederum freizusetzen, Formspannungen in Bewegungsspannungen zu überführen, Farbigkeit und Licht als veränderliche Größen erfahrbar werden zu lassen, unternehmen etwa ein Jahrzehnt nach Kandinskys ersten abstrakten Schöpfun-

---

71 "Autre Étude de Danse. Les Fonds dans le Ballet. D'après une indication récente", in: OEuvres complètes, p. 308; cf. oben p. 165 sq.

72 Stéphane Mallarmé: "Ein weiteres Tanzstück", Übersetzung von Hans-Walter Schmidt, in: Gabriele Brandstetter / Brygida Maria Ochaim: Loïe Fuller. Tanz. Licht-Spiel. Art Nouveau, Freiburg i. Br. 1989, p. 215

73 ibid., p. 112

gen die von Fritz Böhme als "Instrumentaltanz" bezeichneten Experimente des absoluten Films, die die zeitgenössische Kritik mitunter als ungegenständliche "*bewegte* Malerei" reflektiert (Bernhard Diebold 1921[74]). Die Tänzerin Valeska Gert (1892-1978) bemerkt im Jahr 1924 zu den Bewegungskompositionen Walter Ruttmanns:

> "Ruttmann hat dem Film die bewegte absolute Malerei geschenkt; Ruttmann löst sich von allem Gegenständlichen und läßt Kugeln, Kreise, Keile in einem von innen heraus empfundenen Rhythmus spielen. Formen gleiten ruhig auf der Leinwand vorüber, ballen sich zusammen, führen zur Katastrophe und entladen sich. - Er gibt Schicksale der reinen Formen (...)".[75]

Bewegte Malerei bietet der absolute Film nicht nur insofern, als er die im Gemälde aufgebauten expressiven Kontraste und Formspannungen in das zeitliche Nacheinander einer Bilderfolge transponiert; auch technisch bedient er sich bildnerischer Verfahrensweisen: So erarbeitet Ruttmann am Tricktisch eine Serie von Zeichnungen, die er auf mehreren "in dem Lichtweg hintereinanderliegenden, durchsichtigen und gegeneinander beweglichen Bildplatten" festhält[76], von denen die photographischen Aufnahmen abgenommen werden; die Motive der einzelnen Filmphasen sind zunächst gezeichnet und werden erst dann in ihrem Zusammenspiel photographiert.

Die zeitgenössische Kritik erkennt in den Schöpfungen des absoluten Films neben dem bildnerischen auch ein tänzerisches und musikalisches Moment. Bernhard Diebold, seinerzeit wohl der führende Theoretiker des absoluten Films in Deutschland, stellt in einer Kritik des "Lichtspiels opus 1" von Walter Ruttmann fest, daß sich die neue Kunst "durchaus von den Gesetzen bisheriger Bildkunst" entferne und "theoretisch vorläufig am ehesten als "absoluter Tanz"" anzusprechen sei.[77] Herkömmlicherweise bedient sich der Tanz "des naturalistischen Körpers eines lebendigen Menschen": "Ein absolut reiner Tanz der Ornamente, wie ihn (äußerlich im

---

74 Bernhard Diebold: "Eine neue Kunst. Die Augenmusik des Films", in: Frankfurter Zeitung und Handelsblatt, 65. Jg. Nr. 242, 2. April 1921 (Abendblatt). Die absoluten Filme Walter Ruttmanns nimmt die zeitgenössische Kritik bisweilen "als ins Filmische übersetzte Gemälde Kandinskys" wahr (Roland Schacht: "Absolute Filme", in: Kölnische Zeitung, 1925, Nr. 358, 15. Mai (Abend-Ausgabe)).

75 Programmzettel einer Veranstaltung vom 8. März 1924, hier zit. nach: Frank-Manuel Peter: Valeska Gert. Tänzerin, Schauspielerin, Kabarettistin. Eine dokumentarische Biographie, Berlin 1985, p. 110 Anm. 22

76 Patentschrift über Ruttmanns "Verfahren und Vorrichtung zum Herstellen kinematographischer Bilder", 1920, hier zit. nach: Goergen / Freunde der Deutschen Kinemathek e. V. (eds.), p. 75

77 Bernhard Diebold: "Eine neue Kunst. Die Augenmusik des Films", in: Frankfurter Zeitung und Handelsblatt, 65. Jg. Nr. 242, 2. April 1921 (Abendblatt)

Sinne der Theorien Hanslicks betrachtet) die absolute Musik liefert, ist dem Tänzer nicht möglich."[78] Was dem Tänzer nicht gelingen kann, gelingt doch dem Musiker und dem Schöpfer des absoluten Films, der wie der Musiker in zeitlich bewegten Ornamenten seiner Seele Ausdruck verleihe. Von hier aus kennzeichnet Diebold den absoluten Film auch als "*Augenmusik*", in der sich die Malerei "mit der Musik vermählt" habe.[79]

Als tänzerisches Geschehen, als "absoluter Tanz" oder "Instrumentaltanz" aufgefaßt, präsentieren die Experimente des absoluten Films eine gänzlich vom menschlichen Körper gelöste Bewegung. Mannigfaltigkeit und Unbeschränktheit der Bewegung sind es, die an den Experimenten faszinieren, die Freiheit unbeschwerten Spiels - eines "in holden Windungen schleifensanft über das Flimmerlaken" gleitenden Gebildes (Alfred Kerr 1921[80]) - wie die entfesselte Ausdrucksfülle der "Schicksale" reiner Formen (Valeska Gert). Das innovative Potential der neuen Form freilich, die früh kommerziell genutzt wurde (zu Reklamezwecken in Deutschland seit 1922[81]), drohte sich bald schon in einer Mode absoluter Filme zu erschöpfen. Ruttmann selbst distanziert sich bereits im Jahr 1928 von der ""absoluten" Mode" und fordert - verbunden mit einer Empfehlung, die experimentell erprobten Möglichkeiten des absoluten Films weiterhin zu nutzen - statt Abstraktion die menschliche "Stellungnahme" im Film:

> "Und eben dieser Stellungnahme entzieht sich der absolute Film. Er will nicht dadurch wirken, daß das, was er aussagt, gut und stark gesagt wird, sondern dadurch, daß er - *ohne* etwas auszusagen - "Schönes" macht. Er strebt nicht an, ein nützliches Ding so nützlich und so vollkommen zu machen, daß es ganz von selbst "Kunst" wird, sondern er will nur Kunst von vornherein. Das ist sein Irrtum. Denn er baut nicht das Haus, sondern nur das Gerüst. *Wo er sich dieser Bescheidung bewußt bleibt, ist seine integrierende Bedeutung unschätzbar.*"[82]

---

78 cf. Eduard Hanslick: Vom Musikalisch-Schönen. Ein Beitrag zur Revision der Ästhetik der Tonkunst, Leipzig 1854, insbesondere Kap. III "Das Musikalisch-Schöne": "*Tönend bewegte Formen* sind einzig und allein Inhalt und Gegenstand der Musik", und die bekannte Kaleidoskop-Analogie: "Jeder von uns hat als Kind sich wohl an dem wechselnden Farben- und Formenspiel eines *Kaleidoscops* ergötzt. Ein solches Kaleidoscop auf incommensurabel höherer Erscheinungsstufe ist Musik. Sie bringt in stets sich entwikkelnder Abwechslung schöne Formen und Farben, sanft übergehend, scharf contrastirend, immer symmetrisch und in sich erfüllt." (Hier zit. nach dem unveränderten reprographischen Nachdruck Darmstadt 1981, p. 32 u. p. 33.)

79 Bernhard Diebold: "Eine neue Kunst. Die Augenmusik des Films", in: Frankfurter Zeitung und Handelsblatt, 65. Jg. Nr. 242, 2. April 1921 (Abendblatt)

80 Alfred Kerr: "Der Vorstoß im Film", in: Berliner Tageblatt und Handels-Zeitung, 50. Jg. Nr. 279, 16. Juni 1921 (Abend-Ausgabe)

81 cf. Jeanpaul Goergen: "Walter Ruttmann - Ein Porträt", in: Goergen / Freunde der Deutschen Kinemathek e. V. (eds.), p. 23

82 Walter Ruttmann: "Die "absolute" Mode. Der Film als Selbstzweck - Vorsicht vor dem *l'art pour l'art*-Standpunkt", in: Film-Kurier, 10. Jg. Nr. 30, 3. Februar 1928

Während die tanzhistorisch und in Hinsicht auf die "art of movement" Craigs auch theaterhistorisch greifbare Tendenz zur Lösung der Bewegung vom menschlichen Körper mit den Experimenten des absoluten Films einen äußersten Punkt erreicht, gelangt die tanzästhetische *Reflexion* auf die entkörperlichte Bewegung mit der Wahrnehmung dieser Experimente keineswegs an ihr Ende. Freiheit und Unbeschränktheit einer Bewegung, die von den "physiologischen Bindungen" des menschlichen Körpers gelöst ist, nimmt Valéry im Jahr 1935 an einem Geschehen wahr, dessen Träger er als "des êtres d'une substance incomparable, translucide et sensible" beschreibt[83], Wesen, die über ein Höchstmaß an Beweglichkeit und Wandelbarkeit verfügen und deren Gestalt weit unbestimmter konturiert ist, als es die abstrakten, in all ihrem Wandel doch mehr oder weniger fest umrissenen und unterscheidbaren Formen des absoluten Films sind. Das beobachtete Geschehen - die gefilmten und auf einer Leinwand vorgeführten Bewegungen von Meerestieren: "de grandes Méduses"[84] - reflektiert Valéry als Tanz; die diaphanen, mit der Bewegung des Wassers dahinströmenden Akteure seien absolute Tänzerinnen, "danseuses absolues".[85] Valérys Überlegungen, an das Ende des kurzen Textes "De la Danse" von 1935 gestellt, bilden den Kommentar zu einer tanzästhetischen Bestimmung Mallarmés aus dem Jahr 1886 - knapp ein halbes Jahrhundert nach Mallarmé findet Valéry die Gültigkeit dieser Bestimmung im Tanz der Quallen anschaulich bestätigt, "vérifiée".[86]

"Mallarmé dit que la danseuse n'est pas une femme qui danse, car ce n'est point une femme, et elle ne danse pas."[87] Das 1886 in "Ballets" entwickelte, aus einer Kritik an der danse d'école und ihrer Aufführungspraxis abgeleitete "axiome" des Tanzes[88] erscheint mit den Darbietungen Loïe Fullers, über die Mallarmé im Jahr 1893 berichtet, annähernd realisiert - ein Subjekt der künstlerischen Akte läßt sich hier nicht mehr ausmachen, mit der entkörperlichten Bewegung zeigt sich dem Blick des Betrachters ein offenbar selbsttätiges Bühnengeschehen, eine wie von selbst sich herstellende Bilderfolge. Valérys Kommentar nimmt die tanzästhetische Bestimmung Mallarmés wörtlich: Wohl erkennt Valéry ein Subjekt, einen Träger der Bewegung (der wiederum in seiner Durchsichtigkeit und im Element des Wassers kaum greifbar wirkt), doch ist dieses Subjekt keine

83 Paul Valéry: "De la Danse" (1935; eingearbeitet in "Degas Danse Dessin", 1936), in: OEuvres II, p. 1173
84 ibid.
85 ibid.
86 ibid.
87 ibid.
88 cf. Stéphane Mallarmé: "Ballets" (1886): "Le jugement, ou l'axiome, à affirmer en fait de ballet! / A savoir que la danseuse *n'est pas une femme qui danse* (...)", in: OEuvres complètes, p. 304; cf. oben p. 158 sqq. u. p. 164

Frau; auch tanzen die Meerestiere nicht, vielmehr führen sie ihre Bewegungen unbewußt aus. Das Geschehen ist - ein empirischer Befund - kein Tanz, keine ästhetisch gestaltete Bewegung, und läßt sich dennoch - in phänomenologischer Perspektive - als Tanz begreifen. Gerade durch die Freiheit der Bewegung aber und durch eine, wie Valéry zunächst nur andeutet, spezifisch sinnliche Qualität zeichnet sich der Medusentanz vor allen anderen Tänzen aus:

> "La plus libre, la plus souple, la plus voluptueuse des danses prossibles (sic, richtig: possibles; G.G.) m'apparut sur un écran où l'on montrait de grandes Méduses: ce n'étaient point des femmes et elles ne dansaient pas."[89]

Die Gestalt der durchscheinenden, im fließenden Wasser selbst flüssig wirkenden Akteure erweckt die Vorstellung überaus reizbaren Fleisches aus Glas und lebendiger Peitschenschnüre - Valéry kennzeichnet die Meerestiere als "chairs de verre follement irritables, dômes de soie flottante, couronnes hyalines, longues lanières vives toutes courues d'ondes rapides".[90] In einer Umgebung, die ihnen keinerlei Widerstand entgegensetzt, in der sich die "danseuses absolues" - ein paradoxes Verhältnis - Stützpunkten überlassen können, die beliebig nachgeben[91], erscheint alles Feste aufgehoben; die Körper selbst aber wirken wie aus "cristal élastique", als sei härteste Materie in ihnen dehnbar und biegsam geworden. "Point de solides (...) dans leur corps de cristal élastique, point d'os, point d'articulations, de liaisons invariables, de segments que l'on puisse compter ...".[92]

Valérys Bemerkungen zum 'absoluten' Tanz der Medusen münden in die suggestive Schilderung einer auf der Leinwand sichtbaren erotischen Pantomime. Eine einzelne Meduse, gleichsam die Primaballerina des Geschehens, exponiert sich: Keine menschliche Tänzerin hat je auszudrücken vermocht, was sich an ihren stoßweise gleitenden Bewegungen, den Bewegungen eines unbewußten Naturwesens, wahrnehmen läßt. Verwandelt die Gorgo Medusa des antiken Mythos den Betrachter zu Stein, so bannt ihn auch der Tanz des nach dem mythischen Wesen benannten Meerestiers:

> "Jamais danseuse humaine, femme échauffée, ivre de mouvement, du poison de ses forces excédées, de la présence ardente de regards chargés de désir, n'exprima l'offrande impérieuse du sexe, l'appel mimique

89 "De la Danse", in: OEuvres II, p. 1173
90 ibid.
91 cf. ibid.: "un milieu où l'on s'appuie par tous les points qui cèdent vers où l'on veut"
92 ibid.

du besoin de prostitution, comme cette grande Méduse, qui, par saccades ondulatoires de son flot de jupes festonnées, qu'elle trousse et retrousse avec une étrange et impudique insistance, se transforme en songe d'Éros; et tout à coup, rejetant tous ses falbalas vibratiles, ses robes de lèvres découpées, se renverse et s'expose, furieusement ouverte.

Mais aussitôt elle se reprend, frémit et se propage dans son espace, et monte en montgolfière à la région lumineuse interdite où règnent l'astre et l'air mortel."[93]

Der Tanz einer Frau, der Ausdruck ihres bewegten Körpers könnte nie vermitteln, was der Betrachter an den Bewegungen des unbewußten, scheinbar schwerelosen, diaphanen Wesens wahrnimmt: Eine Erfahrung höchster Sinnlichkeit stellt sich her, gleichzeitig traumhaft und krude in der Konkretion gläsernen Fleisches und dehnbaren Kristalls. Mit Valérys Kommentar zum "axiome" Mallarmés verabschiedet die tanzästhetische Reflexion sich ein weiteres Mal von ihrem Gegenstand, der ästhetisch gestalteten Bewegung des menschlichen Körpers; verwandelt aber findet sie ihn wieder im gänzlich entseelten und desto sinnlicher wirkenden Geschehen einer Tiefe, über der die Region des Menschen sich erhebt. Dieser Bezirk, "où règnent l'astre et l'air mortel", ist dem Meerestier verboten; ihn im Steigen zu erreichen, wäre der Untergang der absoluten Tänzerin. Der Sphäre ihres Todes "en montgolfière" entgegenschwebend, entgleitet sie langsam dem Blick des Betrachters, dem nichts bleibt als Erinnerung an ihre Verwandlung "en songe d'Éros" und die Schönheit einer vielleicht tödlichen Elevation.

93 ibid.

# BIBLIOGRAPHIE

*A* ***Zitierte und erwähnte Literatur***

I Literarische, tanz-, theater-, musik- und filmästhetische Quellen
II Allgemeine Ästhetik, Literatur- und Theaterwissenschaft

*B* ***Ferner herangezogene Literatur in Auswahl***

## *A I Literarische, tanz-, theater-, musik- und filmästhetische Quellen*


Peter *Altenberg:* "Die Schwestern Wiesenthal, Tänzerinnen" (1908), in: Leonhard M. Fiedler / Martin Lang (eds.): Grete Wiesenthal. Die Schönheit der Sprache des Körpers im Tanz, Salzburg u. Wien 1985, p. 69

*ders.:* "Die Tänzerinnen Wiesenthal", in: Die Schaubühne, 4. Jg. 1908, 1. Bd., Nr. 4 (23. Januar 1908), p. 104-105 (Nachdruck Königstein/Ts. 1979)

*ders.:* "Britische Tänzerinnen", in: Altenberg: Neues Altes, Berlin $^{3}$1911, p. 152-154

*Anonym:* Book Review (The Japanese Dance by Marcelle Azra Hinckes), in: The Mask, vol. III, nos. 4-6, October 1910, p. 90-91

Adolphe *Appia:* "Die rhythmische Gymnastik und das Theater", in: Der Rhythmus. Ein Jahrbuch, herausgegeben von der Bildungsanstalt Jacques-Dalcroze Dresden-Hellerau, I. Bd., Jena 1911, p. 57-64

Hermann *Bahr:* "Marionetten", in: Bahr: Wiener Theater (1892-1898), Berlin 1899, p. 440-448

*ders.:* "Isadora Duncan", in: Bahr: Rezensionen. Wiener Theater 1901-1903, Berlin 1903, p. 218-224

*ders.:* "Sada Yacco", in: Bahr: Rezensionen. Wiener Theater 1901-1903, Berlin 1903, p. 202-210

Oscar *Bie:* "Tanzschule", in: Die neue Rundschau, 18. Jg. 1907, 1. Bd., p. 638-639

*ders.:* "Die grüne Flöte", in: Die neue Rundschau, 27. Jg. 1916, 1. Bd., p. 855-857

*Blätter für die Kunst,* Vierte Folge, I.-II. Band, November 1897, p. 1-4 (Titellose Bemerkungen zur Kunst, signiert: Blätter für die Kunst)

Franz *Blei:* "Doktor Schrenck-Notzing" (1940), in: Blei: Porträts, ed. Anne Gabrisch, Berlin 1986, p. 494-498

Max von *Boehn:* Der Tanz, Berlin 1925

Fritz *Böhme:* Tanzkunst, Dessau [2]1926

Hans *Brandenburg:* Der moderne Tanz, München o. J. ([1]1915)

Caroline and Charles H. *Caffin:* Dancing and Dancers of Today. The Modern Revival of Dancing as an Art, New York 1912

Edward Gordon *Craig:* Die Kunst des Theaters. Übersetzt und eingeleitet von Maurice Magnus mit einem Vorwort von Harry Graf Kessler, Berlin u. Leipzig 1905

*ders.:* On the Art of the Theatre, London 1911 (darin: "The Art of the Theatre. The First Dialogue", p. 137-181, Text der Monographie The Art of the Theatre, Edinburgh and London 1905)

*ders.:* Index to the Story of My Days. Some memoirs of Edward Gordon Craig. 1872-1907, London 1957 (repr. Cambridge 1981)

*ders.:* "The Artists of the Theatre of the Future", in: The Mask, vol. I, no. 1, March 1908, p. 3-5; vol. I, nos. 3-4, May-June 1908, p. 57-70

*ders.:* "The Actor and the Über-Marionette", in: The Mask, vol. I, no. 2, April 1908, p. 3-15

*ders.:* "The Theatre in Germany, Holland, Russia and England. A Series of Letters from Gordon Craig", in: The Mask, vol. I, no. 8, October 1908, p. 159-160; vol. I, no. 11, January 1909, p. 221-222

*ders.:* "Motion. Being the Preface to the Portfolio of Etchings by Gordon Craig", in: The Mask, vol. I, no. 10, December 1908, p. 185-186

*ders.:* (pseud. John Balance:) "Jacques Dalcroze and his School", in: The Mask, vol. V, no. 1, July 1912, p. 32-36

*ders.:* "The Russian Ballet", in: The Mask, vol. VI, no. 1, July 1913, p. 6-14 *ders.:* "Memories of Isadora Duncan" (1952), in: Arnold Rood (ed.): Gordon Craig on Movement and Dance, New York 1977, p. 247-252

Bernhard *Diebold:* "Eine neue Kunst. Die Augenmusik des Films", in: Frankfurter Zeitung und Handelsblatt, 65. Jg. Nr. 242, 2. April 1921 (Abendblatt)

Wolf *Dohrn:* "Aufgaben der Bildungsanstalt Jaques-Dalcroze", in: Der Rhythmus. Ein Jahrbuch, herausgegeben von der Bildungsanstalt Jaques-Dalcroze Dresden-Hellerau, II. Bd. 1. Hälfte, Jena 1912, p. 75-81 (Programmbuch unter dem Titel: Die Schulfeste der Bildungsanstalt Jaques-Dalcroze)

Irma *Duncan:* Duncan Dancer, Middletown Conn. 1966 (repr. New York 1980)

Isadora *Duncan:* Der Tanz der Zukunft. Eine Vorlesung, Leipzig 1903

*dies.:* My Life, New York 1927

*Editorial Note* der Zeitschrift The Mask, vol. II, nos. 7-9, January 1910, p. 148

Carl *Einstein:* Werke Band 1. 1908-1918, ed. Rolf-Peter Baacke, Berlin 1980 (darin: "Brief an die Tänzerin Napierkowska", 1911; "Nuronihar. Eine Pantomime für Frau Napierkowska" und "Über Paul Claudel", 1913)

Georg *Fuchs:* Die Schaubühne der Zukunft, Berlin u. Leipzig 1905

*ders.:* Der Tanz, Stuttgart 1906

*ders.:* Die Revolution des Theaters. Ergebnisse aus dem Münchener Künstler-Theater, München u. Leipzig 1909

Stefan *George:* "Der Teppich", in: Blätter für die Kunst, Vierte Folge, III. Band, 1899, p. 69

*ders.:* Der Teppich des Lebens und die Lieder von Traum und Tod. Mit einem Vorspiel, Berlin 1932 (Gesamt-Ausgabe der Werke. Endgültige Fassung. Bd. 5)

Eduard *Hanslick:* Vom Musikalisch-Schönen. Ein Beitrag zur Revision der Ästhetik der Tonkunst, Leipzig 1854 (Nachdruck Darmstadt 1981, Libelli Bd. LXXXI)

Heinrich *Heine:* "Florentinische Nächte" (1837), in: Sämtliche Schriften, ed. Klaus Briegleb. Erster Band, München 1968, p. 557-615

Hugo von *Hofmannsthal:* Gesammelte Werke in zehn Einzelbänden, ed. Bernd Schoeller, Frankfurt/M. 1979 (Fischer Taschenbuch Verlag) und Frankfurt/M. 1986 (S. Fischer Verlag):

- Gedichte. Dramen I (darin: "Lebenslied", 1896; "Prolog" zu "Die Frau im Fenster", 1897)
- Dramen II (darin: "Elektra. Tragödie in einem Aufzug frei nach Sophokles", 1903)
- Dramen VI (darin: "Amor und Psyche" und "Das fremde Mädchen", 1911; "Josephslegende", 1912; "Vorspiel" und "Erstes Szenarium" zu "Die grüne Flöte", 1916)
- Erzählungen. Erfundene Gespräche und Briefe. Reisen (darin: "Ein Brief", 1902; "Furcht", 1907)
- Reden und Aufsätze I (darin: "Eleonora Duse. Eine Wiener Theaterwoche" und "Eleonora Duse. Die Legende einer Wiener Woche", 1892; "Eine Monographie. "Friedrich Mitterwurzer" von Eugen Guglia", 1895; "Die Duse im Jahre 1903", 1903; "Vorrede für das Werk E. Gordon Craigs" und "Die unvergleichliche Tänzerin", 1906; "Über die Pantomime", 1911; "Nijinskys "Nachmittag eines Fauns"", 1912)
- Reden und Aufsätze III. Aufzeichnungen (darin: "Aufzeichnungen", Notiz aus dem Jahr 1921)

*ders.:* Grete Wiesenthal in Amor und Psyche und Das fremde Mädchen. Szenen von Hugo von Hofmannsthal, Berlin 1911

*ders.:* (ed.): Deutsches Lesebuch. Erster Teil, München 1922

*ders.:* Brief an Grete Wiesenthal vom 18. Juni 1910, in: Die neue Rundschau, 59. Jg. 1948, p. 215-217

*ders.:* Brief an Grete Wiesenthal vom 5. und 11. Juli 1910, in: Agathon. Almanach auf das Jahr 47 des zwanzigsten Jahrhunderts, Wien 1947, p. 302-305

*ders.:* Brief an Grete Wiesenthal vom 12. Dezember 1910, in: Hofmannsthal-Blätter, Folge I, Heft 5, 1970, p. 325-327

*ders.:* Brief an Ottonie Gräfin Degenfeld vom 23. August 1911, in: Hofmannsthal: Briefwechsel mit Ottonie Gräfin Degenfeld und Julie Freifrau von Wendelstadt, ed. Marie Therese Miller-Degenfeld, Frankfurt/M. $^{2}$1986, p. 159-161

*ders.:* Brief an Richard Strauss vom 9. Dezember 1919, in: Strauss / Hofmannsthal: Briefwechsel. Gesamtausgabe, ed. Franz und Alice Strauss, Zürich 1955, p. 174-175

Lillebil *Ibsen:* Det begynte med dansen, Oslo 1961

Herbert *Jhering:* "Grete Wiesenthal", in: Die Schaubühne, 7. Jg. 1911, 2. Bd., Nr. 39 (28. September 1911), p. 274-275 (Nachdruck Königstein/Ts. 1980)

Wassily *Kandinsky:* "Über Bühnenkomposition", in: Wassily Kandinsky / Franz Marc (eds.): Der Blaue Reiter, München $^{2}$1914, p. 103-113

*ders.:* "Der gelbe Klang", in: Wassily Kandinsky / Franz Marc (eds.): Der Blaue Reiter, München $^{2}$1914, p. 115-131

Alfred *Kerr:* "Freksa: Sumurûn" (1910), in: Gesammelte Schriften in zwei Reihen. Erste Reihe: Die Welt im Drama. 5. Bd.: Das Mimenreich. Lenker. Schauspieler. Tänzer. Dramaturgen, Berlin 1917, p. 208-209

*ders.:* "Der Vorstoß im Film", in: Berliner Tageblatt und Handels-Zeitung, 50. Jg. Nr. 279, 16. Juni 1921 (Abend-Ausgabe)

Harry Graf *Kessler:* "Vorwort" zu Edward Gordon Craig: Die Kunst des Theaters, Berlin u. Leipzig 1905

Heinrich von *Kleist:* "Über das Marionettentheater" (1810), in: Sämtliche Werke und Briefe, ed. H. Sembdner, Zweiter Band, München $^{2}$1961, p. 338-345

Rudolf von *Laban:* Die Welt des Tänzers. Fünf Gedankenreigen, Stuttgart 1920

Maurice *Maeterlinck:* "La Princesse Maleine" (1889), in: Maeterlinck: Théâtre. Tome I, Bruxelles et Paris 1901, p. 1-198

Stéphane *Mallarmé:* OEuvres complètes, ed. Henri Mondor et G. Jean-Aubry, Paris 1945, réimpr. 1989 (Bibl. de la Pléiade) (darin: "Ballets" und "Avant-dire au *Traité du Verbe* de René Ghil", 1886; "Théodore de Banville", 1892; "Autre Étude de Danse. Les Fonds dans le Ballet. D'après une indication récente", 1893/1897; "Crise de vers", 1886/1897)

*ders.:* "Ballette" und "Ein weiteres Tanzstück", Übersetzung von Hans-Walter Schmidt, in: Gabriele Brandstetter / Brygida Maria Ochaim: Loïe Fuller. Tanz. Licht-Spiel. Art Nouveau, Freiburg i. Br. 1989 (Rombach Wissenschaft, Reihe Litterae), p. 203-213 und p. 215-219

Julius *Meier-Graefe:* "Loïe Fuller", in: Die Insel, 1. Jg. 1900, Drittes Quartal, p. 100-105 (Nachdruck Frankfurt/M. 1981)

Conrad Ferdinand *Meyer:* "Auf dem Canal grande" (1889), in: Sämtliche Werke. Historisch-kritische Ausgabe, ed. H. Zeller / A. Zäch, Erster Band, Bern 1963, p. 164

Wsewolod E. *Meyerhold:* Schriften, ed. Akademie der Künste der DDR (red. Gisela Seeger). Erster Band, Berlin 1979 (darin: "Edward Gordon Craig", 1909; "Balagan", 1912)

Friedrich *Nietzsche:* Also sprach Zarathustra. Ein Buch für Alle und Keinen (1892), in: Werke. Kritische Gesamtausgabe, ed. Giorgio Colli / Mazzino Montinari, VI.1, Berlin 1968

*ders.:* "Die Geburt der Tragödie aus dem Geiste der Musik" (1872), in: Werke. Kritische Gesamtausgabe, ed. Giorgio Colli / Mazzino Montinari, III.1, Berlin u. New York 1972, p. 3-152

Max *Reinhardt:* "Aus einem Gespräch mit Max Reinhardt. Von Johannes Kordes", in: Reinhardt: Ich bin nichts als ein Theatermann. Briefe, Reden, Aufsätze, Interviews, Gespräche, Auszüge aus Regiebüchern. Ed. Hugo Fetting, Berlin 1989, p. 449-453

Rainer Maria *Rilke:* Sämtliche Werke, ed. Ernst Zinn, Erster Band, Frankfurt/M. 1955 (darin: "Die Sonette an Orpheus", 1923)

*ders.:* Brief an Margot Gräfin Sizzo vom 12. April 1923, in: Rilke: Die Briefe an Gräfin Sizzo. 1921-1926, ed. Ingeborg Schnack, Frankfurt/M. $^{2}$1977, p. 56-64

Walter *Ruttmann:* "Die "absolute" Mode. Der Film als Selbstzweck - Vorsicht vor dem *l'art pour l'art*-Standpunkt", in: Film-Kurier, 10. Jg. Nr. 30, 3. Februar 1928

Roland *Schacht:* "Absolute Filme", in: Kölnische Zeitung, 1925, Nr. 358, 15. Mai (Abend-Ausgabe)

John *Schikowski:* Der neue Tanz, Berlin 1924

*ders.:* Geschichte des Tanzes, Berlin 1926

Oskar *Schlemmer:* "Mensch und Kunstfigur", in: Bauhausbücher, red. Walter Gropius / Laszlo Moholy-Nagy, Bd. 4: Die Bühne im Bauhaus, München 1925, p. 7-20

Albert Freiherr von *Schrenck-Notzing:* Die Traumtänzerin Magdeleine G. Eine psychologische Studie über Hypnose und dramatische Kunst, Stuttgart 1904

Ernst *Schur:* Der moderne Tanz, München 1910

*ders.:* "Die Tänze der Gertrude Barrison", in: Die Schaubühne, 4. Jg. 1908, 1. Bd., Nr. 21 (21. Mai 1908), p. 552-553 (Nachdruck Königstein/Ts. 1979)

Konstantin S. *Stanislawski:* Mein Leben in der Kunst, Westberlin 1987

Karl *Storck:* E. Jaques-Dalcroze. Seine Stellung und Aufgabe in unserer Zeit, Stuttgart 1912

Arthur *Symons:* The Symbolist Movement in Literature, London 1899 (repr. New York 1980)

Max *Tepp:* Der Tanz der Zeit. Abriß und Ausblick, Erfurt 1924

Frank *Thiess:* Der Tanz als Kunstwerk. Studien zu einer Ästhetik der Tanzkunst, München $^{2}$1920

Paul *Valéry:* OEuvres I, ed. Jean Hytier, Paris 1957 (Bibl. de la Pléiade) (darin: "Philosophie de la danse", 1936; "Poésie et pensée abstraite", 1939)

*ders.:* OEuvres II, ed. Jean Hytier, Paris 1960 (Bibl. de la Pléiade) (darin: "L'Ame et la Danse", 1921; "De la diction des vers", 1926; "De la Danse", 1935, eingearbeitet in "Degas Danse Dessin", 1936)

*ders.:* "Die Seele und der Tanz", in: Valéry: Eupalinos oder Über die Architektur. Eingeleitet durch Die Seele und der Tanz. Übertragen von Rainer Maria Rilke, Leipzig 1927, p. 5-62

*ders.:* Brief an Claude Debussy vom März 1900 und Brief an Louis Séchan vom August 1930, in: Valéry: Lettres à Quelques-uns, Paris 1952, p. 62-63 und p. 189-191

Frank *Wedekind:* "Mine-Haha", in: Die Insel, 2. Jg. 1901, Drittes Quartal, p. 27-36, p. 93-111, p. 234-255 (Nachdruck Frankfurt/M. 1981)

*ders.:* Mine-Haha Oder über die körperliche Erziehung der jungen Mädchen. Aus Helene Engels schriftlichem Nachlaß herausgegeben von Frank Wedekind, München 1903

*ders.:* Gesammelte Werke. Erster Band, München u. Leipzig 1919 (darin: "Die Liebe auf den ersten Blick", 1897; "Mine-Haha oder Über die körperliche Erziehung der jungen Mädchen", Text der Buchausgabe von 1903)

*ders.:* Werke in drei Bänden, ed. Manfred Hahn, Bd. 3, Berlin u. Weimar 1969 (darin: "Im Zirkus. II. Das hängende Drahtseil", 1888)

*ders.:* Briefe an Tilly Wedekind vom 25. Juni 1912 und vom 28. Juni 1912, in: Gesammelte Briefe, ed. Fritz Strich, Zweiter Band, München 1924, p. 270 u. p. 271

*ders.:* Brief an Georg Brandes vom 10. Januar 1909, in: Klaus Bohnen: "Frank Wedekind und Georg Brandes. Unveröffentlichte Briefe", in: Euphorion, 72. Bd. 1978, 1. Heft, p. 106-119

Grete *Wiesenthal:* "Tanz und Pantomime" (1910), in: Hofmannsthal-Blätter, Heft 34, 1986, p. 36-40

*dies.:* "Pantomime" (1911), in: Hofmannsthal-Blätter, Heft 34, 1986, p. 43-45 *dies.:* "Amoretten, die um Säulen schweben", in: Helmut A. Fiechtner (ed.): Hugo von Hofmannsthal. Die Gestalt des Dichters im Spiegel der Freunde, Wien 1949, p. 179-186

Mary *Wigman:* Die Sprache des Tanzes, Stuttgart 1963 (Nachdruck München ²1986)

William Butler *Yeats:* The Variorum Edition of the Plays of W. B. Yeats, ed. Russell K. Alspach, London, Melbourne and Toronto 1966 (darin: "Deirdre", 1906; "At the Hawk's Well", 1916; "Preface" zur Erstveröffentlichung von "At the Hawk's Well", 1917; "Preface" zu den "Four Plays for Dancers", 1921)

*ders.:* Essays and Introductions, London 1961 (darin: "The Autumn of the Body", 1898; "The Tragic Theatre", 1910; "Certain Noble Plays of Japan", 1916)

*ders.:* "Introduction By William Butler Yeats To *Certain Noble Plays of Japan* By Pound & Fenollosa" (1916), in: Ernest Fenollosa / Ezra Pound: The Classic Noh Theatre of Japan, Westport Conn. 1977, p. 151-163

Margarete N. *Zepler:* Erziehung zur Körperschönheit. Turnen und Tanzen. Ein Beitrag zur Mädchenerziehung, Berlin 1906

### *A II Allgemeine Ästhetik, Literatur- und Theaterwissenschaft*

Asbjørn *Aarnes:* "Über "Das Unsagbare"", in: Orbis Litterarum, Bd. 40, 1985, p. 285-299

Theodor W. *Adorno:* Ästhetische Theorie, ed. Gretel Adorno / Rolf Tiedemann, Gesammelte Schriften Bd. 7, Frankfurt/M. ²1972

J.-F. *Angelloz:* Rilke: Duineser Elegien / Die Sonette an Orpheus. Les Élégies de Duino / Les Sonnets à Orphée, Paris 1943 (Collection bilingue)

Gerhard *Austin:* Phänomenologie der Gebärde bei Hugo von Hofmannsthal, Heidelberg 1981 (Frankfurter Beiträge zur Germanistik Bd. 18)

Denis *Bablet:* Edward Gordon Craig, Paris 1962

Christopher *Balme* (ed.): Das Theater von Morgen. Texte zur deutschen Theaterreform (1870-1920), Würzburg 1988

Dieter *Bassermann:* Der späte Rilke, Essen u. Freiburg i. Br. ²1948

Inge *Baxmann:* ""Die Gesinnung ins Schwingen bringen". Tanz als Metasprache und Gesellschaftsutopie in der Kultur der zwanziger Jahre", in: Hans Ulrich Gumbrecht / K. Ludwig Pfeiffer (eds.): Materialität der Kommunikation, Frankfurt/M. 1988, p. 360-373

Hans-Peter *Bayerdörfer:* "Eindringlinge, Marionetten, Automaten. Symbolistische Dramatik und die Anfänge des modernen Theaters", in: Jahrbuch der deutschen Schillergesellschaft, 20. Jg. 1976, p. 504-538

Walter *Benjamin:* "Das Kunstwerk im Zeitalter seiner technischen Reproduzierbarkeit", in: Gesammelte Schriften Bd. I.2, ed. Rolf Tiedemann / Hermann Schweppenhäuser, Frankfurt/M. $^{2}$1978, p. 471-508

Suzanne *Bernard:* Mallarmé et la musique, Paris 1959

Otto F. *Best:* "Zwei Mal Schule der Körperbeherrschung und drei Schriftsteller", in: Modern Language Notes, vol. 85, 1970, p. 727-741

Marieluise *Blessing:* Der philosophische Dialog als literarische Kunstform von Renan bis Valéry, Diss. phil. Eberhard-Karls-Universität Tübingen 1965

Ernst *Bloch:* Das Prinzip Hoffnung, in: Gesamtausgabe Bd. 5, Frankfurt/M. 1959

Silvia *Bovenschen:* Die imaginierte Weiblichkeit. Exemplarische Untersuchungen zu kulturgeschichtlichen und literarischen Präsentationsformen des Weiblichen, Frankfurt/M. 1979

Curtis B. *Bradford:* Yeats at Work, Carbondale and Edwardsville 1965

Gabriele *Brandstetter:* "Körper im Raum - Raum im Körper. Zu Carl Einsteins Pantomime "Nuronihar"", in: Klaus H. Kiefer (ed.): Carl-Einstein-Kolloquium 1986, Frankfurt/M., Bern, New York, Paris 1988 (Bayreuther Beiträge zur Literaturwissenschaft Bd. 12), p. 115-137

*dies.:* "Stasia Napierkowska. Skizze einer Tänzerinnenlaufbahn", in: Tanzdrama, Nr. 6, 1. Quartal 1989, p. 28-20

*dies.:* "Der Traum vom anderen Tanz. Hofmannsthals Ästhetik des Schöpferischen im Dialog "Furcht"", in: Freiburger Universitätsblätter, Heft 112, Juni 1991, p. 37-58

Gabriele *Brandstetter* / Brygida Maria *Ochaim:* Loïe Fuller. Tanz. Licht-Spiel. Art Nouveau, Freiburg i. Br. 1989 (Rombach Wissenschaft, Reihe Litterae)

Edward *Braun:* The Theatre of Meyerhold. Revolution on the Modern Stage, London 1979

Richard *Buckle:* Nijinsky, London 1971

*ders.:* Diaghilev, London 1979

Helen *Caldwell:* Michio Ito. The Dancer and His Dances, Berkely, Los Angeles and London 1977

Edward *Craig:* Gordon Craig. The Story of his Life, London 1968

Claude *David:* Stefan George. Sein dichterisches Werk, München 1967 (Literatur als Kunst)

Ilse *Deutz:* Die dichterische Gestaltung des Tanzes in der deutschen Lyrik, Diss. phil. Rheinische Friedrich-Wilhelms-Universität Bonn 1953 (Maschinenschrift)

Manfred *Durzak:* Der junge Stefan George. Kunsttheorie und Dichtung, München 1968 (Zur Erkenntnis der Dichtung Bd. 3)

Paul *Fechter:* Frank Wedekind. Der Mensch und das Werk, Jena 1920

Leonhard M. *Fiedler:* "Hofmannsthals Ballettpantomime "Die grüne Flöte". Zu verschiedenen Fassungen des Librettos", in: Hofmannsthal-Blätter, Folge II, Heft 8/9, 1972, p. 113-145

*ders.:* ""Zum Filmstar prädestiniert"? Grete Wiesenthal und der frühe Stummfilm", in: Die neue Körpersprache. Grete Wiesenthal und ihr Tanz. Ausstellungskatalog des Historischen Museums der Stadt Wien (Zusammenstellung und Text: Reingard Witzmann), Wien 1986, p. 23-27

Leonhard M. *Fiedler* / Martin *Lang* (eds.): Grete Wiesenthal. Die Schönheit der Sprache des Körpers im Tanz, Salzburg u. Wien 1985

James W. *Flannery:* "W. B. Yeats, Gordon Craig and the Visual Arts of the Theatre", in: Robert O'Driscoll / Lorna Reynolds (eds.): Yeats and the Theatre, London and Basingstoke 1975, p. 82-108

Elisabeth *Frenzel:* Stoffe der Weltliteratur, Stuttgart $^{6}$1983

Joachim *Friedenthal*: "Frank Wedekind. Sein Leben und sein Werk", in: Friedenthal (ed.): Das Wedekindbuch, München u. Leipzig 1914, p. 1-121

Hugo *Friedrich:* Die Struktur der modernen Lyrik. Von Baudelaire bis zur Gegenwart, Hamburg $^{5}$1961

Edouard *Gaède:* Nietzsche et Valéry. Essai sur la comédie de l'esprit, Paris 1962 (Bibl. des Idées)

Jeanpaul *Goergen / Freunde der Deutschen Kinemathek e. V.* (eds.): Walter Ruttmann. Eine Dokumentation, Berlin o. J. (wohl 1989)

Mel *Gordon:* "Foregger and The Dance of the Machines", in: The Drama Review, vol. 19, no. 1, March 1975, p. 68-73

Maja *Goth:* Rilke und Valéry. Aspekte ihrer Poetik, Bern u. München 1981

Heinz *Graber:* "Carl Einstein", in: Wolfgang Rothe (ed.): Expressionismus als Literatur. Gesammelte Studien, Bern u. München 1969, p. 669-680

Will *Grohmann:* Wassily Kandinsky. Leben und Werk, Köln 1958

Gregor *Gumpert:* "Nachwort" zu Isadora Duncan: Memoiren, Frankfurt/M. u. Berlin 1988, p. 221-233

Helmut *Günther:* "Historische Grundlinien der deutschen Rhythmusbewegung", in: Gertrud Bünner / Peter Röthig (eds.): Grundlagen und Methoden rhythmischer Erziehung, Stuttgart 1971, p. 33-69

Bengt *Häger:* Ballets suédois, Paris 1989

Michael *Hamburger:* "Die Dramen und Libretti", in: Hamburger: Hugo von Hofmannsthal. Zwei Studien, Göttingen 1964 (Schriften zur Literatur Bd. 6), p. 63-126

Helmut *Heißenbüttel:* "Ein Halbvergessener: Carl Einstein", in: Heißenbüttel: Über Literatur, Olten u. Freiburg i. Br. 1966, p. 40-46

Rudolf *Hirsch:* "Zu zwei Tanzdichtungen Hofmannsthals", in: Hofmannsthal-Blätter, Folge I, Heft 6, 1971, p. 417-426

*ders.:* "Ein Vorspiel zum Ballett "Die grüne Flöte"", in: Hofmannsthal-Blätter, Folge II, Heft 8/9, 1972, p. 95-112

Alfons *Höger:* Hetärismus und bürgerliche Gesellschaft im Frühwerk Frank Wedekinds, Kopenhagen u. München 1981

Wilfried *Ihrig:* Literarische Avantgarde und Dandysmus. Eine Studie zur Prosa von Carl Einstein bis Oswald Wiener, Frankfurt/M. 1988 (Athenäums Monografien, Literaturwissenschaft Bd. 90)

Christopher *Innes:* Edward Gordon Craig, Cambridge 1983

A. Norman *Jeffares* / A. S. *Knowland:* A Commentary on the Collected Plays of W. B. Yeats, London and Basingstoke 1975

Robert A. *Jones:* Art and Entertainment: German Literature and the Circus 1890-1933, Heidelberg 1985

Fritz *Kaufmann:* "Sprache als Schöpfung. Zur absoluten Kunst im Hinblick auf Rilke", in: Zeitschrift für Ästhetik und allgemeine Kunstwissenschaft, Bd. 28, 1934, p. 1-54

Frank *Kermode:* "Poet and Dancer before Diaghilev", in: Kermode: Puzzles and Epiphanies. Essays and Reviews 1958-1961, London $^{2}$1963, p. 1-28

Dietgard *Kramer-Lauff:* Tanz und Tänzerisches in Rilkes Lyrik, München 1969

Dietrich *Kreidt:* Kunsttheorie der Inszenierung. Zur Kritik der ästhetischen Konzeptionen Adolphe Appias und Edward Gordon Craigs, Diss. phil. Freie Universität Berlin 1968

Artur *Kutscher:* "Wedekind und der Zirkus", in: Faust, eine Monatsschrift für Kunst, Literatur und Musik. 3. Jg. 1924/25, Heft 7, p. 1-5

*ders:* Frank Wedekind. Sein Leben und seine Werke. Zweiter Band, München 1927

Sang-Kyong *Lee:* Nô und europäisches Theater. Eine Untersuchung der Auswirkungen des Nô auf Gestaltung und Inszenierung des zeitgenössischen europäischen Dramas, Frankfurt/M., Bern, New York 1983 (Europäische Hochschulschriften Reihe XVIII Bd. 32)

Augustine *Martin:* "Introduction. Yeats's Noh: The Dancer and the Dance", in: Christopher Murray / Masaru Sekine (eds.): Yeats and the Noh: A Comparative Study, Gerrards Cross 1990 (Irish Literary Studies 38), p. XIII-XVIII

Wolfram *Mauser:* Bild und Gebärde in der Sprache Hofmannsthals, Wien 1961 (Österreichische Akademie der Wissenschaften, Philosophisch-Historische Klasse, Sitzungsberichte, 238. Bd. 1. Abhandlung)

Gordon *McVay:* Isadora and Esenin. The Story of Isadora Duncan and Sergei Esenin, London and Basingstoke 1980

Thomas *Medicus:* "Die große Liebe". Ökonomie und Konstruktion der Körper im Werk von Frank Wedekind, Marburg/Lahn 1982

Hermann *Mörchen:* Rilkes Sonette an Orpheus, Stuttgart 1958

Ernst *Morwitz:* Kommentar zu dem Werk Stefan Georges, Düsseldorf u. München $^{2}$1969

Libuše *Moníková:* "Das totalitäre Glück. Frank Wedekind", in: Neue Rundschau, 96. Jg. 1985, Heft 1, p. 118-125

Hedwig *Müller:* Mary Wigman. Leben und Werk der großen Tänzerin, Weinheim u. Berlin 1986

Leonard E. *Nathan:* The Tragic Drama of William Butler Yeats. Figures in a Dance, New York and London 1965

Jean-Michel *Nectoux* (ed.): L'Après-midi d'un Faune. Mallarmé. Debussy. Nijinsky, Paris 1989 (Les Dossiers du Musée d'Orsay 29)

Max *Niehaus:* Isadora Duncan. Leben. Werk. Wirkung, Wilhelmshaven 1981

Oswalt von *Nostitz:* "Hugo von Hofmannsthal und Edward Gordon Craig. Zu einem unbekannten Hofmannsthal-Text", in: Jahrbuch des Freien deutschen Hochstifts 1975, p. 409-430

Heidemarie *Oehm:* Die Kunsttheorie Carl Einsteins, München 1976

Jeanine *Parisier-Plottel:* Les Dialogues de Paul Valéry, Paris 1960

Norman *Paxton:* The Development of Mallarmé's Prose Style. With the original texts of twenty articles, Genève 1968

Frank-Manuel *Peter:* Valeska Gert. Tänzerin, Schauspielerin, Kabarettistin. Eine dokumentarische Biographie, Berlin 1985

Deirdre *Priddin:* The Art of the Dance in French Literature from Théophile Gautier to Paul Valéry, London 1952

Lenz *Prütting:* Die Revolution des Theaters. Studien über Georg Fuchs, München 1971 (Münchener Beiträge zur Theaterwissenschaft Bd. II)

Wolfdietrich *Rasch:* "Tanz als Lebenssymbol im Drama um 1900", in: Rasch: Zur deutschen Literatur seit der Jahrhundertwende. Gesammelte Aufsätze, Stuttgart 1967, p. 58-77

Arnold *Rood* (ed.): Gordon Craig on Movement and Dance, New York 1977

Wolfgang *Rothe:* Tänzer und Täter. Gestalten des Expressionismus, Frankfurt/M. 1979

Konstantin *Rudnitsky:* Meyerhold the Director, ed. Sydney Schultze, Ann Arbor 1981

Dirk *Scheper:* Oskar Schlemmer. Das Triadische Ballett und die Bauhausbühne, Berlin 1988 (Schriftenreihe der Akademie der Künste Berlin (West) Bd. 20)

Gisela Bärbel *Schmid:* ""Das unheimliche Erlebnis eines jungen Elegants in einer merkwürdigen visionären Nacht". Zu Hofmannsthals Pantomime 'Das fremde Mädchen'", in: Hofmannsthal-Blätter, Heft 34, 1986, p. 46-57

Jürgen *Schwalbe:* Sprache und Gebärde im Werk Hugo von Hofmannsthals, Freiburg i. Br. 1971 (Studien zur deutschen Sprache und Literatur Bd. 2)

Günter *Seehaus:* Frank Wedekind und das Theater, Remagen-Rolandseck 1973 (Die neue Schaubühne. Forschungen zur Theatergeschichte Bd. 2)

Laurence *Senelick:* Gordon Craig's Moscow *Hamlet.* A Reconstruction, Westport 1982

Dieter *Steland:* Dialektische Gedanken in Stéphane Mallarmés "Divagations", München 1965 (Freiburger Schriften zur Romanischen Philologie Bd. 7)

Richard *Taylor:* The Drama of W. B. Yeats. Irish Myth and the Japanese Nō, New Haven and London 1976

Horst *Thiemer:* Hugo von Hofmannsthals Ballettdichtungen, Diss. phil. Universität Greifswald 1957 (Maschinenschrift)

Leo *Trotzkij:* "Frank Wedekind", in: Trotzkij: Literatur und Revolution, München 1972, p. 363-383

Hartmut *Vinçon:* Frank Wedekind, Stuttgart 1987 (Slg. Metzler Bd. 230)

Vivetta *Vivarelli:* "*Mine-Haha* e l'utopia autoritaria di Frank Wedekind", in: Istituto Universitario Orientale (ed.): Annali. Sezione Germanica. Studi Tedeschi, vol. 24, 1-2, Napoli 1981, p. 57-83

Peter *Wagner:* Peter Altenbergs Prosadichtung. Untersuchungen zur Thematik und Struktur des Frühwerks, Diss. phil. Westfälische Wilhelms-Universität Münster 1965

Karin *Wais:* Studien zu Rilkes Valéry-Übertragungen, Tübingen 1967

Reinhard *Wanzke:* "Mutmaßungen über Andor Weiningers "Abstrakte Revue" gibt es nicht", in: Wechselwirkungen. Ungarische Avantgarde in der Weimarer Republik. Ausstellungskatalog Neue Galerie Kassel und Museum Bochum, ed. Hubertus Gaßner, Marburg 1986, p. 432

Margrit *Wienholz:* Französische Tanzkritik im 19. Jahrhundert als Spiegel ästhetischer Bewußtseinsbildung. Théophile Gautier. Jules Lemaître. Stéphane Mallarmé, Bern u. Frankfurt/M. 1974 (Heidelberger Beiträge zur Romanistik Bd. 4)

Reingard *Witzmann:* "Grete Wiesenthal - Eine Wiener Tänzerin", in: Die neue Körpersprache. Grete Wiesenthal und ihr Tanz. Ausstellungskatalog des Historischen Museums der Stadt Wien (Zusammenstellung und Text: Reingard Witzmann), Wien 1986, p. 13-20

## B Ferner herangezogene Literatur in Auswahl


Theodor W. *Adorno:* Noten zur Literatur. Gesammelte Schriften Bd. 11, ed. Rolf Tiedemann, Frankfurt/M. 1974 (darin: "Der Artist als Statthalter", p. 114-126; "Valérys Abweichungen", p. 158-202; "Über den Nachlaß Frank Wedekinds", p. 627-633)

Beda *Allemann:* Zeit und Figur beim späten Rilke. Ein Beitrag zur Poetik des modernen Gedichtes, Pfullingen 1961

*ders:* "Rilke und Mallarmé: Entwicklung einer Grundfrage der symbolistischen Poetik", in: Käte Hamburger (ed.): Rilke in neuer Sicht, Stuttgart 1971, p. 63-82

Sibylle *Bauer* (ed.): Hugo von Hofmannsthal, Darmstadt 1968 (Wege der Forschung Bd. 183)

Pierre *Beausire:* Mallarmé. Poésie et poétique, Paris 1974

Jean *Benedetti:* Stanislavski, London 1988

Gerhard *Binder* / Reinhold *Merkelbach* (eds.): Amor und Psyche, Darmstadt 1968 (Wege der Forschung Bd. 126)

Ernst *Blass:* Das Wesen der neuen Tanzkunst, Weimar ²1922

Georg *Brandes:* "Frank Wedekind" (1908), in: Klaus Bohnen (ed.): Der Essay als kritischer Spiegel. Georg Brandes und die deutsche Literatur. Eine Aufsatz-Sammlung, Königstein/Ts. 1980, p. 143-162

Gabriele *Brandstetter:* "Elevation und Transparenz. Der Augenblick im Ballett und modernen Bühnentanz", in: Christian W. Thomsen / Hans Holländer (eds.): Augenblick und Zeitpunkt. Studien zur Zeitstruktur und Zeitmetaphorik in Kunst und Wissenschaft, Darmstadt 1984, p. 475-492

Christine M. *Crow:* Paul Valéry and the Poetry of Voice, Cambridge, New York, Melbourne 1982

Carol *Diethe:* "The Dance Theme in German Modernism", in: German Life & Letters, vol. XLIV, 1990-1991, p. 330-352

Eduard *Ditschek:* Politisches Engagement und Medienexperiment. Theater und Film der russischen und deutschen Avantgarde der zwanziger Jahre, Tübingen 1989 (Mannheimer Beiträge zur Sprach- und Literaturwissenschaft 17)

Richard *Ellmann:* Yeats. The Man and the Masks, London 1949

Christine *Farese-Sperken:* Der Tanz als Motiv in der bildenden Kunst des 20. Jahrhunderts (Stilkunst, Expressionismus, Fauvismus, Futurismus), Diss. phil. Ludwig-Maximilians-Universität München 1969

Laurent *Ferec:* "Ein Fuß, der spöttisch lächelt, eine Hand, die weinen kann". Studien zum Ausdruckstanz Mary Wigmans, Maîtrise Sorbonne Paris 1983 (Maschinenschrift, Mary-Wigman-Archiv der Akademie der Künste Berlin (West))

Leonhard M. *Fiedler:* Hugo von Hofmannsthals Molière-Bearbeitungen. Die Erneuerung der comédie-ballet auf Max Reinhardts Bühnen, Darmstadt 1974 (Editio - Quellen und Interpretationen zur Literatur, Kunst und Musik Bd. 2)

Rüdiger *Görner* (ed.): Rainer Maria Rilke, Darmstadt 1987 (Wege der Forschung Bd. 638)

Maurice *Got:* Sur une oeuvre de Paul Valéry: Assomption de l'espace. A propos de "L'Ame et la Danse", Paris 1957

Walter *Grohmann:* Das Münchener Künstlertheater in der Bewegung der Szenen- und Theaterreformen, Berlin 1935 (Schriften der Gesellschaft für Theatergeschichte Bd. 47)

Andreas *Härter:* Der Anstand des Schweigens. Bedingungen des Redens in Hofmannsthals "Brief", Bonn 1989 (Studien zur Germanistik, Anglistik und Komparatistik Bd. 120)

Alfons *Höger:* Frank Wedekind. Der Konstruktivismus als schöpferische Methode, Königstein/Ts. 1979 (Theorie - Kritik - Geschichte Bd. 21)

Jean *Hytier:* La poétique de Valéry, Paris $^{2}$1970

Emile *Jaques-Dalcroze:* Rhythmus, Musik und Erziehung, Basel 1921 (Nachdruck Göttingen u. Wolfenbüttel 1977)

Richard *Jayne:* The Symbolism of Space and Motion in the Works of Rainer Maria Rilke, Frankfurt/M. 1972 (Literatur und Reflexion Bd. 9)

Klaus W. *Jonas:* "Rilke und die Welt des Tanzes", in: Jonas (ed.): Deutsche Weltliteratur. Von Goethe bis Ingeborg Bachmann. Festgabe für J. Alan Pfeffer, Tübingen 1972, p. 245-270

Robert A. *Jones:* The Pantomime and the Mimic Element in Frank Wedekind's Work, Diss. phil. University of Texas 1966

Frank *Kermode:* Romantic Image, London 1957

Hans-Albrecht *Koch:* Hugo von Hofmannsthal, Darmstadt 1989 (Erträge der Forschung Bd. 265)

Werner *Kraft:* "Der Chandos-Brief", in: Kraft: Der Chandos-Brief und andere Aufsätze über Hofmannsthal, Darmstadt u. Berlin 1977, p. 9-54

William Case *Kramer:* Gordon Craig: Uber-Director. Major Influences on Craig's Theory and Practice, Diss. phil. The Ohio State University 1974

Rudolf *Kurtz:* Expressionismus und Film, Berlin 1926

Hugo *Laitenberger:* Der Begriff der "absence" bei Paul Valéry, Wiesbaden 1960 (Untersuchungen zur Sprach- und Literaturgeschichte der romanischen Völker Bd. 3)

Susanne K. *Langer:* Feeling and Form, New York 1953

Robert *Leach:* Vsevolod Meyerhold, Cambridge 1989

Wolfram *Mauser:* Hugo von Hofmannsthal. Konfliktbewältigung und Werkstruktur. Eine psychosoziologische Interpretation, München 1977 (Kritische Information Bd. 59)

Kathrin *Michaelsen:* "Andor Weiningers Bühnenprojekte am Bauhaus", in: Wechselwirkungen. Ungarische Avantgarde in der Weimarer Republik. Ausstellungskatalog Neue Galerie Kassel und Museum Bochum, ed. Hubertus Gaßner, Marburg 1986, p. 427-430

L. M. *Newman:* Gordon Craig Archives. International Survey, London 1976

*ders.:* "Gordon Craig in Germany", in: German Life & Letters, vol. XXXX, 1986-1987, p. 11-33

Jean-Pierre *Pastori:* A corps perdu. La danse nue au XX^e siècle, Lausanne 1983

Sibylle *Penkert:* Carl Einstein. Beiträge zu einer Monographie, Göttingen 1969 (Palaestra. Untersuchungen aus der deutschen und englischen Philologie und Literaturgeschichte Bd. 255)

Kurt *Petermann:* Tanzbibliographie. Verzeichnis der in deutscher Sprache veröffentlichten Schriften und Aufsätze zum Bühnen-, Gesellschafts-, Kinder-, Volks- und Turniertanz sowie zur Tanzwissenschaft, Tanzmusik und zum Jazz. Ed. Akademie der Künste, Tanzarchiv der DDR Leipzig. In Einzellieferungen ersch. 1966-1987, zu Bänden zusammengefaßt: Bd. 1 u. 2 München u. New York 1978; Bd. 3 München, New York, London, Paris 1982; Bd. 4 Leipzig 1981; Bd. 5 Leipzig 1987

Ingeborg *Prenner:* Grete Wiesenthal. Die Begründerin eines neuen Tanzstils, Diss. phil. Universität Wien 1950 (Maschinenschrift)

Hildegard *Proebster:* Das Ballettlibretto. Ein Beitrag zu Stilgeschichte und Stilkritik des Tanztheaters, Diss. phil. Ludwig-Maximilians-Universität München 1956 (Maschinenschrift)

Akhter *Qamber:* Yeats and the Noh, New York and Tokyo 1974

Angelo Maria *Ripellino:* Majakowskij und das russische Theater der Avantgarde, Köln 1964 (Collection Theater Werkbücher Bd. 2)

Jürgen *Schmidt-Radefeld* (ed.): Paul Valéry, Darmstadt 1978 (Wege der Forschung Bd. 514)

Maxine *Sheets-Johnstone:* The Phenomenology of Dance, London $^{2}$1979

Reg *Skene:* The Cuchulain Plays of W. B. Yeats. A Study, London and Basingstoke 1974

Francis *Steegmuller* (ed.): Your Isadora. The love story of Isadora Duncan and Gordon Craig, New York 1974

Horst *Stobbe:* "Bibliographie der Erstausgaben Frank Wedekinds", in: Almanach der Bücherstube auf das Jahr 1921, München 1920, p. 58-70

Werner Jakob *Stüber:* Geschichte des Modern Dance. Zur Selbsterfahrung und Körperaneignung im modernen Tanztheater, Wilhelmshaven 1984

Werner *Suhr:* Der künstlerische Tanz, Leipzig 1922

Peter *Szondi:* Das lyrische Drama des Fin de siècle, Frankfurt/M. 1975

Rolf *Tarot:* Hugo von Hofmannsthal. Daseinsformen und dichterische Struktur, Tübingen 1970

Richard *Taylor:* "Assimilation and Accomplishment: Nō Drama and An Unpublished Source for *At the Hawk's Well*", in: Robert O'Driscoll / Lorna Reynolds (eds.): Yeats and the Theatre, London and Basingstoke 1975, p. 137-158

Frank *Thiess:* "Tanz. An Sent M'ahesa" (1921), in: Thiess: Das Gesicht des Jahrhunderts. Briefe an Zeitgenossen, Stuttgart $^{4}$1929, p. 184-200

Hella *Tiedemann-Bartels:* Versuch über das artistische Gedicht. Baudelaire. Mallarmé. George, München 1971 (Reihe Passagen)

Eitel *Timm:* W. B. Yeats, Darmstadt 1987 (Erträge der Forschung Bd. 251)

Peter *Ure:* Yeats the Playwright. A Commentary on Character and Design in the Major Plays, London 1963

Allan *Wade:* A Bibliography of the Writings of W. B. Yeats, London $^{3}$1968 (The Soho Bibliographies I)

Horst *Weber:* Hugo von Hofmannsthal. Bibliographie, Berlin u. New York 1972

Audrone A. B. *Willeke:* Frank Wedekind's Narrative Prose, Diss. phil. Stanley University 1972

Gotthard *Wunberg:* Der frühe Hofmannsthal. Schizophrenie als dichterische Struktur, Stuttgart, Berlin, Köln, Mainz 1965

Friedrich von *Zglinicki:* Der Weg des Films, Berlin 1956